认知视角下的英语语用学研究

张晓丽 著

图书在版编目（CIP）数据

认知视角下的英语语用学研究 / 张晓丽著 . —北京：
中国书籍出版社，2018.12
ISBN 978-7-5068-7034-4

Ⅰ. ①认… Ⅱ. ①张… Ⅲ. ①英语—语用学—研究
Ⅳ. ① H31

中国版本图书馆 CIP 数据核字 (2018) 第 234975 号

认知视角下的英语语用学研究

张晓丽　著

策划编辑	李立云
责任编辑	徐盼欣　李立云
责任印制	孙马飞　马　芝
封面设计	优盛文化
出版发行	中国书籍出版社
地　　址	北京市丰台区三路居路 97 号（邮编：100073）
电　　话	（010）52257143（总编室）　（010）52257140（发行部）
电子邮箱	yywhbjb@126.com
经　　销	全国新华书店
印　　刷	定州启航印刷有限公司
开　　本	710 毫米 ×1000 毫米　　1/16
字　　数	240 千字
印　　张	13
版　　次	2018 年 12 月第 1 版　2018 年 12 月第 1 次
书　　号	ISBN 978-7-5068-7034-4
定　　价	49.00 元

版权所有　翻印必究

前　言

语用学根据语境对语言的动因进行逻辑推理，并对语言的成因和心理活动过程做出解释。认知视角下的语用学研究是对交际过程中参与者大脑意识进行的研究，而交际是由交际主动方（actor）与交际被动方（partner）共同构成的一种社会活动。认知语用学的迅猛发展极大促进了人们对语言本质属性以及运作机制的认识。在交际的认知过程中，话语动因的逻辑推理和基于心理语境的解释往往交替进行、互相补充。从认知视角开展的语用学研究可以为重在描写和解释语言选择的语用学提供具体的、可操作的理论工具。如维特根斯坦所言，语言是一种"游戏"，这种"游戏"背后是有隐含规则或规律的，去认真探讨和研究。

本书基于对自然语言的理解，从基础理论研究出发，基于语用学与英语教学的关联性，重点探讨了认知模型与认知语法、构造语法及语用的核心概念"语境"等基本核心问题，并在此基础上进行了具体的教学实践探索，诸如言语行为教学、会话教学、模因论、关联—顺应模式与英语语用教学的整合实践研究。

忻州师范学院外语系　张晓丽
于 2018 年 7 月

目 录

理论研究篇

第一章　语用学概述 / 002

　　第一节　何谓语用学 / 002
　　第二节　语用学的研究维度 / 005
　　第三节　认知语言学视角下的语用学研究 / 012

第二章　英语教学与认知语用学研究 / 015

　　第一节　大学英语教师科研与教学冲突的现状探讨 / 015
　　第二节　语用知识与学生的语用能力 / 019
　　第三节　语用迁移 / 029

第三章　认知语用学的认知基础之一——认知模型 / 036

　　第一节　基本概念 / 036
　　第二节　心智空间与融合理论 / 044
　　第三节　ICM 与语义理解 / 047
　　第四节　ICM 与转喻 / 057

第四章　认知语用学的认知基础之二——语法构造 / 061

　　第一节　象征单位和构造 / 061
　　第二节　区分自治观 / 065
　　第三节　Langacker 论构造语法理论 / 066
　　第四节　Croft 和 Cruse 论构造语法理论 / 069

第五章　认知语用学的认知基础之三——语境研究 / 081

　　第一节　语境研究的重要性及价值 / 081
　　第二节　语境研究综述 / 082
　　第三节　母语和目的语结构转换的语境制约 / 095

教学实践篇

第六章　言语行为教学 / 110

　　第一节　奥斯汀与塞尔的言语行为理论 / 110
　　第二节　言语行为教学 / 139

第七章　会话教学 / 149

　　第一节　会话结构分析 / 149
　　第二节　会话组织教学策略 / 159

第八章　模因论语用教学 / 161

　　第一节　语言模因论概述 / 161
　　第二节　语言模因论与外语教学 / 165

第九章　关联—顺应模式与语用教学研究 / 186

　　第一节　关联—顺应模式解析 / 186
　　第二节　关联—顺应模式在英语教学中的应用 / 196

参考文献 / 199

后　记 / 202

理论研究篇

第一章 语用学概述

第一节 何谓语用学

语用学发轫于20世纪60年代（可以追溯到言语行为理论创始人Austin的经典著作 *How to do Things with Words*，1962，甚至更早）。语用学的英文是pragmatics，该词由Morris(1938)始创。虽然语用学与语音学、音系学、句法学、语义学等相比仍然是语言学中一个相对较新的分支，但随着其"以闪电般的速度发展"（Mey，2001：F38），pragmatics已成为一个语言学高频术语。从构词法角度看，pragma- 是一个拉丁词根，意思是"行为"（act）或者"行动"（action），-ics表示"学科"或"学问"。由此可以大致了解pragmatics一词的含义，进而了解语用学语言学的内涵，即这是一门关于（语言交际）行为的学问。

对语用学的界定可以从不同角度开展，如语境角度、语言使用者角度、学科性质角度等。例如，语用学可以定义为一门研究语境化的意义（contextualized meaning）（见Yule，1996：1）的学科。Thomas持类似的看法，认为语用学研究语境中的意义（meaning in context）（1995：1-2）。Leech将语用学定义为关于话语如何在情境中表达意义的研究（how utterances have meanings in situations）。Fasold（1990）则认为，语用学研究如何运用语境进行意义推理（the use of context to make inferences about meaning）。

一、从语境角度界定语用学

联系语境研究语言是语用学研究的一个基本特征。"任何语用学的定义如果不提及语境都是不完整的"（Cummings，2005：4）。从语境角度界定语用学重视探讨语境决定语言传达意义的方式，揭示同样一句话出现在不同的语境中会传递不同的意义。试比较以下句子。

（1）A：Your mother is a doctor. What about your father?

B：He's a lawyer.

（2）A：I've got some trouble with my contract with the bank. Can your father help me?

B：He's a lawyer.

（3）A：My computer has gone wrong. Can you ask your father to help me?

B：He's a lawyer.

在上面3个句子中，B针对A的不同提问使用了相同的回应方式：He's a lawyer。然而，B的回应在这3个不同语境中的解读不同：第一个例子是针对父亲职业这一问题的直接回答，可以从字面上进行理解；第二个是对父亲能否帮助处理合同问题这一请求的间接肯定回答，需要结合语境特别是相关背景知识（如律师熟悉合同事宜）进行推理；第三个是对父亲能否帮助修理计算机这一请求的间接否定回答，同样需要结合语境特别是相关背景知识（如律师未必熟悉计算机维修事宜）进行推理。

考虑到语境的中心作用，有必要对其加以适当展开。语用学在原有认识基础上给语境概念赋予了一些新的认识。首先，语用学中对语境的界定很宽，可以包括以下层面：情景或者物理层面、社交层面、心智层面和语言层面。正如Cummings所指出的，在语用学中，"语境的概念超越了它作为客观场景（话语是在这样的场景中产生的）的明显展示，而且包括了语言的、社交的和认知的因素"（2005：4）。

语境的情景或者物理层面涉及交际发生的场景、环境、时空等因素。一些语言形式（特别是指示性或者指称性表达）的解读特别依赖于语境。例如：

（4）This and this are yours. That's mine.

（5）Come here.

在（4）中，除非知道谁在对谁说话并且知道说话人的手指向的物品，否则难以弄清this、yours、that或者mine的具体指代对象。在（5）中，come here在不同的语境中可能指"到桌子这儿来""到办公室来"或者"到舞台上来"，具体到哪里取决于说话人当时所在的位置。

语境的社交层面包括社交距离、社交角色、社交关系等。Mey指出，语用学研究人类语言交际中决定语言使用的社会语境条件。设想Jack和Kate是同事，社交距离近，这使得Jack可以对Kate使用熟悉的称呼语（即Kate，而非Ms.Green之类的称呼）。

语境的心智层面与谈话双方的背景知识、信仰、兴趣、期盼等有关。在（2）中，A 假定与 B 共享特定的背景知识，即律师熟悉合同事宜，B 如果不具有这一背景知识，则无法理解 A 的话语。

语境的语言层面，或者说上下文（co-text），指某一话语之前或者之后的话语（成分）。在（1）—（3）中，he 均用来指代 your father；B 所说的话语之所以有不同的解读，从很大程度上来说是由于其所处的语言语境（即 A 说的话）不同。

语用学赋予语境的另一个新认识是：语境是动态的，是在话语的生成和理解过程中被选择、调取或建构起来的，而不是事先存在的、固定不变的。对于构成语境的情景或者物理层面、社交层面、心智层面和语言层面，无论哪一层面都不是全部地、事先地影响话语的产生与理解。"语境是以语言使用者为指向的，不同的人对同样的语境的感受会不一样"（Mey，2001：F30）。说话人会选择这些层面的某一因素或成分参与话语的生成；同样，听话人也只是激活、利用这些层面中能够有助于当前话语理解的语境成分参与话语的理解。总之，语用学致力于研究动态语境的生成与作用，能够帮助人们更好地理解"语言和语境之间的关系，而这种关系是解释语用理解的基础"（Levinson，1983：21）。

二、从语言使用者角度界定语用学

"语言运用者视点"是确定语用学研究取向最为重要的一点。从说话人角度看，语用学是研究说话人意义的一门学科（Yule，1996：1），关注人们说话的真实意图。由于说话人的真实意图有时不同于所说话语的字面意义，语用学又可以描述为一门解释交际中如何传达多于字面信息的意义的学问（Yule，1996：1）。从听话人角度看，语用学研究听话人如何通过推理获取说话人试图传达的意义（或不同于字面意义的意思）。Katz 认为，语用学"解释说话人和听话人的推理"（1977：19）。试看（6）和（7）：

（6）Peter：Are you coming to the lecture this afternoon?

　　　Paul：I'm not feeling so well.

（7）Jack：Did you pass the final exams?

　　　Mary：I failed in philosophy.

根据直觉，（6）中 Paul 的意思并不是要告诉 Peter 今天自己身体不好这一信息，而是想通过提供这一信息告诉对方今天下午自己不能去听讲座。可见，Paul 传达的意图不同于他所发出话语的字面意义。在（7）中，Mary 不仅传达了自己哲学课考试不及格这一信息，而且含蓄地传达了自己通过了其他科目考试这一信息。由此可以看出，Mary 实际所传达的信息要多于其所说话语字面传递的信息。

在以上两种情况下,听话人都不能只靠解码说话人的话语,而必须结合语境,运用推理,才可以正确解读说话人的意图。

三、从学科性质角度界定语用学

在这方面,来自英美国家的语用学家与来自欧洲大陆的语用学家存在很大差异,形成了所谓的"英美学派"(以 Stephen Levinson、Georgia Green、Geoffrey Leech 等为代表)和"大陆学派"(以 Hartmut Haberland、Jacob Mey、Jef Verschueren 为代表)。前者认为语用学是语言学中与音系学、句法学、语义学等并列的一个分支学科;后者尽管认同语用学是语言学的一个分支学科,但不认同这一学科与音系学、句法学、语义学等处于同一层面,而认为它是一种可以观照这些分支学科的功能性视角(Verschueren,1999:7)(功能性体现为社会的、文化的、认知的视角),也称"纵观"。在他们看来,语用学研究的语言使用是一种社会行为。鉴于语言与人类生活息息相关,研究语言使用的语用学可以将语言学和其他人文科学及社会科学联结起来。

综上所述,语用学作为语言学研究领域中的新兴学科,其典型特征之一是将语境和语言使用者在言语交际中的作用纳入语言分析之中,典型特征之二是认为交际不仅涉及编码和解码,在有些情况下会更多地依赖于受原则支配的推理。这在很大程度上解释了为什么说话人的意思有时候被部分地甚或错误地解读。语用学界定方式的多样性,体现了研究者对语言使用不同层面的关注,反映了不同语用学家的不同研究取向。

第二节 语用学的研究维度

如果说语用学在萌发阶段常被揶揄为杂物箱或废纸篓:每当某一语言现象不能通过常规的、广为接受的理论加以解释时,都可以在语用学中寻得帮助(见 Leech,1983),如今有大量"不受学科边界限制的各路语言学家"(linguists without borders)(Mey,2001:21)都在从事着与语用学相关的研究。

语用学已经从一个"非主流"的语言学分支发展成一个生机勃勃、五彩缤纷的语言学研究领域,并涌现出各种分支学科,展示了语用学研究的强大发展势头和巨大潜力。

对语用学的分支学科有不同的划分方法。这里将与语用学有关的研究类型分为 4 类:理论语用学、应用语用学、跨学科语用学和界面语用学。

一、理论语用学

理论语用学（theoretical pragmatics）研究语言使用的基本问题，如语言使用的实质，语言使用与世界的关系，语言使用的意义，语言使用的条件，语言使用（包括表达与理解）的机制，语言使用与语境的关系，语言使用与心理、认知、社会等的关系。它可以进一步区分为下列分支：哲学语用学、语言语用学、社会语用学、认知语用学、跨文化语用学、历史语用学等。相关理论包括语用现象本体的理论（如言语行为理论、会话含义理论、指示语理论、预设理论、礼貌理论、会话分析），以及用来解释这些语用现象的理论（如合作原则、后格赖斯会话含义理论、关联理论、礼貌原则、面子理论、语言顺应理论、语言模因论等）。

（一）哲学语用学

哲学语用学（philosophical pragmatics）关注的是语言使用的实质、语言使用与世界的关系、语言使用的意义以及语言使用的条件等根本问题。

语用学中第一个主要理论即为言语行为理论（Speech Act Theory，SAT），其由著名的英国哲学家 Austin 于 20 世纪 50 年代后期率先提出，并由他的美国学生、同样是语言哲学家的 Searle 于 20 世纪六七十年代进一步丰富和发展。言语行为理论回答了语言使用的实质问题："说话就是做事"（Austin，1962）。

对于语言使用与世界的关系，很多哲学家认为语言是用来表征世界的。然而，人们使用语言时经常不仅仅局限于做出关于世界的真实或虚假的陈述。Austin（1962）指出，有些语言用法能够立刻改变事件的状态，因此属于施为句。例如：

(1) You're tired. (said by a boss to his employee who has just made a serious mistake)

(1) 中老板的话一经说出，便马上达到了解雇该名员工的效果。换句话说，在适当的语境中，所说的话语本身就构成一种行为。这就是人们所说的言语行为，即通过说话实施的行为（Yule，1996：47）。其他典型的言语行为包括致谢、道歉、请求、恭维、邀请、许诺、祝贺等。

对于语言使用的意义，语言哲学家 Paul Grice 提出了自然意义（natural meaning，M_n）与非自然意义（non-natural meaning，M_{nn}）的区分。前者与社会规约、语言使用者的意图没有关系，后者则与之相关。对于非自然意义，又可以将其区分为规约意义（conventional meaning）和非规约意义（non-conventional meaning）。其中，话语的字面意义（literal meaning）是规约意义，而说话人传达的不同于话语字面的意义是非规约意义。后者又称会话含义（conversational implicature）。语用学中第二个著名的理论就是会话含义理论，由 Grice（1975）在其著名论文《逻辑与会话》（*Logic and Conversation*）中提出。尽管会话含义通常被定义为"一种额外传递的意义"（Yule，1996：35），是"一种超越话语语义的意义"（Thomas，1995：57），但确切地说，会话含义指说话人通过话语产出所期望传达的信息。换句话说，会话含义不能简单地理解为话语意义的"附加"层面，而应看作说话人产出话语的真实意图。为了推导会话含义，Grice 提出了会话合作原则（cooperative principle）。

语言哲学家发现，一些语言形式（如指示语）离开语言环境就毫无意义可言。另外，指示语还有一个重要特点，那就是以说话人的身份、所在的地点、说话的时间等为参照点，即所谓的说话人中心（speaker's egocentricity）。指示语包括 5 大类：人称指示语、时间指示语、方位指示语、社交指示语和语篇指示语。

对于语言使用的条件，语言哲学家提出了前提或预设（presupposition）理论。从语用学看，关涉话语是否适切或得体而非只是真假的语用预设是产出某一适切话语的基础或者说先决条件。试比较下面的例子：

（2）The king of France is bald.

在（2）中，说话人传达了"法国有一个国王"这一前提。如果事实不是这样，此话语就不恰当或者说无效。这也就是为什么（2）中的话语没有任何意义，因为人人皆知当今法国根本没有国王。

（二）语言语用学

言语行为理论、会话含义理论、会话合作原则、指示语理论、预设理论等一开始被提出时都带有明确的语言哲学色彩，但随着语言学家的参与，这些理论越来越带有语言学属性，逐步成为语言语用学（linguistic pragmatics）的理论。

语言语用学包括语用语言学（pragma-linguistics）和社交语用学（sociopragmatics）。

1. 语用语言学

语用语言学研究语言本身的语用问题，考察语言（包括语汇、结构等）的语用属性及其与语境的关系，探讨相同或相似的语言结构在不同语境下所执行的不同语用功能，描述实施特定言语行为或执行特定语用功能所能运用的语言资源。例如，可以描写话语标记语 well 的语用功能（如表示迟疑、委婉地拒绝、填充话语空白、接续话轮等）；考察英语中实施建议行为都有哪些表达方式；探讨英语附加疑问句的语用属性（包括使用场合、语用功能、使用频率、使用者属性等）；比较 sorry 与 excuse me 的语用差异（如语用条件、语用功能、使用频率等）；探索特定话语中一些词汇的理解（例如，说 Jack is penniless 是不是说 Jack 真的一分钱也没有呢？ The whole city turned out to welcome the champions 中的 whole 是否可以按字面意义理解？）以及句式的理解（如 Could you tell me when we get to the City Central Station, please？这类句子的歧义如何排除？）。

2. 社交语用学

社交语用学又称人际语用学（interpersonal pragmatics），涉及语言使用的社会维度，探讨诸如权势关系、情感距离、交际场合的正式程度、职业、年龄、性别、种族、信仰等各种社会因素如何影响语言交际方式，考察语言使用如何实施（人际）关系工作（relational work）。社交语用学中的一个重要话题是礼貌问题，由此产生了 Leech（1983，2007）的礼貌原则以及 Brown 和 Levinson（1978，1987）的面子理论。

（三）社会语用学

与社交语用学主要关注人际交往中的语言技巧和策略不同，社会语用学（societal pragmatics）研究语言在社会公共环境中的使用情况，探究政治、外交、经济、文化、教育、商业等因素对语言使用的制约和影响。例如，对不同行业使用语言（如医学语言、法律语言、经济语言、政治语言、广告语言等）的情况进行研究，就属于社会语用学的范畴。特别值得一提的是批评语用学（critical pragmatics）研究（Mey，1993；陈新仁，2009a，2013；陈新仁、陈娟，2012）。该领域关注各种社会语用问题，如话语歧视、语言欺诈、语言粗俗、语言暴力等。当然，"社会语用学家的任务绝不是指责，而是引导，使社会用语朝健康的方向发展。开展社会语用学的研究……对语言规范建设，促进社会的政治、经济、文化的发展都有不可低估的作用"（何自然、陈新仁，2004）。此外，从语用学视角审视国家的语言规划和语言政策等，也可以看作社会语用学的一个研究内容。

（四）认知语用学

认知语用学（cognitive pragmatics）关注语言交际的认知维度，分析和阐释话语的理解过程、机制、参与因素、影响因素等。例如：

（3）一切都会过去的。

（4）The wise thing to do is to prepare for the unexpected. (written on a fortune cookie slip)

（5）She is my girl friend. (But) she has been dating another guy these days.

一般情况下，人们理解（3）中的"一切"时认为它指的是"一切的烦恼、苦难、不幸、不愉快等"。在理解（4）时，人们认为 the unexpected 一定指的是"意外的挫折、打击、失败等"。人们是如何获得这样的理解的呢？为了获得这样的理解，需要激活什么样的百科知识呢？人们如何知道这样的理解就是说话人试图表达的呢？人们的理解遵循了什么样的原则呢？再说（5），两个句子中间用与不用 but 有什么区别？but 的使用对于理解说话人的这两句话有何帮助？这些问题都是认知语用学的研究话题。

迄今为止，由 Sperber 和 Wilson（1986/1995）在 *Relevance: Communication and Cognition*（《关联性：交际与认知》）一书中系统提出的与交际、认知有关的关联理论（relevance theory）是认知语用学中最有影响力的理论。根据这一理论，人们之所以能够成功地进行言语交际，不断认知对方的交际意图，是因为交际是一个认知过程，是一个说话人明示、听话人推理的过程。而无论说话人明示还是听话人推理都遵循同样的关联原则：说话人不会让听话人付出不必要的努力；听话人认为说话人使用的话语方式传递了自身最佳关联的假定，与说话人的意愿、能力和偏好一致，自己为处理该话语付出的加工努力与自己获得的认知效果相称。

（五）跨文化语用学

跨文化语用学（cross-cultural pragmatics）研究人们使用英语进行跨文化言语交际过程中出现的语用问题。随着全球化的不断深入，国际流动性不断增强，来自不同文化背景的交际者越来越频繁地接触和交流。这里有两种主要情形：一种是外语使用者与该外语的本族语者之间的跨文化交际，另一种是双方都为外语（如英语）使用者的跨文化交际。在两种情况下，母语的文化特征或多或少会影响跨文化言语交际。跨文化语用学领域的研究一般包括下述 4 方面内容（Blum-Kulka et al., 1989）。

（跨文化交际背景下的）言语行为研究：研究人们在跨文化交际中如何用英语或外语实施言语行为。

（跨文化交际背景下的）社交—文化语用研究：研究文化如何影响社交语用行为，如不同文化中对恭维的回应。

对比语用研究：就两种语言开展语用—语言和社交语用方面的比较研究，常以言语行为为分析单位。

语际语用研究：研究二语学习者如何使用英语进行交际，关注各个层面的语用迁移，特别是负迁移。与上面 3 种研究不同，本类研究带有更强的应用色彩，可归为应用语用学范畴。

跨文化语用学研究对外语学习和外语教学、成功地进行跨文化交际、减少或避免语用失误、促进译学的发展等都有积极意义。

（六）历史语用学

历史语用学（historical pragmatics）研究历史语境下的语言使用。它揭示早期（受特定社会条件制约的）人际交往模式及其演变原则，将人际交往的社会条件纳入历史语言使用的考察范围，将历史语境下的语言使用置于宽泛的社会交际语境下加以探究，体现出"语用学应以宽泛的认知、社会和文化视角来考察语言和语言使用"的研究趋势（朱磊、郑新民，2010）。历史语用学研究最初被划分为语用语文学（pragma philology）和历时语用学（diachronic pragmatics）两大分支。2011年，Archer和Culpeper提出该领域的第三个分支——社交语文学（sociophilology）。

语用语文学探讨社会文化语境下历史文本的语用维度，是研究特定历史时期语言语用现象的一种宏观途径（Huang，2012）。历时语用学研究语用现象发展嬗变的宏观路径，关注同一语言在不同历史阶段的语言结构及交际功能的相互作用（Huang，2012）。社交语文学是以语境分析为出发点研究语言形式以及交际功能的一种宏观历史语用学研究路径。具体来说，"社交语文学关注历史文本、体裁、社交情景以及文化背景等社会历史语境对语言形式及交际功能的塑造和影响"（Archer & Culpeper，2011：110）。

二、应用语用学

应用语用学（applied pragmatics）关注语用学理论在与语言活动相关领域中的应用。从文献来看，应用语用学主要涉及语用学在下列领域中的应用。

语用学在教学中的应用，形成了教学语用学（pedagogical pragmatics）这一应用语用学分支。主要话题包括语用知识是否可教、如何发展学生的语用能力、如何开展语用教学、如何进行语用测试等。

语用学在二语习得中的应用，形成了语际语用学或中介语语用学（interlanguage pragmatics）或习得语用学（acquisitional pragmatics）。主要话题包括语用迁移、语用失误、语用能力发展路径等。

语用学在母语习得中的应用，形成了发展语用学（developmental pragmatics），考察儿童如何逐步获得母语的语用规则和原则、如何礼貌行事、如何发展语境意识等。

语用学在翻译中的应用，形成了语用翻译论（the pragmatics of translation），主要包括两个维度的研究：一是从语用学角度重新审视翻译的本质、过程、标准、策略等，二是在翻译过程中对源语篇中各种语用意义的处理。

语用学在商务交际中的应用，主要考察在各类商务交际中如何依据语用学相关理论（特别是礼貌理论）进行得体、有策略的沟通，实施特定的言语行为（如申诉、询价、拒绝等），从而最佳地实现商务交际目的。

三、跨学科语用学

跨学科语用学（interdisciplinary pragmatics）指的是发生在语用学与一些相关学科之间的交叉学科。例如，法律语用学（forensic pragmatics）是语用学与法学之间的交叉学科，文学语用学（literary pragmatics）是语用学与文学之间的交叉学科，临床语用学（clinic pragmatics）是语用学与临床医学之间的交叉学科。"语用学本身就是一个研究分支，是一个与其他相邻学科能互相提供深刻见解的学科"（Cummings，2005：2）。

与应用语用学强调语用学理论在特定领域中的应用（换言之，语用学是理论输出学科，特定领域是理论输入对象）不同，跨学科语用学关注语用学与相关学科或领域中的交叉问题，在解决相关问题时同时采用语用学和自身学科理论。例如，在法律语用学中，研究者需要考虑法律语篇或交际话语中特定语用问题可能带来的法律后果，研究者需要同时开展语用学分析和法学分析方可对该问题给予充分回答。又如，文学语用学研究文学作品意义的产生过程，认为文学作品是作者与读者共同创作的结果，读者填补文学文本意义的不足（Mey，2001）。这就可以解释为什么对同一文学文本会有不同的解读方式，所谓"有一千个读者就有一千个哈姆雷特"，当然这样的说法略有夸张色彩，但确实在一定程度上诠释了文学文本的交际特点。

四、界面语用学

界面语用学（interface pragmatics）在文献中一般专指语用学与语言学其他分支学科之间的研究，如语用学与句法学的界面研究（产生了语用句法学，pragma-syntax）、语用学与语义学的界面研究、语用学与语音学的界面研究（产生了语音语用学，phono-pragmatics）、语用学与词汇学的界面研究（产生了词汇语用学，lexical pragmatics）、语用学与形态学的界面研究。

界面语用学研究与欧洲大陆语用学派所持的语言各个层面都有语用因素沉淀的观点是一致的，这类研究是语用学作为语言学研究最为典型的方面，具有良好的研究前景。

有关语用学对于认识语言的重要性，Leech（1983：1）曾有过论述："除非我们了解语用学，否则就不能真正地理解语言的本质，即语言是如何在交际中使用的。"与句法学、语义学等不同，语用学从语言使用者角度研究语言，特别是其所作的语言选择、使用语言进行社会交往时所受的限制以及所使用的语言在交际行为中对其他参与者的影响。这有助于解释句法学、语义学等不能回答的问题，将人们对语言的认识提升到一个新的层次。

此外，语用学对相邻学科也富有启示。也正是因为如此，Huang（2007：1）指出："语用学是当代语言学中发展迅猛的一个领域，近年来不仅成为语言学和语言哲学中引发强烈研究兴趣的中心，而且吸引了来自人类学家、人工智能工作者、认知科学家、心理学家和符号学家的大量注意力。"在各方研究人员的共同参与下，语用学的应用价值和跨学科研究价值正不断显现。特别是对于外语教学而言，语用学更将证明其本身是一个重要的理论输出来源，对更新外语教学理念、丰富外语教学内容、完善外语教学方法等都将带来深远影响。

第三节　认知语言学视角下的语用学研究

认知语言学的兴起与发展为语用学研究提供了新的视角，它可以进一步补充和丰富语用学理论。从认知语言学角度研究语用学（以下简称前者）与认知语用学有所区别。

首先，二者理论基础不同。前者的理论基础是认知语言学理论，认知语言学涵盖了一种研究范式的所有理论。认知语用学这一术语正式出现于20世纪80年代中后期，其基本理论基础是Sperber和Wilson在专著《关联性：交际与认知》（1986/1995）中提出的与交际、认知有关的关联理论（何自然、冉永平1998）。因此，前者比认知语用学的理论基础要丰富得多。

其次，二者认知观不同。在认知语言学中，认知属广义的，即包括感知觉、知识表征、概念形成、范畴化、思维在内的大脑对客观世界及其关系进行处理从而能动地认识世界的过程，是通过心智活动将对客观世界的经验进行组织，将其概念化和结构化的过程。认知语言学家还认为，语言是认知的一部分，认知是体验性的、想象性的。

关联理论的创始人Sperber和Wilson并没有直接解释什么是认知，他们在Fodor的认知理论基础上勾勒了语言交际的过程："由负责接收语言刺激信号的单元接收外界语言信号，然后把它们传输到中心系统，由中心系统进行运算和破译。

由此看来，语言的交际过程应是个推理过程而不是编码—解码过程"（曲卫国，1993）。因此，认知语用学的认知是指对信号的推理、运算过程，而这种推理是以寻找最佳关联为目的的。Sperber 和 Wilson（1995：260）提出了关联的第一原则或认知原则：人类认知倾向于同最大关联相吻合。

由此可见，前者的认知观比认知语用学的认知观要宽泛得多，认知语用学忽略了人类认知的大部分，认知能力不等同于符号的心理运算能力。意义不仅是对符号的心理运算的结果，而且扎根于人类的所有认知经验：文化的、社会的、心理的和身体的。

最后，二者研究对象不同。前者拟运用认知语言学的诸理论为基础，探讨人类的认知能力是如何影响语言使用的。具体来说，在研究意义构建的认知框架中，许多语用学的经典问题还同样重要。我们力图解释层级现象、言语行为和实施为句、前提、指称模糊、所谓的比喻、转喻的语用功能和含义等，老问题将有新解释。

有学者认为认知语用学是一门超符号学，"把这种符号和交际意图之间的、在历时过程中逐渐趋向固定化的关系看成'超符号'关系，研究这种超符号关系的学科就是认知语用学"（熊学亮，1999：1）。具体来说，认知语用学试图找出以下问题的答案：为什么交际双方各自的谈话意图会被对方识别？为什么交际双方配合得如此自然，既能产生话语，又能识别对方的话语？推理这个认知过程就是认知语用学的研究对象。因此，前者的研究范围比后者要广阔得多。

就我们目前掌握的国外文献来看，最具代表性的当属 Marmaridou（2000）的专著 *Pragmatic Meaning and Cognition*，该书主要以 Lakoff 的理想化认知模式为理论基础，探讨了语用学的常规课题：指示语、言语行为、前提、会话含义等。此外，2003 年 Panther 和 Thornburg 编辑了论文集 *Metonymy and Pragmatic Inferencing*，其中收录了 10 篇论文，该论文集主题是"转喻与语用推理"，主要探讨了转喻在话语理解中的作用、转喻推理和语法结构之间的关系等，如间接言语行为、if 从句、日语句末小品词等语法结构如何具有相应规约性的语用意义。上述作者均从不同角度证明了转喻研究与其他语用学理论（如关联理论、Grice 理论及 Neo-Gricean 理论）融合的可能性。

国内基于认知语言学的语用学研究的专著尚未见到，与此相关的论文主要集中在对前提（预设）和言语行为的研究。刘宇红（2003）和陈家旭、魏在江（2004）认为，心理空间理论可以以预设的研究提供一个新视角，它在语用预设的流向、预设触发语、预设的转移、预设的投射等方面具有较强的解释力。王文博（2003）运用理想化认知模式（ICM）和图形—背景理论来解释预设的成因和预设消失现象。张辉、周平（2002）和李勇忠（2004）运用认知转喻理论，尤其是 Thornburg & Panther 的言语行为转喻来研究言语行为和语用推理。前者以认知语言学中的事态场境为基础，指出事态场境组成部分与整个事态场境或场境核心之间的转喻关系是会话人进行语用推理的概念图式，这些转喻关系也解释了为什么听话人会以迅捷的速度轻松地推断出说话人的交际意图。后者探讨了间接言语行为的产生及理解，并为话语的深层连贯提供了新的解释。

综上所述，国内外基于认知语言学理论背景的语用学研究尚不多，研究还不够系统。国内的研究均集中在认知转喻理论、心理空间理论与言语行为、语用预设的研究，忽略了认知语言学其他理论（如原型效应理论、意象图式理论等）的应用。我们应在语用学和认知语言学的融合上再做些探索和思考。

第二章 英语教学与认知语用学研究

第一节 大学英语教师科研与教学冲突的现状探讨

一、大学英语教学要求

《大学英语课程教学要求》(*College English Curriculum Requirements*)作为各高等院校组织非英语专业本科学生英语教学的主要依据,明确了大学英语的教学要求。大学英语是以外语教学理论为指导,以英语语言知识与应用技能、跨文化交际和学习策略为主要内容,并集多种教学模式、教学手段为一体的教学体系。其教学目标是培养学生的综合应用能力,特别是听说能力,使他们在今后的学习、工作和社会交往中能用英语有效地进行交际,同时增强其自主学习能力,提高综合文化素质,以适应我国社会发展和国际交流的需要(教育部高等教育司,2007:1)。总的要求不仅强调了应用技能,更是注重了学生的综合应用能力培养,把在今后学习、工作和社会交往中能用英语有效地进行交际作为大学英语的教学目标。毕竟,这些与学生语用能力的高低密切相关。

没有语用能力的英语语言不过是一些毫无意义的单词或枯燥无味的语法条款,是毫无实用价值的。所以,大学英语教学要求的3个具体层次要求清楚地说明了大学英语教学的任务。在此仅摘录更高要求如下:

①听力理解能力。能基本听懂英语国家的广播电视节目,掌握其中心大意,抓住要点。能听懂英语国家人士正常语速的谈话。能听懂用英语讲授的专业课程和英语讲座。

②口语表达能力。能较为流利、准确地就一般或专业性话题进行对话和讨论,能用简练的语言概括篇幅较长、有一定语言难度的文本或讲话,能在国际会议和

专业交流中宣读论文并参加讨论。

③阅读理解能力。能读懂有一定难度的文章，理解其主旨大意及细节，能阅读国外英语报刊上的文章，能比较顺利地阅读所学专业的英语文献和资料。

④书面表达能力。能用英语撰写所学专业的简短报告和论文，能以书面形式比较自如地表达个人的观点，能在半小时内写出不少于200词的说明文或议论文，思想表达清楚，内容丰富，文章结构清晰、逻辑性强。

⑤翻译能力。能借助词典翻译所学专业的文献资料和英语国家报刊上有一定难度的文章，能翻译介绍中国国情或文化的文章。英汉译速度为每小时约400个英语单词，汉英译速度为每小时约350个汉字。译文内容准确，基本无错译、漏译，文字通顺达意，语言表达错误较少。

⑥推荐词汇量。掌握的词汇量应达到约7675个单词和870个词组（包括一般要求和较高要求应该掌握的词汇，但不包括专业词汇），其中约2360个单词为积极词汇（包括一般要求和较高要求应该掌握的积极词汇）（教育部高等教育司，2007：3-4）。

尽管这些并未明确指明语用能力的培养在每个方面的要求，但事实上，听力理解、口语表达、阅读理解、翻译等都离不开相应的语用能力。

二、大学英语教学现状

当前不少大学生对英语教学不甚满意。1996年，北京市大学英语研究会对市内12所高校1000多名学生的随机调查发现，其中57%表现为"不太满意"，18%认为"很差"，只有9%对教学感到"满意"（蔡基刚，2012：5）。21世纪初期至今，这一情况并未显著改善。夏纪梅（2003：461）对广东重点大学内1000名已完成四、六级学习的在校非英语专业学生进行调查，55.86%的学生认为大学阶段后的英语学习水平较入学前无进步。2007年，于海和钟晓华（2008）对上海市12所高校（其中部属3所，上海市属9所）的1615名大学生进行抽样调查，在外语、计算机和专业等10项社会用人单位最看重的能力中，学生反映自己大学期间外语能力提高不理想，排在10项能力的倒数第一。抽样的学生中有11.3%认为自己的外语能力有很大提高，45%的人认为有一定提高，23.6%认为没有提高，认为反而下降的达到了20%。2008年，赵庆红等（2009）对武汉、北京、西安、济南和长沙的12所高校2283名大学一、二年级学生进行调查，结果发现，认为"大学英语学习收获很大，英语水平得到了提高"的仅为6.7%，认为"收获不大"的为36.2%，认为"英语学习劳而无功"的为32.5%，认为"英语水平没有进步反而退步"的为24.6%。2010年，蔡基刚等（2012：5）对8个省市16所本科院校 1246 名大学一、二年级学生进行调查，结果发现，在回答"整体来说，我觉得自己现在的英语水平较之刚入学"时，其中表示"有较大提高"的为 3.9%；"有些提高"的为 35.23%；"基本没有提高"的为 25.4%；"有些下降"的为 35.1%。回答"总体而言，我对我校的大学英语教学"，"基本满意"的为 20.54%；"比较满意"的为 31.38%；"勉强满意"的为 35.39%；"不满意"的为 12.6%。乔梦铎等对黑龙江省高校的调查发现，大学英语四、六级考试指挥棒式的影响仍然根深蒂固，虽然 85% 的学校取消了将学生的四级考试成绩与毕业证或学位证挂钩的做法，但仍有 50% 以上的学校在大学英语课堂上或课外给备考学生进行专门的四、六级辅导，以期提高过级率，由此可见大学英语教学仍无法完全摆脱应试教育观念的控制（2010：11）。

许多业内专家学者对当前大学英语教学存在的问题也进行了总结。吴启迪（2004）总结了大学英语教学存在的问题。①教学思想相对滞后，如对外语综合应用能力的培养重视不够。②教学模式、教学方法相对单一和陈旧，如教师主讲、学生主听的课堂教学模式。③教师整体水平有待进一步提高。④与中小学教学相对脱节。其后果是整个外语学习耗时长、效率低，学生容易产生厌学情绪。⑤应试教学倾向依然存在，片面追求四、六级考试通过率。对于改革后的大学英语教学，程晓堂和康艳（2010）列出大学英语教学七大问题。①教学目标不清楚，20 多年来历次出台的大学英语教学大纲对教学目标的描述"飘忽不定"。②教学要求与考试要求混淆，其结果只能干扰正常的教学秩序，助长应试教学风气。③高校英语课程与中学英语课程没有有效衔接。④过于强调英语的工具性。⑤过分强调知识的教学，忽视能力的培养。⑥教材编写理论研究和技术研究非常贫乏。⑦外语教师缺乏专门外语教育理论的学习，大多凭经验上课。束定芳和陈素燕（2010）认为大学英语教学存在九大问题。①定位与教学目标不明确。②需求分析缺位。③在课程安排和听说读写技能训练上，课程设计不科学。④由于教师工作量超负荷，科研力量有限，师资队伍难以适应新的教学要求。⑤教学资源，包括教材难以满足学生的真正需求。⑥课堂教学仍为以教师为中心的精读和 PPT 教学，应试教学依然存在。⑦学生学习态度和动机欠佳。⑧学生缺乏良好的学习方法。⑨外语教学评估缺乏科学性。

《大学英语课程要求》对大学生英语听、说、读、写、译都有具体的要求，更加注重大学英语综合应用能力的培养，英语文化的学习逐渐引起人们的关注。文化的学习在专业英语教学中会有所涉及，尤其是在翻译教学中，因为跨文化交际的差异而产生的语用失误已经引起了诸多学者的关注。但在非专业的大学英语教学中，很少提到学生语用知识的学习和语用能力的提高，英语学习只能应付考试，不能真正在生活中交流，导致部分学生高分低能。有些语法错误不能找到合理的解释，学生只能死记硬背，毫无兴趣而言；有些语法看起来并无大碍，然而在实际运用中却不被接受或根本就没有语用效果。比如：

（1）A：Can you open the door?

　　B：Yes, I can.

从语法角度看，上述回答没有丝毫问题，但是显然听话者并未能理解说话者的意图，从本质上说，上面的交际并未成功，界定为语用失误并不为过。

进入21世纪后，对学生听说能力的培养得到了加强，"听说领先"的教学模式不断得以推广，但在有效运用英语进行交际方面似乎停滞不前。其部分原因在于学生所学英语语言知识缺乏文化知识、语用知识等，从而不能在实际生活中运用。甚至有时学生费尽心机背诵了很多单词和语法，在实际生活中却无法套用。

张文霞、罗立胜（2004）在《关于大学英语教学现状及发展的几点思考》中总结道，在21世纪的第一个十年中，大学英语教学迎来了一次新的、全方位的挑战，同时面临着一次深入改革和进一步发展的机遇。在机遇与发展并存的同时，大学英语教学的再定位以及外语教学的今后走向必然引起教育管理部门、社会以及广大英语教师的普遍关注。人们关注的焦点依然是大学英语在新的时期如何更好地适应社会发展的需要，如何进一步深化改革，其改革的中心是什么，以及如何进行这场改革等焦点问题。

经过一段时间深入地讨论以及在教育部高教司的指导下，人们在以下三个方面达成了共识。

①为了大学英语教学在21世纪的可持续发展，为使其更好地适应社会以及学习者对外语的实际需要，深化改革是发展之必然。

②改革的重点应该是改变大学英语教学的培养目标和教学模式，即强调学生的英语综合运用能力的培养，特别是语言产出技能的实践。

③大学英语教学改革需要从制定大学英语教学课程要求和立体化教材建设入手，以调整教学评估体系为切入点，形成一套比较完整、具体的改革方案。

总结大学英语自20世纪80年代以来取得的成绩，主要有以下几点。

①大学英语已经发展成为一门系统的、相对独立的学科。

②对大学英语教学大纲进行了修订。

③在《大学英语教学大纲》修订的同时，大学英语四、六级考试项目作了相应的调整，增加了主观题的类型及比例；同时在一定的范围内实行英语口试。

④在21世纪开端前后，第三代大学英语教材陆续出版。

⑤在教育部高教司以及各级主管部门的大力倡导和支持下，外语教学的现代

化手段得到了比较快的发展，其中包括多媒体语言学习系统、网络外语学习体系、英语学习课件等。

⑥随着我国高等教育的快速发展与提高，大学英语教师队伍发生了比较大的变化：一批英语专业本科毕业生以及一定数量的硕士、博士毕业生充实到教师队伍，并成为英语教学的骨干力量。

综合问题与成绩，可见，大学英语教学中需要处理好以下几个关系。

①语言基础与综合运用能力。

②个性化自主学习与课堂教学。

③外语文化素质与英语考试。

④分类指导、分级教学与一般要求。

⑤四年英语学习不断线与大学英语教学。

⑥多媒体和网络化教学与现有的教学手段。

⑦立体化教材与现有教材。

⑧选修课程与基础课程。

⑨综合性的教学方法与综合运用能力的培养。这里的综合运用能力，离开了学生的语用能力，只能是一句空话。

此外，教学手段和教学模式得到了较好的改进。许多高校充分利用现代信息技术，采用基于计算机和课堂的英语教学模式，特别是以网络技术为支撑，使得英语教学在一定程度上不受时间和地点的严格限制，学生能接触到更多的音频和视频材料，有更多的机会看到或听到真实生活中的英语交流，有机会学习英语本族人地道的语音语调。学生借助网络技术直接与英语国家人士直接聊天对话，也不是新鲜事。一句话，英语教学更多地在朝着个性化和自主学习的方向发展。

第二节　语用知识与学生的语用能力

一、学生的语用知识与教学

何自然、冉永平（2006：27-28）认为，在语言教学方面，语用学可用来解决语言结构功能的问题，是对语言进行语用分析，解决语言结构的差异及其使用原则，即语用语言学。此外，语用学还可以用来解决外语教学中因文化差异而引起的一些语用失误问题，探讨语用的社会因素，即社交语用学在英语教学中常常会发生类似的情况。比如：

（1）教师：Excuse me, sir. Can you close the door?

学生：Yes, I can.

从语言知识的掌握来看，学生对一般疑问句的回答无可厚非，但仅仅回答"Yes, I can."而没有任何作为，这的确没能实现教师的意图，出现了交流的失败，这种现象就是一种语用语言失误。类似现象在英语中并非个案。在英语教学中对反意问句的回答很是困难，比如下面的句子。

（2）A：You aren't a boy, are you?（你不是个男孩，对吗？）

B：No, I am.（不，我是。）

许多教师用了许多方法从语法上对学生进行了解释，但始终收效甚微。不关注 A 问话的语用功效，机械地套用规则，实在算不上好的方法。如果从语用功效进行解释，问题就会简单得多。首先，A 问话的语用功能是要确认听话者是否是个男孩，所以只要听话者按照自己的实际状况进行回答"是的"或"不是的"，后面补上 I am 或 I am not，就完美地实现了上述交流。

作为英语的学习，英语势必随时与学习者的母语——汉语联系起来，所以翻译随处都需要，但由于文化的差异，直接套用往往会出现尴尬。比如，Fang Fang（芳芳牌唇膏），"芳芳"在汉语中容易与"芳香"引起关联，会使中国顾客产生美好的联想。在《现代汉语词典》中，"芳"被定义为"香"和"美好的"，故该词常常和一些美好的品德和属性联系在一起，如"美丽""香""华丽"，所以用"芳芳"作唇膏商品的广告品牌，自然会对大众产生诱惑。而 fang 在英语中定义为：长而锋利的牙齿，尤指狗和狼的牙齿（a long, sharp tooth, esp. of dogs and wolves），或者蛇的毒牙（a snake's poison tooth）。谁想使用一种会让自己变成"青面獠牙"怪物的化妆品呢？

掌握英语文化中的一些禁忌语，对于提高学生语言的语用效果有极大帮助。对于西方人，年龄、收入等都属于个人隐私，一般情况下不得随便问别人。这些常见的文化差异学生现在大多能了解，也会尽量去避免类似的问题给英语人士带来的不悦。但人们还是常常把汉语中的一些思维无意识地表达出来，比如："Where are you going?"对于别人的感谢也会不由自主地回答 No。文化的差异导致了说话者欲表达的意义与实际表达的意义大相径庭，违背了说话者的初衷，这对于学英语的学生是一个不小的打击。有时这样的交流失败甚至让学生产生怀疑，他们课堂上学的英语能用来交际吗？

在语言教学尤其是英语教学中，这方面的研究成果对口语教学、听力教学、阅读教学以及写作教学都有重要的指导作用。对语言的理解本身就意味着语用功效的好坏。成功的语言交际本身就意味着一定的语用能力。如果相应的语用能力差,就很难开展口语和听力教学。在学生中常常有对说话者的每一个词都能听到、能写下来,但不能理解的现象,这就是语言语用能力差的表现。汉语中,同样一个词语,在不同的语境下所表达的意义和起到的语用效果可以完全不一样。比如:

(3) a. 小女孩就是那个零下三摄氏度也要穿裙子吃冰激凌在寒风中流鼻涕的人。

b. 小女孩就是那个在公司里很要强回去给妈妈打电话哭鼻子的人。

c. 小女孩就是那个在电影院里用眼泪打湿你肩膀的人。

d. 小女孩就是那个坐你自行车后面兴奋地和你讨论将来开法拉利的人。

e. 小女孩就是那个摔倒了也潇洒得不要你安慰,看见了一只老鼠却尖叫着晕倒在你怀里的人。

f. 小女孩就是那个嫌你肚子越来越大,还要逼你吃掉她做的所有饭菜的人。

g. 小女孩就是那个说要给你打一件毛衣,却只打出一块茶杯垫的人。

h. 小女孩就是那个在细雨中为等你下班淋湿了乌黑头发的人。

i. 小女孩就是那个口口声声要"傍大款"却与你风雨兼程不离不弃的人。

j. 小女孩就是那个洗劫掉你所有工资奖金还在你的鞋底翻出私房钱时对你大呼小叫的人。

k. 小女孩就是那个散步的时候左手缠着她爸爸右手缠着你觉得她是天下最幸福的人。

上面11个"小女孩"所表达的意义不完全相同,说话者表现出的态度和观念也有区别,离开了具体的语境,就不可能完全理解。英语中,同样一个单词,在不同的语境下表意也可能不尽相同。比如:

(4) a. Tom bought me the book.

b. Tom can recite the book.

(4)a中,显然the book指的是书,而(4)b中the book指的却是书中的内容。外语教学或外语学习的一个重要任务是培养学生使用目的语(target language)的交际能力,语用能力是其中的核心部分。如何有效地利用语用知识去指导语言实践是目前外语教学与外语学习中应该加强和提倡的。语言能力强的人,语用能力不一定强;语言知识高深的人,不一定能在跨文化交际中游刃有余。Widdowson(1989)认为,能力包括知识和技能两部分,前者主要指语法能力,后者相当于语用能力。语用能力可分为语用语言能力和社交语用能力。语用语言能力以语法能力为基础,涉及语言的使用规则,不仅指正确利用语法规则遣词造句的能力,而且包括在一定语境条件下正确地使用语言形式实施某一交际功能的能力；社交语用能力主要是指根据一定的社会文化规则进行得体交际的能力，这就要求人们特别注意跨文化交际中的语用差异（Leech，1983）。因此，在外语教学中，应要求学生在使用目的语时充分考虑社会和文化语境因素，灵活恰当地将所掌握的词语、语法规则运用到恰当的交际场合，达到有效的交际目的。同时，也应要求学生在理解外语时，了解和运用合理的语用知识，获取话语字面意义以外的语境信息。

认知语言学认为语言是人以各种体验方式感知世界和对世界万事万物形成概念的结果。研究语言不只是描写人们的语言行为，而且是解释引起语言行为的心理结构和心理过程，揭示语言行为背后内在的、深层的规律。诚如托马斯（Thomas）所指出的，在言语交际中，说话人出现发音或结构错误都是表层的错误，可以被谅解，最多被认为说不好（speaking badly），但一个能说流利外语的人出现语用失误，那就会被认为表现不好（behave badly），就会归咎于他的粗鲁或敌意（梁志坚，2002：91）。英语水平不高，可以在与英语人士的交流中慢慢提高，但一个没有礼貌的人几乎不会有人愿意与之交流，也就不可能有机会在与他人的交流中提高英语水平。

在多数人看来，学英语最重要的是做到正确，其实更重要也更难的是做到得体。在特定的时间、特定的地点，对特定的人说出特定的话，这就是得体。如何做到得体，这是语用学的研究目标。在中国，管一个人叫"张先生""李同志""黄书记""李总""李副总"还是"老张"，是很有讲究的，英语中也一样。在 *One Upmanship* 这本书里，Stephen Potter 举例说明了某位局长是如何称呼其下属的。比如，有一个人名为 Michael Yates：

（5）a. 他若是副局长，局长叫他 Mike（称名用昵称）。
　　　b. 他若是助理局长，局长叫他 Michael（称名不称姓）。
　　　c. 他若是段长，局长叫他 Mr. Yates（称姓加 Mr.）。
　　　d. 他若是段长助理，局长叫他 Yates（称姓不称名）。
　　　e. 他若是得力秘书，局长叫他 Mr. Yates（称姓加 Mr.）。
　　　f. 他若是学徒工，局长叫他 Michael（称名不称姓）。
　　　g. 他若是夜班警卫，局长叫他 Mike（称名用昵称）。

（*Cambridge Encyclopedia of Language*，1987，Cambridge University Press，P45）

显然，这比平时教学中简单地称男性为 Mr.，称女性为 Miss，Mrs.，Ms. 要复杂得多，也无关正误，而是得体与否。缺乏必要的语用知识，课堂所学的称呼语在实际生活中几乎毫无用处。

二、语用失误与语言能力

（一）问题概述

具有好的语言能力并不一定表明不会出现语用失误。语用失误一直是语用学研究的重要方面。托马斯（1983）认为，"pragmatic failure has occurred on any occasion on which H perceives the force of S's utterance as other than S intended s/he should perceive it." 即人们在言语交际中没有达到完美交际效果的差错，只要听话人所感知的话语意义与说话人意欲表达的或认为听话人应感知的意义不同，就产生了语用失误。何自然（1997：205）指出："语用失误不是指一般遣词造句中出现的语言使用错误，而是说话不合时宜的失误，或者说话方式不妥、表达不合习惯等导致交际不能取得预期效果的失误。"钱冠连把语用失误定义为说话人在言语交际过程使用了符号关系正确的句子，但不自觉地违反了人际规范、社会规约，或者不合时间空间，不看对象。

对语用失误的研究通常是在言语交际过程中，说话人和听话人对一个符号关系正确的话语的言外之力的实施和理解上出现了分歧，导致交际失败。正确表达产生错误接受指的是接受者在言内行为的语义层面上好像交际受阻，但在言外之力的实施层面，又能析出交际的意图，实现信息的成功交流。语用失误既可能发生在不同文化之间的跨文化交流中，也可能发生在相同文化背景下的交流中。前者通常称为语际语用失误或跨文化语用失误，后者称为语言语用失误。

2002年，孙亚和戴凌以"语用失误研究在中国"为题，对国内语用失误的研究成果进行了较为全面的总结。

第一，国内学者的研究多局限于跨文化交际失误或语际语用失误，自然把语用失误的首位原因归结为文化差异。在跨文化交际中，由于一方（或双方）对另一方的社会文化传统缺乏了解，交际双方各持不同的文化观点，从自己的文化角度揣度其他文化背景的人，结果两种文化观念不能相互融合，发现与自己的预期不同，就会产生文化冲突，出现不恰当的言行。

第二，从二语习得角度看，文化差异是语言使用中的干扰源，造成了负迁移，是产生语用失误的根源。吕文华、鲁健骥（1993）认为"由于学生的母语语用规则和文化因素是自动习得的，已是他们的思维方式和行为准则"，对学习和使用外语形成干扰。

第三，文化差异、母语文化因素和语用规则迁移必定反映在语言使用上。"跨文化交际的过程既涉及文化的规约也涉及语言的规约"（王得杏，1990）。

第四，吕文华、鲁健骥（1993）从教学角度解释了语用失误的原因。"我们的教学还没做到有意识地、有计划地、充分地反映汉语语用规则和文化，这片教学中的空白地使学生的母语干扰成为可能。初级阶段的语言教学内容（语言所表达的意义和文化内涵）往往是非常简单的、粗线条的。但是，成年人要表达的思想却是复杂的、细微的。这两者之间形成了一对矛盾，是语用失误的一个根源。"

对于如何对待语用失误与教学，笔者认为，要从根本上避免语用失误，还要结合外语教学，因为多数人是在课堂中学习外语的。就指导思想而言，应重视学生语用能力（包括跨文化交际能力）的培养，语言教学中应注意输入外语文化知识。教学内容方面，英语教材和参考书似乎需要增加反映社会交际含义的材料的比重；一些语用原则必须列入教学内容；外语教师在教学过程中要特别注意教授以下方面的内容：特定的习俗化的语言形式；汉英实现言语行为和理解言语行为的差异；英语中的禁忌话题以及有损听话人面子的言语行为；汉英文化间谈话双方的主从地位或谈话双方的社会距离的差异；汉英文化价值观念和语用原则上的差异。

（二）跨文化语用失误与语言能力

跨文化语用失误作为语用失误的重要方面，对英语翻译的负面影响甚大，值得重视。其例子俯拾即是。如影片《魂断蓝桥》的英文名字是 *The Waterloo Bridge*，直译是"滑铁卢大桥"。但是，中国人大多熟悉的是1815年拿破仑兵败的那场滑铁卢战役，知道片中的伦敦滑铁卢大桥的不多，在这种认知前提下，将"滑铁卢大桥"改译为《魂断蓝桥》，符合中国文化的审美心理，同时也点明了影片浪漫爱情悲剧的主题。还有一部影片英文名是 *Bathing Beauty* 译成了《出水芙蓉》，而非"洗澡美人"，这样就大大释放了影片的审美空间，强化了叙事的张力。还有英国作家达芬妮·莫里哀的名著 *Rebecca*，音译应为"瑞贝卡"，但在中国，得到广泛认同的却是《蝴蝶梦》。么孝颖（2007：30）把语用失误界定为表达者和接受者赋予同一个词汇语法正确的话语不同的言外之力而导致的跨文化交际中断。总的来说，语用失误就是语言使用的不得体（孙亚，2001：59）。文化的差异可以直接影响语言的交流，形成语用失误。网上有类似表述显然，汉语中"龙"的概念不能和英语中的 dragon 完全画上等号，否则会引起语用失误。英语和汉语中词语不等价的情况还有很多，如 duty 与"职责"，lover 与"爱人""情人"，politician 与"政治家"，comrade 与"同志"，individualism 与"个人主义"都不完全等值，直接套用或翻译定会让交流错位，形成跨文化的语用失误。再如：

（6）A：Can you help me to carry my bag to my office?（能帮我把包拿到我的办公室吗？）

　　B：A piece of cake.（小菜一碟。）

汉语中的"小菜一碟"和英语中的 a piece of cake 都可用来表示"轻松的"或"小事一桩"等意思，显然，缺乏必要的语用知识，势必导致交际的失败。汉语里的"望子成龙"如果译成"You must wish your son to be a dragon"，从语言本身来看，无论是语法还是词汇都无可厚非，但显然，在英语中是完全不能接受的。这种语言以外的语用失误不仅会影响交际的顺利进行，还会对学生学习英语造成一个不小的打击。

在教学中，"Good morning, teacher Zhang""Good night, teacher John"等类似称呼在话语中经常出现，从跨文化角度来看，这显然也是一种语用失误。跨文化语用失误大多是由文化的差异造成，所以教学中如果教师不注重相关的文化介绍，就会导致所教语言不能达到预期效果，甚至给学生造成消极的影响。

（三）语言语用失误与语言能力

许多人认为语用失误只是在跨文化交际中因不同文化背景而产生，但在相同的文化背景下也可能发生语用失误，导致交际无法进行。这类语用失误和语言学习联系更加紧密，直接涉及对语言的理解、会话含义等。从认知和语言的关系看，语言是一种认知活动，认知先于语言。就认知对象而言，客观世界在人脑中留下的心理表征以意象、概念、脚本的形式体现，意象的突显部分不同，概念的泛化，脚本选择错误或脚本的文化心理表征有异，都可能造成语内语用失误或语际语用失误。就认知主体而言，人们的认知经验尽管有普遍性，但也因人而异。就认知工具而言，范畴化是人类感知世界最自动的方式，人们倾向于分类以便清楚地认识世界，但不同的人可能对同一事物做出不同的分类，甚至同一人在不同场合对同一事物做出不同的分类，就更不用说不同文化背景的人了。人类的其他认知能力（如隐喻化、转喻化、概括化、具体化等）所产生的认知模式自然也存在差异。总之，从认知角度来审视语用失误定会有新的发现。如下面某顾客 A 到咖啡馆去喝咖啡，服务员 B 接待他并与之发生的对话。

（7）A：Is this coffee sugared?

　　B：I don't think so. Does it taste as if it is?

"Is this coffee sugared?"从语法看是一般问句，其语法功能显然是表示疑问，所以 B 把 A 的话语理解为请求提供信息——A 询问 B 是否放糖了；从语境看，这里 A 明明是知道 B 并未在咖啡里放糖，所以其询问功能应该不再成立，故 A 的意思即话语的语用力（pragmatic force）是一种"抱怨（complain）"。可以把 A 的话语解释为："怎么搞的，同往常一样，你又忘了放糖！"显然，A 说话的目的是想要 B 去把糖拿来，而 B 完全错误地理解了 A 的话语：我认为没放，是原味吗？导致交际失败，形成语用失误。这种语用失误在英语教学中非常普遍。比如：

（8）Teacher: Excuse me, can you spell the word, please?

　　　Student: Yes, I can.

以上对话在英语教学中经常出现，教师"Can you spell the word, please?"从语法看一般问句，对一般问句的回答，学生用 yes 或 no 来回答，本无可厚非。但是，这里教师的意思显然是要让学生把该单词拼写出来，所以，学生所应做的不仅是回答 Yes，关键的是要把单词拼写出来，才能实现教师话语的言后之力，该交际才能完成。这种交际的失败，严格地从语法角度很难做出合理的解释。作为一般疑问句，在语法上明确规定：能用 yes 或 no 回答的就是疑问句。在语法上，这是一个不争的事实。但在具体的语境中，类似句子却难以实现相应的交流，达不到应有的语用效果。类似的例子在英语教学中比比皆是。

例如：

（9）Teacher: Excuse me, sir, can you open the door, please?

　　　Student: Yes, I can.（其余什么都未做）

上述对话中，教师对学生的问题"can you open the door, please?"从功能上看：一是询问功能，二是请求功能。询问功能必须满足两个条件：教师不知道学生是否有关门这个能力，教师应该知道学生自身是否有关门的能力。只有两个条件同时满足，上述询问才能得以实现。显然，对于学生是否有能力开门，教师不应该不知道结果，所以该询问功能不成立。另外，上句的询问功能还可以表达另外一层含义：你是否可以将门打开？显然，作为教师和学生这一特定的人际关系，认为是教师想问学生可不可以打开门的疑问也是不符合常理的，所以剩下的就只有一种可能：表达一种请求，相当于"Please open the door."对于这样的请求，学生有两种可能性：一是"Certainly."或"No problem."表达肯定的答复；二是"Sorry, I am busy."或"I'd love to, but..."表达否定的回复。而这里，学生既然回答了"Yes, I can."表明了一种肯定的答复，就必然采取"开门"的行动，否则，学生的话语就没有产生相应的语力。学生上述的话语从语法上无可厚非，但由于缺乏语用效果，导致交流失败，故在此不恰当。

再如，一堂精彩的英语课结束时，教师与学生有下面的对话。

（10）A: Thank you for your good cooperation.

　　　B: You are welcome.

上述对话中，学生用"You are welcome."来回复教师的"Thank you"从语法角度看是无误的，但是在上面的语境中，显然有失偏颇。当人们在帮助了别人之后别人道谢时，应该说"不用谢"（You are welcome.），而这里的情形显然不完全一样：一方面，教师感谢学生在课堂上的合作，体现出自己的情怀和对学生的尊重；另一方面，学生在课堂上接受了教师的教育和教学，作为学生也应该感谢教师的辛勤付出。所以，这里学生用"没关系"来回答教师的"谢谢"，很不得体。所以，学生应该也对教师表示谢意，说："Thank you for your good lecture as well."可能更为得体。

有时意思看似差不多，在交际中却产生完全不同的效果，甚至引起误会，出现尴尬。例如，一位中外合资公司的女秘书一天工作干得很出色，她的经理感到十分满意，对她说："Thanks a lot. That's a great help."秘书回答说："Never mind."她想表达的是"没关系""不用谢"，但用了英语的"Never mind."。其实"Never mind."常用于对方表示道歉而自己不予介意的场合，是安慰对方的话。这里，秘书显然用错了表达式，导致语言语用的失误。

英语教学中，有时为了学习句法的完整，确保语法的正确，也会出现语用失误。教学中长期大量地进行完整句回答问题的操练（较常见于英语初学者）就是一例，用完整句回答询问是不符合语用规则的，因为在有些情境里把话说得过于明白是不恰当的。例如：

（11）I was sorry to hear about your grandma.

例句（11）很好地表达了一种同情之意。但如果说得很具体，如：

（12）I was sorry to hear about your grandma was killed by the car.

例句（12）不仅在语法上不容忍，在语用上也显得很不得体。因此，在外语教学中，尤其在初级阶段，要特别注意教学方法，不要把本族语的一些说话习惯带到外语中去。并告诉学生有一些句子可以省略其某些成分，意义不受影响，同时指出省略结构所表达的特殊功能。

同样，有的对话从语法上看可谓风马牛不相及，但语用效果却很好，可以实现完美的交流。比如：

（13）Wife: Would you like a glass of water?

　　　Husband: I am smoking.

上面对话发生在一对夫妻之间，妻子的"Would you like a glass of water?"是一个提供帮助的话语，丈夫能轻松地理解该交际行为中语句所表达的命题意义，也能找到相应的回答："Yes, please."或"No, thanks."而这里丈夫的回答表面看来似乎与妻子的话语风马牛不相及，从语法角度来看，明显是错误的回答。妻子的话语意欲实现的是"询问"或"请求"功能,而丈夫表达的是"陈述"功能。从语用学理论中 Grice 的会话合作原则来看,显然是违背了合作原则,但是,丈夫对妻子话语的故意违背,却巧妙地实现了交际功能:他不要水。同时,这种灵活的回应也符合上述夫妻关系和谐的氛围。如果丈夫改用"No, thanks."这种固定的模式,倒会让读者或其他听众感觉到上述回应与和谐的夫妻关系不相协调。再如:

(14) A: When will you go to have lunch with me?
　　　B: I am reading English.
　　　A: I asked when you would go to have lunch with me?
　　　B: I answered your question.

从传统英语语法教学来看,上面 B 的回答显然答非所问,表面上看其语言能力较为低下;但从语用学角度来看,B 的回答不仅没有语言问题,而且能产生很好的语用效果。B 说出该话语,要么表达:你去吧,我现在在读书,所以不去。要么表达出 B 压根就不愿意跟 A 一起去吃饭,但直接回答"我不跟你去吃饭"又显得很不礼貌,所以用"我在看英语"既可以表达出"拒绝一块儿吃饭"的原始意义,也可以避免用否定意义很强的词语,达到礼貌的效果。所以,B 不仅具有较强的语言能力,而且具有较好的语用能力。相反,从 A 第二次重复自己的问话,表明 A 的语用能力有待提高,从某种意义上也算是一种语用失误。

显然,语法正确,或者生搬硬套地使用课堂上所学的英语句子,有时在实际交际中会起到相反的作用。这无疑会让学生迷惑:语法错误,当然不可接受,语法正确的句子在实际交流中也不行,到底要怎样才好?

从上面对语用失误研究的成果可以看出,在语言语用失误和语际语用失误两个方面对学生语用能力和语言能力提高的影响来看,由跨文化差异引起的语用失误固然重要,但这已引起人们的重视;而语言语用失误,也就是在相同文化背景下产生的语用失误更应引起人们的注意,因为它更加直接地影响学生对英语语言的正确理解,更容易影响学生语言能力的提高。语言语用失误更明显地表现为语言能力的低下。作为语言最本质的特征就是交流,如果不能实现交流目的,也许不只是语用失误的简单问题,更是语言能力低下的表现,这种情况下学生就算完成应试任务也不代表学会了语言。

综上所述,语言能力必须与语用能力同步发展,只有这样语言能力才能真正有所提高,学生的英语综合运用能力的培养才可能真正实现,交流才可能顺利展开。也只有在实践中证明有语用功效的语言能力,才会给学生带来成功的喜悦,才能进一步促进学生的英语学习,才能真正实现英语的交际功能。语用学的重大贡献和突破在于，它摆脱了语言内部规律的束缚，将研究重心转移到现实中使用的语言上来，这对于指导我国学生学习和运用外语是非常有帮助的。国外外语教学专家 Wolfson（1983）曾指出："在与外国人的交往中讲本族语的人对于语言和句法错误一般都比较宽容。然而违反讲话规则往往被理解为粗鲁无礼"（韦琴红，2001：80）。语用是一个宽广的视角，可以从这个视角去看许多东西，可以看一个词语的使用、句子中的语序、句子之间语义上的联系以及篇章语段的结构等，也可以看语言交际者如何使用语言手段来达到自己的目的、表达自己的意图、维持良好的人际关系等。从这个新的视角看去，一些早已为人熟知，在传统语法、传统修辞里得到深入研究的课题都呈现出新的意义和深度，使我们感到有必要对它们重新进行审视。任何规则一旦真正使用起来，都成了某种行为。在这个意义上说，所有的规则里都有语用成分。

　　语用学与外语教学的研究成果表明，英语作为外语的语用能力不会随着学生的英语能力（遣词造句能力）的提高而自然地提高。语用知识是要教的，培养语用能力有赖于在语言实践中运用学来的语用知识。由此看来，大学英语教学任务不仅要培养学生的听、说、读、写、译的语言能力，而且要培养学生的语用能力。需要调整课程设置，把语用知识纳入教学计划。学好一门外语，注重语用能力的培养至关重要。

第三节　语用迁移

　　语用迁移指的是非本族语者在用外语交际时施用了母语的说话规则。换言之，它是指母语的语用能力对与目标语语用知识有着差异的过渡语语用知识的影响。按照其对交际效果的影响，可以将其分为正迁移和负迁移两种。前者指的是学习者成功地将母语的规则应用到目的语中，而后者恰好相反。先前这方面的研究主要集中在负迁移上，因为其对交际的成功有着潜在的危险；而对正迁移的研究寥寥，因为比较而言其"不怎么让研究者激动"（less exciting to study, Kasper & Blum Kulka, 1993：10）。

　　语用迁移可分为语用语言迁移和社会语用迁移。受母语规则影响而产生的语用迁移称为语用语言迁移。这种迁移是由于学习者没有考虑到母语和目的语规则之间的差异而产生的。受母语文化因素影响而产生的语用迁移称为社会语用迁移。这种迁移是由于学习者在表达同一语义时失于考虑母语文化中的语用规则和参数有别于目的语的语用规则和参数而产生的。尽管这方面的研究材料比较丰富，但是，关于在什么条件下语用迁移产生、在什么状况下语用迁移不起作用的研究却很少。

一、语用迁移的研究现状

外语学习者在学习外语时，母语的语言规则和表达习惯应用于第二语言的现象称为语言迁移（language transfer）。近几十年来，人们对英语学习中的迁移现象做了大量的研究，但一直到20世纪80年代初，其研究主要集中在语言、词汇和句法方面。这些研究根据迁移的效果，将迁移分为两类：正迁移（positive transfer）和负迁移（negative transfer）。母语和目的语在形式、结构、规则和意义上一致时，母语的这些特征会促进目的语的学习和掌握，这种促进新知识学习的迁移称为正迁移；母语和目的语在形式、结构、规则和意义上不一致时，母语就会对目的语的学习起干扰作用，这时产生负迁移。

20世纪80年代以来，随着语用学作为一门独立学科在语言学界的确立，人们渐渐转向从语用学的角度来研究语言迁移，即语用迁移（pragmatic transfer）。这些研究发现，母语和目的语之间存在着语言规则的差异或某个言语行为在两种语言文化背景中的实施规则不同往往导致语用负迁移。语用负迁移一直是困扰英语学习的难题，而且负迁移往往导致语用失误（pragmatic failure），使跨文化交际出现障碍，因而尤其值得语言研究者和学习者注意。本节将集中讨论语用迁移的类别以及造成语用负迁移的因素，以期对英语教学有所启示。

二、语用负迁移的影响因素

对语用迁移研究的材料（Saito & Beecken，1997；Eisenstein，1989）表明，语用迁移与下列因素有关：母语与目的语实施言语行为规则的差异程度；学习者对目的语的熟悉程度；学习者对交际情景的熟悉程度；学习者的心理趋同性。

（一）母语与目的语实施言语行为规则的差异程度

语言的使用是一种受规则制约的社会行为。由于跨文化交际中存在文化差异，不同的文化背景语言所受的制约规则也千差万别。外语学习者往往自觉或不自觉地把母语的语言规则和使用规则输入目的语。他们非常明白自己所要表达的言外之力（intended illocutionary force），并且想当然地认为来自另一种文化背景的听话人也会以同样的方式去理解和接受。然而由于跨文化差异，母语的言内行为在目的语中往往被赋予新的言外之力。例如，母语为汉语的学习者向西方人打招呼时常用"Have you eaten?"和"Where are you going?"。这两句分别是"吃了吗？"

和"到哪里去？"的英文对应形式。如果对方是不了解汉语习惯的人，学习者这种礼貌而友好的问候语就会被理解为一种邀请或过多地干预别人的行为。一般说来，两种语言言语行为规则越接近，负迁移发生的可能性就越小；反之亦然。

（二）学习者对目的语的熟悉程度

研究表明，当学习者的目的语趋于成熟时，他们的语用能力也随之提高。我们也观察到，目的语高级阶段学习者的语用负迁移现象少于初级阶段的学习者，亦即：目的语的使用越熟练，语用负迁移现象越少。这可能与学习者在初级阶段由于缺乏足够的目的语知识及其文化背景知识而在表达中更多地依赖其母语知识及其使用规则有关。然而，学习者很难达到完美的程度。即使是英语学得很好的中国人也很难摆脱母语及本民族文化对其思维方式和交际行为的影响。

（三）学习者与交际情景

影响语用迁移的另一个因素是对语言情景的熟悉程度。对语言情景越熟悉，就越能更好地正确使用目的语进行交际。语言情景包括所涉及的话题、交际场合的正式程度、交际参与者的年龄、性别、身份地位以及他们之间的亲密程度。一般来说，执行同一种语用功能可用不同的语言行为表达，而方式的选择主要是由语言情景的三大要素（话题、场合的正式程度和参与者之间的关系）所决定的。场合越正式，涉及的话题越严肃，谈话双方关系越疏远、地位越悬殊，语言礼貌级别就越高，语气也就更客气、委婉；反之亦然。

然而，外语学习者与本族语者对交际情景可能有不同的评判标准。在跨文化交际中，学习者常常用母语的标准来评判英语的情景，并采取母语的交际策略。例如，中国一向提倡尊师敬老，在中国，教师和老人的身份要比在西方社会中高。中国学生为了表现对外籍教师的尊重，倾向于用 Title+ Surname 的方式称呼他们，而外籍教师（尤其是年轻的美籍教师）却可能把它看作拉开双方距离的信号，相比之下他们宁愿被直呼其名（given name）。更令人尴尬的是，礼貌地称呼上年纪的西方老人为 Aunt, Uncle, Granny, Grandpa 却给对方带来不快，甚至令他们愠怒。这是因为，西方的长幼等级秩序不像中国那样严格、讲究。根据他们的价值观，年纪老更被看作"无用"的代名词。造成这种语用失误的原因是学习者不了解跨文化交际中交际对象所拥有的社会价值观及其文化背景，片面地根据自己的社会价值观和信仰来衡量社会距离和相互关系，因而导致这种跨文化的"搭配失误"（cross-cultural mismatches）。

（四）学习者的心理趋同性

学习者的心理趋同性（psychological convergence）也称作教学训练迁移（transfer of training）。主要是由于课堂教学引导失误，使学习者对目的语国家的人形成一种偏颇的印象，因而在语言使用过程中试图趋同于他们印象中的以目的语为母语的人，然而由于这种做法超过一定的限度，以至于不仅没有达到趋同的目的，反而使关系更加疏远。例如，美国人谈话不喜欢绕弯子，常说："Don't beat around the bush""Let's get down to business"或"Get to the point"。于是中国人通常认为美国人坦率、爽直、不拘小节。常见有些中国学生在英语角与外籍教师交谈时好奇地询问他们的婚姻状况、家庭、学历背景以及收入等，给外籍教师带来不快。

三、语用迁移的种类

Thomas 在她的《跨文化语用失误》一文中将语用失误分为语用语言失误（pragmalinguistic failure）和社交语用失误（sociopragmatic failure）两类。由于语用负迁移往往导致语用失误，且两者在归因上也大致相同（即主要是由于语言的使用规则和文化背景、社会价值观念的差异而造成的），因此这里将借鉴 Thomas 对跨文化交际中语用失误的分类方法，将语用迁移分为语用语言迁移（pragmalinguistic transfer）和社交语用迁移（sociopragmatic transfer）两类。Thomas 认为，语用语言迁移指"言语行为策略的错误迁移，或者是虽然母语和目的语在句法和语义上对等但交际双方存在着的理解偏差导致目的语表达了另外一种语用之力，因而造成了语用迁移。"它是由于对语用之力的理解不当而引起的，但只涉及语言表层，因而比较容易克服。而社交语用迁移是由于和以目的语为母语的人们的社会交往习俗、社会价值观念的差异而造成的，它涉及对目的语的深层掌握，因此对不了解目的语国家的文化和社会习俗的中国学习者来说，是学习中长期努力的方向。

需要指出的是，两类语用迁移的区分并不是绝对的。由于语境不同，双方各自的话语意图和对对方话语的理解都可能不同，因而某一迁移现象，从一个角度看是语用语言方面的迁移，但从另一个角度看则是社交语用方面的迁移。

（一）语用语言迁移

语用语言迁移往往产生于句法、词汇形式上的"对等"迁移和言语行为策略的迁移。

1. 句法、词汇形式上的"对等"迁移

在英语学习中，学习者往往套用母语的整个句式结构用相应的目的语形式表达出来，或将母语中的词语逐一译为目的语。殊不知有些翻译的文本虽然表层结构未变，但在目的语中却被赋予新的言外之力。例如，常有英语学习者因没有听清楚对方的谈话而让对方"Repeat!"而不是用英文中表达同一言外之力的"Pardon?"或"I beg your pardon?""Repeat!"这一句式虽然具有同样的语用功能，即让对方再重复刚才所讲内容，但却增加了另外一种言外之力：英语国家的人会认为这是唐突而没有礼貌的命令之辞。再如，将"有件事想请你帮忙！"说成"I have something to ask you for help."；将营业员的常用语"您想要点什么？"说成"What do your want?"都是借用了汉语的句法表达手段。

词汇的"对等"迁移更是不胜枚举。由于词汇是最重要的文化载体，由词汇的文化内涵给不同文化背景的人所引起的不同联想往往带来不同的言外之力，有些词汇在一种语言中会引起语义联想，而在另一种语言中会出现联想空缺。以"鼠"为例。"鼠"在中国人的心目中是一种低贱而令人讨厌的动物，有关鼠的各种比喻无不具有贬义色彩，如"鼠目寸光""鼠肚鸡肠""抱头鼠窜""老鼠过街，人人喊打""贼眉鼠眼"等。而英语中的鼠相比之下要可爱得多。如 mouse 喻指姑娘，rat 在美国俚语中指大学新生，mouse and man 可指众生。

上述例证从词汇和句式的表层意义上看，汉英表达似乎"等值"。但这只是形式上的对应和对等。有关词汇、句式所带来的言外之力却并不"等值"。

2. 言语行为策略的迁移

目的语水平欠熟练往往给说话人正确地实施言语行为或听话人正确地理解说话人的言语行为带来障碍。在一些初级学习者看来，只有祈使句才能表达命令和要求；表示邀请、请求、问候等的礼貌问句被看作表达询问的言语行为并予以回答。例如，某中学英语教师用"How are you, boys and girls?"向学生打招呼时，有些学生将其理解为对他们目前状况的询问，便摆出一副愁眉苦脸的模样说："Just so so."；还有的说："No, not at all. Because I have so much homework to do."

发生上述语用迁移的原因是学习者不了解每种语言执行一种言语行为可以有多种策略，而英汉两种语言表达言语行为的策略各不相同。

（二）社交语用迁移

下面对社交语用迁移从隐私观念的差异和社交习俗两个方面予以讨论。

1. 隐私观念的差异

东西方隐私观念差异巨大。西方人有强烈的隐私观念，这与他们成长的社会环境以及家庭和学校的培养方式有关。通常情况下，他们认为有些涉及个人隐私的话题如年龄、薪水、婚姻状况甚至包括所购物品的价格等只和关系亲近的人才可以交谈。中国人也有隐私观念，如对两性关系等。由于不同文化背景的人对个人隐私观念的理解不同，如果谈话双方都想当然地以自己的方式去理解并对待观念的差异，在跨文化交际中就会产生各种各样的问题。例如，中国人热情好客，对客人总是关切地"问长问短"；上级和领导关心群众的家庭生活更被视为接近群众的表示。相反，西方人见面经常谈论的"It's a lovely day, isn't it?"之类的话题，在中国人看来则是不够友好真诚的表示。

2. 社交习俗

首先，请看下列两个跨文化交际场合。

（1）校研究生联合会负责人邀请一位外籍教师参加英语活动，活动结束后，负责人对外籍教师说："Thank you very much. You've done me a great favor. You must have been very tired."

（2）一位60多岁的美国籍女专家喜欢在寒冷的冬季穿裙装，一学生关心地问："Are you cold?"

上述两种跨文化交际场合中，分别涉及感谢、关心两种言语行为，其表达都存在语用迁移问题。（1）中，校研究生联合会负责人为了表达对外籍教师的感谢，用"You must have been very tired."来夸大自己所得到的"益处"和外籍教师受到的"损失"。这是中国人常用来表达感激的言行行为策略之一，而外籍教师却体会不到这句话的言外之力——感谢；相反，他会误认为负责人觉得他太无能了，干这么一点活就累。（2）反映的也是跨文化交际中普遍存在的问题。中国人的群体交往意识较强，在人与人的社会交往中，表达对人的关切成为社交生活中建构友好、和谐关系必不可少的一种言语行为策略。因此，中国学习者常常用英文表达关切。如，天冷时见人衣衫单薄就关切地询问一声："Are you cold?"别人感冒了，便友好地建议："Put on more clothes and drink more water."而这类关切往往使得外国人不胜厌烦。对独立意识强的外国人来说，这些友好的关切过多地干预了他们的自由，有的甚至很恼怒地说："I'm not a child. Don't treat me like that!"

其实，言语行为并不限于上述两种，贾玉新在《跨文化交际学》中大体界定了31种常见的言语行为。由上述例证可以看出，在跨文化交际中，由于文化、社会背景各异，社会信仰及价值观也相左甚远，各言语行为在两种语言、两种文化背景中都有其独特的实施规则，如果不考虑这种差异而机械地将中文的言语行为策略应用于目的语，就会产生跨文化交际障碍。因此，在跨文化交际中，要时时小心处处设置的"文化陷阱"，设法避免或减少语用迁移现象及其造成的语用失误。

第三章 认知语用学的认知基础之一——认知模型

第一节 基本概念

人类的认知过程，就是不断认识事物、理解世界的过程，是人类运用诸如推理、概括、演绎、监控和记忆等心理活动的过程。一般来说，这个过程起始于互动式的感知体验、意象图式、范畴化和概念化。人们在与现实世界互动体验的基础上，形成了意象图式，建立了认知模型（cognitive model，下文简称CM），多个CM可构成一个理想化认知模型（idealized cognitive model，简称ICM），由此即可将概念组织起来，找出所观察对象的结构模式和运作原理，掌握事物和思维的规则，理解语言表达的意义。在形成CM和ICM的过程中，需要借助许多认知方式。人类范畴化最直接的对象落在语义范畴上，基于经典范畴理论的语义特征分析法不可能完整地解释意义，也不能有效地解决人类的语义问题，必须借助原型理论、CMJCM等才能解决：CM和ICM对于人们进行范畴化、掌握概念、认识世界、进行推理、理解语义起着十分重要的作用。

Lakoff（1987：281）认为认知模型理论主要包括CM理论、ICM理论和心智空间理论，下面笔者将对其进行阐释与说明。

一、CM

模型是指某个事物的定型样式。认知模型（CM）就是人们在认识事物、理解世界过程中所形成的一种相对定型的心智结构，是组织和表征知识的模式，由概念及其间相对固定的联系构成。

Lakoff在体验哲学和原型范畴理论的基础上提出了CM理论，他（1987：13，21，154，538）认为：CM具有体验性，是在人类与外界互动的基础上形成的；

CM具有完形性，不仅由各构成部分组合而成，而且被视为一个整体的完形结构；CM具有内在性，是心智中认识事物的方式。

Ungerer & Schmid（1996：45-49）区分了情景（situation）、语境（context）和认知模型。他们认为：情景是指现实世界中的情形；语境是话语可被理解的一组背景知识，是一种与存储在长期记忆中信息相关联的心智现象；CM则是基于一组相关情景和语境，存储于人类大脑中的某一领域中所有相关知识的表征，它是形成范畴和概念的基础。因此，一个CM往往可包含很多情景、语境和概念，一个概念范畴对应于某CM中的一个成分。CM除具有体验性、互动性、完形性、内在性之外，还有以下四大特征。

开放性（basically open-ended, never exhaustive），很难对CM做出穷尽性的描述，它会随着人类认识的发展而不断增加。

选择性（highly selective），CM从开放的要素中不断做出典型的选择，因此对其描写也就具有高度的选择性。

关联性（closely interrelated），CM内的成分不是独立的，而是相互关联的（见图3-1；CM本身也不是孤立的，而是相互关联的，可组合成认知网络（见图3-2）。

普遍性（omnipresent），CM是普遍存在的，人们不可避免地会受到CM的影响，也不能不用CM来认识世界、进行推理、理解意义。

Ungerer & Schmid（1996：48-49）图示了"沙滩认知模型"和由此组成的典型网络（分别详见图3-1和图3-2），可很好地用来说明CM具有以上几种特征。这两个图对于理解on the beach的意义十分重要。

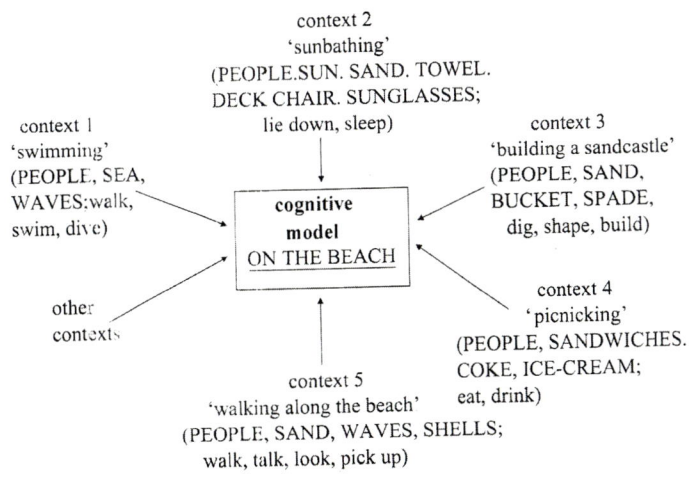

图3-1 沙滩认知模型

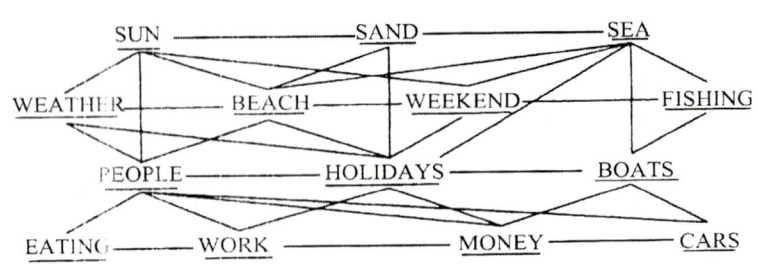

图 3-2 "沙滩认知模型"的典型网络

CM 包括基本认知模型和复杂认知模型。前者指空间、时间、颜色、温度、感知、活动、情感等最基本的 CM；后者指较为复杂的模型，也可能是几个基本认知模型的结合，分类模型则是最常见的一种较为复杂的认知模型。

结合后的复杂模型又可分为两种。一种属于"结构性结合"，其构件成分可独立存在，其结构整体的意义是其所包含构件成分意义的函数；另一种是"完形融合"，其构件成分不一定都能独立存在，整体意义不能通过构件成分的意义进行简单组合获得，而须通过心智的整合运作才能获得。

二、ICM

Lakoff 于 1982 年和 1987 年提出了 ICM，并以此来说明人类范畴化问题，解释语义范畴和概念结构，自此，ICM 成为认知语言学中一个十分重要的概念。所谓 ICM，就是指特定的文化背景中说话人对某领域中的经验和知识所做出的抽象的、统一的、理想化的理解，这是建立在许多 CM 之上的一种复杂的、整合的完形结构（a complex structured whole, a gestalt），是一种具有格式塔性质的复杂认知模型。

可见，ICM 是一种认知模型集，是由许多 CM 集合而成的，因此又叫集束模型（cluster models），具有整体性。L & J（1980）将这种集束称为经验完形（experiential gestalt），这有助于我们弄懂大量有关语义的现象。

Ungerer & Schmid 所说的 cognitive model（位于图 3-1 中间）相当于 Lakoff 所说的 ICM，它由很多 context 构成，context 或其组合相当于 CM，因此，一个 ICM 可视为由若干 CM 组成的集合。

我们知道，bachelor 与下列 CM 有关：人要结婚；异性结婚；一夫一妻；到某一年龄就要结婚；婚姻关系；养家糊口；男性该婚而未婚，等等。典型的

bachelor 就是基于这些 CM 之上建立起来的 ICM，或原型（概括性图式）。但实际生活中常有不完全符合 ICM 要求的情况，这就是为什么 Lakoff 将这样的 CM 称为"理想化"认知模型的原因。正因为如此，在 bachelor 范畴中才有了很多边缘成分。

可将 bachelor 的理想化认知模型记作：

BACHELORHOOD-ICM=$CM_1+CM_2+CM_3+CM_4+CM_5+\cdots+CM_n$

既然 ICM 是一种完形模型，具有整体性，它往往比单独的一个 CM 更为基础。一般来说，描述越复杂，概念越复杂，理解也就越困难。但在完形模型中情况正好相反，完形模型中的组成部分在认知上可能会更复杂，而对整个完形模型的理解与其组成部分相比较而言，在心理上更为简单，因此才称为完形（或格式塔）。因此，每一个 ICM 都是一个完形结构整体。ICM 主要是运用以下四种原则建构起来的（参见 Lakoff，1987：68，113），也可将其视作 ICM 包括的 4 种认知模型：

命题结构原则：详细解释 CM 中所涉及的概念、特性以及概念间关系，具有判断性特点，是客观外界在心智中的事实性映射，不需要运用任何想象性手段。它是由本体（论元：基本层次概念）和结构（谓词：特征、关系）所组成的，我们的知识大多存储于命题之中。命题结构与 Fillmore 的"框架"相似，以往的语言理论对此论述较多。

意象图式原则：在对现实世界体验的基础上通过互动所形成的前概念意象，比表象（或意象、心象）更为抽象和概括。它是形成原型、范畴、概念、CM 和思维（特别是抽象思维）的基础，为 ICM 提供结构或框架。CM 和 ICM 主要是意象图式。

隐喻映射原则：一个意象图式或命题模型可从一个认知域映射到另一个认知域中相应的结构上，该模型可用于对更多事件特别是抽象事物的概念化、推理和理解，从而进一步扩大认知范围。

转喻映射原则：转喻主要指在同一认知域中用较易感知的部分来理解整体或整体的另一部分，例如人们常以一个范畴中的典型成员来理解整个范畴。

现将有关 CM 以及 ICM 的主要内容小结如下。

（1）CM 包括概念以及概念间相对固定的联系。

（2）CM 的性质有：体验性、互动性、基础性、抽象性、结构性、完形性、内在性、原型性、开放性、稳定性、相对灵活性、选择性、关联性、无意识性、普遍性等。

（3）CM 可分为基本 CM 和复杂 CM。后者又可分为结构性结合和完形性结合。

（4）ICM=$CM_1+CM_2+CM_3+\cdots+CM_n$

（5）ICM 可分为四大类：命题模型、意象图式模型、隐喻模型、转喻模型。命题模型主要是一种客观模型，其他三者则具有主观性质。前两个模型解释了 ICM 的主要内容和基础，后两个模型是 ICM 的扩展机制。

三、ICM 与其他术语的关系

ICM 与域（domain）、图式（schema）、框架（frame）、常规（stereotype）、脚本（script）、辖域（scope）、基体（base）等术语密切相关（参见 Cook，1994：20；Taylor，2002：203；Croft & Cruse，2004：28），或是说 ICM 在很大程度上受到了这些观点的影响，它们是 ICM 理论的来源。

根据 Lakoff（1987：68）、Ungerer & Schmid（1996：211）和 Croft & Cruse（2004）的观点，ICM 是由很多 CM 构成的，主要表征的是理想化框架知识，具有想象性、创造性和灵活性，它与实际世界并不一定完全相吻合，因此 ICM 是一个更为概括的术语，可包括 CM、认知域、框架、图式、脚本、常规等。另外，这些术语是不同学者在不同的理论背景（如认知心理学、人工智能、认知语言学、哲学等）中提出的，它们所论述的侧重点并不完全相同，因此图 3-3 中用约等于号"≈"来表示这一观点。

（1）域

域又称认知域（cognitive domain）或语义域（semantic domain），为 Taylor（1989：86）所用术语，相当于 Lakoff 所用术语 CM。Croft & Cruse（2004：15）认为："域"与"框架"大致同义。Langacker（1987：150）曾将"非基本域（nonbasic domain）"或"复杂概念域（conceptual complex）"称为"抽象域（abstract domain）"，并认为抽象域基本等同于 ICM。Langacker 原来曾使用过 functional assembly 这一术语来指抽象域，但后来不再使用了。

"辖域"和"基体"也是 Langacker（1987）所用术语，前者是指被激活的概念内容的配置，应至少包括基体（一个述义所参照的辖域基础）和侧面（profile，被突显的某一部分）。"辖域"与"认知域"或"域"基本相当。

（2）图式

古希腊哲学家、德国哲学家康德（1724—1804）、英国心理学家 Bartlett（1886—1969）、瑞士心理学家皮亚杰（1896—1980）等都论述过"图式"概念。Norman & Rumelhart（1975）也论述过图式在语言理解过程中所起到的重要作用。Taylor（1989：85）认为图式是一种认知模型，通过一个或一组图式可建构一个认知域，通过突显相关认知辖域的特定区域或构架即可理解一个语言形式的意义。

（3）框架

由于 20 世纪 30—50 年代行为主义在心理学界占主导地位，再加上哲学界普遍流行"实证主义"思潮，因而强调心智表征的"图式、框架"的观点受到了较长时间的冷落，直到七八十年代，随着人工智能的研究和发展，这一观点才得到广泛重视和应用，并以此为基础研究语篇理解，设计出了几套人机对话的软件。

明斯基（Minsky）于 1974 年系统论述了框架理论（frame theory），认为"框架"是存储于记忆中的、表征特定情景的信息结构，是含有若干节点和联接的网络系统；人们可从记忆中随时调出框架中的信息作为背景知识来理解新的情景和语句。在一个总体框架的下层有很多"空位（slot）"，有待于具体情景中的细节内容填补。如"房子"这个总体框架中会包括许多常规信息，在识别某一特定房子时就自然会将其与"房子框架"相比较，或将其视为"房子框架"的具体例示，并在其中插入该特定房子对应部分。房子框架中没显示出来的具体细节，如房子可包括会客室、卧室、厨房等空位，在厨房中可有诸如微波炉、电烤箱、洗碗机等现代化厨具设备等空位。可见，框架具有层级性，相关框架可结合成一个框架系统。

Fillmore（1975：124）将框架概念引入语言学研究，将其视为一种概念结构或经验空间，与认知域相当，一个词语可能会激活其所涉及的一整套经验或概念结构。他从语言构造角度将其定义为：能与典型情景相联系的语言选择的任何系统，包括词汇的组合、语法规则的选择等。他（1985：223）后来从认知角度又将其定义为"特定而又统一的知识结构组织"或"对经验的连贯性图式化"。他（1977，1982）在这一理论基础上进一步提出了框架语义学（frame semantics）。Fillmore（1982）指出：我们需要特定的框架知识来理解语句。只有当人们具备上述框架知识之后，才能很好地理解句子的意义，或者说每个词都激活了或唤起（evoke）有关框架或语境，这些词语就是这些框架语境知识的索引（index）。

Ungerer & Schmid（1996：211）将框架定义为："认知模型的一个种类，表征了与特定而又反复出现的情景有关的知识和信念。"

从上述定义来看，他们都认为：要理解语句的意义，就要将其放到有关框架（或概念结构、经验空间或认知域）中去理解，因此框架知识就成为语义理解的必要背景。正如 Charniak（1980：62）所说："我将语言理解视为将新知内容与已知框架进行匹配的过程。"（I take language comprehension to be the process of fitting what one is told into the framework established by what one already knows.）

（4）常规

这是 Putnam（1975）提出的术语并将其定义为"正常情形的理想化心智表征（an idealized mental representation of a normal case）"。Hurford（1983：98）将其

定义为"事物的典型特征表（a list of the typical characteristics of things）"，大致相当于 Minsky 的"框架"。

徐盛桓（1993，2002）也曾详细论述过"常规关系（stereotypical relation）"，认为它是抽象化、概念化加深的关系，意识到事物、事态内部或相互间的某一方面的某种联系，于是将其突现出来，并加以程式化、规范化。常规关系是一种以建立关系的形式表现出来的知识，是人们认知世界的一种方法。常规关系通常具有较大的人类共通性，与社会现象、心理现象有关的常规关系通常要考虑民族性、地域性、时代性、阶层性、社团性，甚至个体性可能对其产生的影响。

（5）脚本

计算机科学家 Schank & Abelson 于 1975 年在苏联第比利斯召开的第四届人工智能国际会议上首次提出了"脚本理论"，并将其定义为："是描写特定情景中事件恰当程序的结构……是预先设定的、常规性的动作程序，可用来限定一个熟知的情景（Scripts are structures that describe appropriate sequences of events in a particular context…a predetermined, stereotyped sequence of actions that defines a well-known situation.）"。他们还将脚本分为以下 3 类。

①情景脚本（situational scripts，如饭店、汽车、监狱等）。

②角色脚本（personal scripts，如奉承者、扒手、间谍等）。

③工具脚本（instrumental scripts，如点烟、发动汽车、炸鸡蛋等）。

Ungerer & Schmid（1996：213-214）将脚本定义为"用来专指常见的、反复发生的事件程序的一种知识结构（knowledge structures that are particularly designed for frequently recurring event sequences）"。Hayes（1980：46）将脚本定义为"常规情景中的程序性知识（programmatic knowledge of stereotypical situations）"。Lehnert（1980：85）和 Cook（1994：80）指出：框架包括脚本，脚本是框架的一种，脚本理论是为加工自然语言、分析语篇的生成和理解而设计的。Van Dijk（1980：234）也对脚本进行了论述：每种情景都有一个脚本，即发生在框架内的一系列事件和行为。但由于每个人的大脑中存储了许多这样的脚本和框架，所以转述者不必述说详尽，他相信听话人能借助语言进行联想和推理，从而对语言未尽之处加以填补。

我们都有这样的生活经验，对于某一特定的场景会做出相应的一套动作，脚本就是指人们在进行特定活动时所遵循的一个标准化和理想化的相对固定的程序，具有动态性（动作框架中的事件）和程序性（常按时间顺序和因果关系有机联系起来），因此脚本主要用来描写一个动作性场景中有情节、有程序的事件。人们掌握脚本知识后，就会以此为参照来理解语句，而且可以减轻信息处理的负担，将精力集中来加工那些更为特别的、复杂的、有趣的信息，而不必在常规性的标准程序上花费过多的精力和时间。我们常经历的活动事件：去饭馆吃饭、到超市购物、到医院看病等，都涉及常规活动事件的成套格式，对于正常人来说，它们会作为背景知识存储于长期记忆之中，在谈到类似话题时，这些知识就会被调出来，作为处理当前信息的参照。如"去饭馆吃饭"的脚本可包括以下 3 项主要程式。

①人物，如顾客、服务员、出纳员等。
②道具，如餐馆、餐桌、菜单、食物、饭钱等。
③事件，如进饭馆、在餐桌前就座、看菜单、点菜、上菜、吃饭、付账、离开饭店等，通常情况下，前一个动作是紧接其后动作的先决条件。

人们在社会生活的大舞台上经历着多种不同的活动事件，扮演着各种不同的角色，遵循着各自对应的脚本程式并常常以其为参照来理解和处理相关事件，因此将这种框架性知识称为 script 还是十分恰当的。

人们为完成某个任务或达到某个目的，往往需要事先制定计划，在计划中就会包含很多脚本。例如，通常，外出旅游包括许多具体步骤：联系旅行社、出门准备、乘交通工具前往、住宿就餐、游览观光、拍照留念……回家。这些具体步骤本身都是一个个脚本，外出旅游的计划就是由若干此类脚本组成的，脚本又是由很多相对固定的常规细小行为组成的。这样，就可从小到大、由简单到复杂来描写和分析人类的行为，解释语言中的信息缺省现象。

现将上述几个术语小结如下。

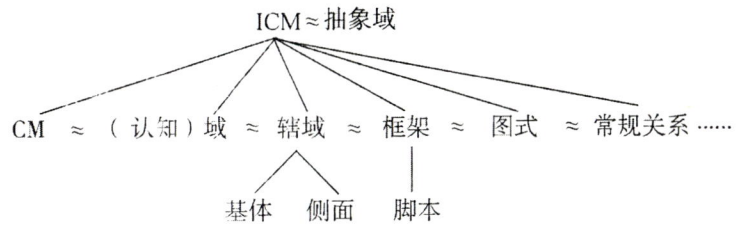

图 3-3　ICM 相关术语关系图

从图 3-3 可见，Lakoff 所使用的 ICM 是一个概括性术语，它由多个 CM 组成，相当于 Langacker 的抽象域，能体现它的样本可视为范畴中的典型样本，或叫原型样本。下面几个术语可视为 ICM 的下义性概念，基本同义。框架是与一特定意义相关的知识网络，常指客观性的命题意义，但忽略了人的主观因素，只是 ICM 的一种。框架可包括静态性和动态性事件，后者主要由"脚本"来描写。

第二节 心智空间与融合理论

Fauconnier（1985）用心智空间来代替可能世界，并指出心智空间也是一种认知结构。Lakoff（1987：282）也主张在 CM 理论中用心智空间来代替可能世界或可能情景，并认为世界中的内容可能在真实世界中找到实体（也可能是虚构的），而心智空间在本质上是概念性的，不能在真实世界中找到实体。他所提出的认知模型理论除 CM 和 ICM 之外，还包括心智空间理论。

心智空间是人类进行范畴化、概念化和思维的媒介。Fauconnier 于 1985 年最早提出"心智空间（mental space）"这一术语，并将其描写为"小概念包（small conceptual package，或 small conceptual packet）"。心智空间是人们进行思考和交谈时，为了达到当下的理解和行动目的而建构的，是通过框架和认知模型所形成的结构。它的建立受到语法、语境和文化等因素的制约，与长期图式知识（或叫"框架"）和特殊知识密切相关。心智空间主要指"小概念包"，主要为当下的临时语言交际服务，有时可能仅是一种瞬息间的知识。心智空间的形成可有许多来源，包括一组概念域（相当于一组认知域，可由许多单独域中的知识组成）、直接经验、长期记忆中的结构等。

从神经研究角度讲，心智空间中的成分可视为将被激活的神经元，成分之间的连接则可对应于神经元之间的连通，或称"共激（coactivation）"。心智空间主要是在短期记忆[（又叫工作记忆（working memory）]中运作的，形成确定的心智空间（an entrenched mental space，还可有其他心智空间依附其上）后就可被存储于长期记忆中。当人们加工和融合概念时，就会从长期记忆中提取多种相关概念，将它们置于短期记忆中进行概念整合运作。

Lakoff（1987：542）认为 Fauconnier 提出的心智空间理论，可为先前在语言与认知研究中所遇到的许多难题提供答案，是研究自然语言意义的一种行之有效的方法。要理解语言的组织结构，就要研究人们谈话或听话时所建立起来的域，这些域就是心智空间。心智空间不是语言自身的一部分，也不是语法的一部分，它是人类认识和理解世界和自己的一种机制，是一种认知方式。语言离开了这一认知方式就无法表征，也无法被理解。

Fauconnier 在此基础上进一步提出概念融合理论[或译作概念整合理论（conceptual blending theory/conceptual integration theory），或叫融合空间理论（blended space theory）、融合理论（blending theory）]。一般来说，概念融合至

少涉及4个空间：两个输入空间（input space）、一个类属空间（generic space）和一个融合空间（blended space）。认知主体有选择地从两个输入空间提取部分信息进行匹配并映射入融合空间；类属空间包括两个输入空间中所共有的轮廓结构，以保证映射能正确且顺利地进行；融合空间会利用并发展两个输入空间中对应部分的连接，将相关事件整合成一个更为复杂的事件。融合空间是组织和发展这些空间的整合平台，包含一个带有新创特性、富有想象力的结构，叫新创结构（emergent structure），其中可能会创造出原来输入空间中所没有的新信息，可产生新意义，获得新知识。这4个心智空间通过一系列的映射运作彼此连接，构成一个概念整合网络（conceptual integration network，CIN）。这是人们认识世界、形成思维和语言、发展科技的一种普遍存在的认知方式，能解释人们为什么会有创造性的思维，为什么会有丰富的想象力活动，为什么能获得概念和理解意义，为什么会形成语言。Fauconnier & Turner（2002：182）明确指出：语言是概念融合的结果。因此，他们的这一理论对于语言学、心理学和认知科学都具有开创性意义。

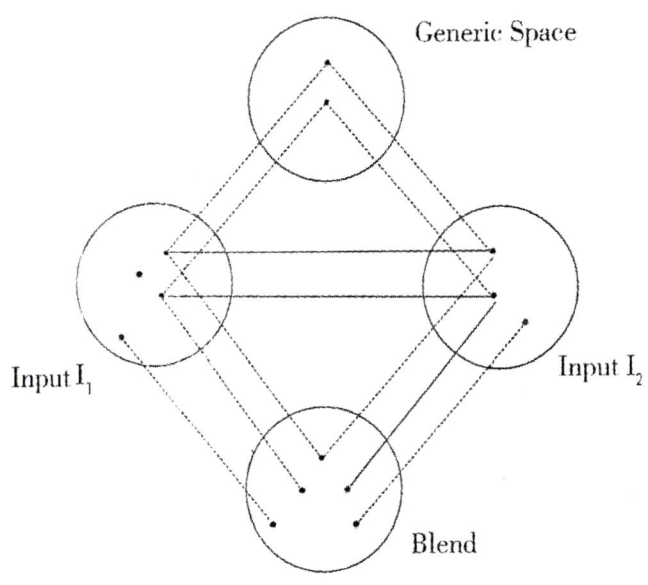

图3-4　融合空间理论示意图

Fauconnier早期提出的心智空间理论，主要论述了话语如何激活语义框架，以及表征与现实有关的知识状态的空间，语言如何运用不同空间之间的连接，知识如何能够在不同空间之间漂游（float），后来他与同伴在此基础上进一步发展出融合理论，将重点转向论述两个心智空间中的信息如何能够被整合起来，产生出新的概念或概念结构。

融合理论之所以能够解释"新创结构"，是因为该理论强调了"融合"过程具有动态性和创新性，它是人类能够形成想象力的基础。形象一点说，传统语义理论中所讲的"组合过程"相当于"物理变化"，仅是信息的简单相加，而融合过程则类似于"化学变化"，在这个过程中将会产生新"物质"。如将两个输入空间"马"与"角"进行融合，便可形成一个虚拟的"独角兽"新创结构，产生了与原来输入空间完全不同的信息，这种独角兽既不同于原来的"马"，也不再是原来的"角"，而是一种新奇的、想象世界中的动物，它在实际生活中并不存在。

传统语法在论述"形容词—名词"构造时认为：形容词仅是说明人或事物的特征（张道真，1963：7），属于修饰语范畴，对名词有修饰、描绘作用（章振邦，1981：451），它们的意义被认为是两者意义的简单相加。Quine（1960：103）还尝试用交集来描述这种构造，他认为 red house 的意义是"红"和"房子"的交集（It lies in the inter section of things that are red and things that are houses.）。而认知语言学家认为形容词并不仅是说明名词的特征，也不仅仅具有修饰、描绘作用，而主要是能激活该名词所处语境中的相关认知域，通过概念融合会产生出新的意义，还可能会产生出多个意义。例如 red pencil，不能简单地视为是形容词 red 修饰 pencil，意义也不是它们的简单相加"红色的铅笔"，而是通过两个词语所表达的概念经过融合之后形成的，可有多种理解，如铅笔外表是红色的，或者是铅笔写出的字是红色的，或者是指专门用来指记录财政赤字的笔，或者是指专门用来记录穿红衣服球队活动情况的笔（Fauconnier & Turner，2002：27，355；Taylor，2002：71）。另外，英语中还有 red herring、red meat、red tape 等表达，它们都不是两个词义的简单相加。

融合空间理论还能更加详尽和明晰地解释隐喻的工作机制。为什么信息差异较大的始源域和目标域并置之后可以产生隐喻意义？设立"融合空间"这一概念之后即可解决这个问题。差异较大的信息进入融合空间之后，可能会发生"化学变化"，产生出原来输入空间中所没有的新义。因此，融合空间理论比 L&J 的概念隐喻理论在这一方面更有解释力。

另外，Taylor（2002：531）还将概念融合理论与隐喻理论、意象图式理论进行了对比论述。他认为：两个输入空间相当于始源域和目标域，类属空间相当于具有跨域共性的意象图式，融合空间中包含了从输入空间选择出来的成分，以及新创成分。

Fauconnier & Turner（2002：389-396）指出：概念融合是我们学习的途径，

是我们认知的方式,是我们生存的必由之路。我们直接生活于融合之中(We are living directly in the blend.)。融合是我们在这个世界上唯一的生存手段,生存于这个人类世界就是生存于融合之中。从哺乳动物到灵长目动物,再到原始人类,概念整合能力得到不断发展,一旦获得双域整合(Double-scope Integration)能力,现代人类就诞生了,人类的特性就在于具有双域概念整合的能力。人类5万年的历史,好像就是概念整合的历史。我们是通过融合来理解我们所生活的物质世界、心智世界和社会世界,除此之外,别无他法。我们不仅要用概念整合理论来解释语言问题,最好将其上升到人类发展和生存、认识和理解世界的高度来阐述,这会更有价值,当然这值得我们进一步理解和研究。

第三节　ICM 与语义理解

一、现实世界与认知世界之间的差异

在客观的现实世界与人类的认知世界之间存在着一定的差异。下面通过两个著名的心理学实验的例子来加以佐证。

丹麦心理学家 Rubin(鲁宾)在约 100 年前所设计的"人面—花瓶图(face vase illusion)"(见图 3-5),可以说明图形比背景更具突显性,而且不同的人会注意情景中不同的部分,会产生不同的范畴化方法,因而也就获得了不同的视觉效果。

图 3-5　人面—花瓶图

Johansson（1950）双灯试验。若相隔适当的两灯A、B，以适当的节奏闪烁，对于观察者来说会以为是一个灯在A和B之间来回移动，或灯光从一灯向另一灯扫描。如果两灯的颜色不同，人们会以为颜色在两灯距离的中间改变（Jackendoff，1985：44；Fauconnier & Turner，2002：79）。

我们也有这样的经验，一个快速旋转的轮子或电风扇，有时在视觉上会感到其条幅或叶片在慢速反转。

因此，一个人所看到的不一定会与客观外界完全相符，这样在事实和认知之间就会产生不一致的现象。出现上述这种现象的原因为：人们会产生视觉幻影（optical illusion）或视觉滞留（optical persistence），这样就产生了两种SEEING的认知模型，可概括如下：

人们通常是将一个事物与已知的原型样本相比较，通过发现两者之间的异同来识别它的。两者不大可能是完全一样的，在这一过程中就常会将一个事物看作好像是另一个事物（seeing one thing as though it were another）（Hayes，1980：51）。也就是说，"眼见不一定为实"，此时，真实世界（the real world）与人类通过感知体验建立起来的认知世界 [the cognitive world，或叫心智世界（the mental world）] 不一定完全相同，这也证明了客观主义理论的缺陷。Jackendoff（1985：28）曾指出人们所经历的世界在很大程度上取决于心智组织程序，因此他区分了真实世界和映射世界（the projected world），后者又叫经验世界（the experienced world）或现象世界（the phenomenal world），这两个术语相当于上文的术语"认知世界"或"心智世界"。语言所传递的信息一定是关于映射世界的（The information conveyed by language must be about the projected world.）。基于此，我们可以发现语言一定具有主观性（Language must be subjective.）。因此，如果将看到的就视为事实，这显然是客观主义者的观点，对于他们来说，SEEING-AS是人类的心理问题，与意义问题无关，因为在他们看来意义是客观的。而认知语言学家认为用客观主义的观点研究意义，解释语言是注定行不通的。SEEING-AS模型应属于一种视觉范畴化形式，也应当被视为一种SEEING模型。

二、ICM理论的解释力

ICM理论充分考虑到了上述差异，认为人面—花瓶图的视觉效果会因人而异，不是客观不变的，也可解释双灯试验在认知理论上留给我们的困惑，这就为有效地解释具有主观性的语义奠定了理论基础。

认知语言学认为：人类的语义与客观世界、身体构造和功能、认知能力和方式、文化信仰、主观因素不可分离。由于CM和ICM理论是针对客观主义语义理论提出来的，充分考虑了这些因素，因此 ICM 除了命题模型之外，还包括意象图式模型、隐喻模型、转喻模型，正是有了这些模型才可解释我们为什么会有想象力，也才使得我们所形成的 ICM 具有开放性、选择性、互动性、动态性。正是由于 ICM 是"理想化的"，在实际认知运作中它就不一定能与所有客观事实相吻合，会以不同程度来适合现实世界，适合程度可分为以下几个等级：精确、很好、较好、勉强、不好、很不好、完全不好。正如 Lakoff（1987：130，132）所指出的：

ICMs may or may not fit the world and need not be consistent with one another. (ICM 可能适合世界，也可能不适合世界，不必互相一致。)

ICMs are cognitive models that are idealized, they do not have to fit the world and they can be used by the speakers to suggest how to, or not to, understand a given situation.（ICM 是一种理想化了的认知模型，它们不一定要适合世界，说话人可用它们来暗示如何理解某一特定情景，或对某特定情景不作某种理解。)

某一语义的原型效应正是来自相关 ICM 与真实世界之间的差异，用这一理论来解释语义是一个十分有效的手段，也是认知语言学中词分析的一个关键概念。若用可直接理解的 ICM 来确定词义，这就是词语的字面意义或基本意义；若通过隐喻模型或转喻模型扩展而得到意义，这就是词语的引申义，或统称隐喻义。词义是通过 ICM 来解释的，而 ICM 与客观世界存在不同程度的适应情况，这就解释了语义的不确定性、模糊性、多变性，从而弥补了客观主义语义理论的不足，因此，ICM 理论更为全面、灵活，更具有解释力，充分考虑了人在认识客观世界中的主观能动性，也正因如此，才使得 ICM 与真实世界之间有了种种等级关系。在客观主义理论中，意义仅是根据符号直接对应于客观世界定义的，而将人的主观因素排除在外。真值对应语义学、真值条件语义学、境况语义学（situation semantics）等都试图全方位地模拟真实世界客体，片面强调具有真值的命题模型的作用，而忽略了世界客体与认知主体之间的辩证和互动关系，忽视了人的主观因素和价值取向，因而都属客观主义语义学，对语义解释留下了很多难以解决的问题。可见，ICM 是对客观主义语义理论的一个有力挑战。

Lakoff 的 ICM 就其集束模型而言，大致相当于概括性图式原型。下面运用 ICM 理论重点论述词语意义的理解，而它们都是传统的客观主义语义理论解决不了的问题。

例1. 客观主义语义学认为如用 B 来定义 A，则 A 和 B 意义相等，可表达为 A=B。即下面两句同时成真。

（1）All A's are B's.

All B's are A's.

在 ICM 理论中情况则不同。假设有下面两句话。

（2）A is a bachelor.

B is an unmarried man.

ICM 理论认为：如果 a bachelor 可用 an unmarried man 来定义，这是就 BACHELORHOOD-ICM（其中包含所有关于 bachelorhood 的背景知识）而言的。但 an unmarried man 却不能完全用 BACHELOR-HOOD-ICM 来定义。如 pope 很明显是没有结过婚的男人，但一般不被视为 bachelor。还有其他很多情况。（如图 3-6）

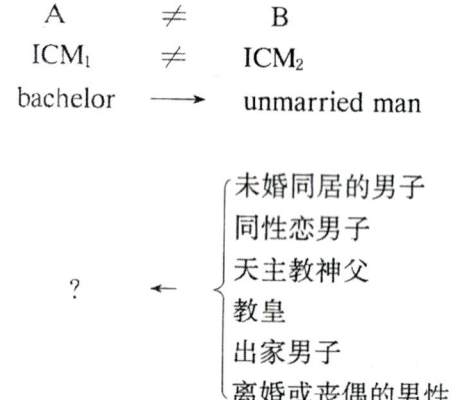

图 3-6　bachelor 与 unmarried man 的 ICM 定义例示

ICM 说明了为什么不能用 an unmarried man 对 a bachelor 做出全面解释的现象，因为这两者所激活的 ICM 是不同的，因此它们不完全同义。因此，"All unmarried men are bachelors." 这句话一般来说不是分析性成真，而 "All bachelors are unmarried men." 却是分析性成真。

例 2.mother、father 根据语义特征分析法可找出以下几个语义特征：PARENT、-MALE、MALE，并将 PARENT 分析为向下的生育关系。实践证明，试图用这几个语义成分将这两个词的意义说清楚是不可能的，它们的语义与人类的知识密切相关，主张百科式语义分析方法。Lakoff（1987：74）认为 mother 的 ICM 应当包括如下内容。

生殖模型（the birth model）：要生孩子。

遗传模型（the genetic model）：提供一半基因。

养育模型（the nurturance model）：担当养育任务。

婚姻模型（the marital model）：是父亲的妻子。

谱系模型（the genealogical model）：是孩子最直接的女性长辈。

John Taylor（1989：86）则使用"认知域（cognitive domain，CD）"这一术语代替 Lakoff 的 CM，并认为如要对 mother 有充分理解，就必须对 father 做出对应的认知域分析。他基于传统社会的典型常规将 father 分为 5 个 CD，即 5 个 CM。

遗传域（the genetic domain）：提供遗传基因的男性。
责任域（the responsibility domain）：养活孩子和孩子的母亲。
权威域（the authority domain）：具有权威性，负责教育孩子。
谱系域（the genealogical domain）：是孩子最直接的男性长辈。
婚姻域（the marital domain）：是母亲的丈夫。

上述关于母亲和父亲的 5 个 CD 或 CM，构成了"母亲"和"父亲"的一个复杂的集束模型，或叫 ICM，它比任一单独的 CM 都更为基础。如"母亲"，根据经典范畴理论的充分必要条件可定义为：生过孩子的女人，可是这一定义并不能包括所有的情况。mother 是一个基于复杂模型的范畴，它融合了生殖模型、遗传模型、养育模型、婚姻模型、谱系模型。完全符合上述 mother 的 5 种 CM，就是 mother 的 ICM，也是 mother 最典型的原型。它是基于一个复杂的 ICM，并在这个基础上定义出的抽象概念。

倘若删除或修改 ICM 中的某个模型，就会得到这个范畴的非原型成员。如对下列一些说法，依据原来的语义特征分析是不可能找到答案的，而只有运用上述对 mother 和 father 做出 ICM 分析，才能有较为满意的解释。现实生活中常常出现对这类词运用和理解的各种偏差，它们是基于或突显某一模型，或是某一模型的隐喻或转喻说法，也可能是删除某一模型，或修改某一模型的结果。

所基 CM　　　英汉表达
生殖模型：biological mother、real mother（生母）
surrogate mother（人工受孕后所找的替身母亲）
隐喻：Necessity is the mother of invention.（需要是发明之母。）
遗传模型：donor mother（提供卵子的母亲）
抚养模型：adoptive/foster mother（养母）
可把孩子让给别人抚养的未婚妈妈
婚姻模型：step mother（继母）
在汉语和英语中都有"未婚妈妈（unwed mother）"的说法，而没有"已婚妈妈（married mother）"的说法。这都反映了 mother 的婚姻模型。
谱系模型：grandfather on the mother side（外祖父）
grandmother on the mother side（外祖母）

隐喻：语言学中常用的树形图中的上位节点称为 mother node，下位节点称为 daughter node。

现实生活中对"母亲""父亲"的用法，并不完全与 ICM 相符，这从上述例子可见。现本书再列举汉语中时常听到的一些说法，它们与"母亲""父亲"的 ICM 都存在一定的差距，各种说法都突显了某一或几个 CM，即突显了 ICM 集束中的某一或几个 CM。

（1）他长得一点也不像她妈。（突显遗传模型）
（2）她是他的亲妈吗？（突显生殖模型）
（3）她哪像个当妈的？（突显抚养模型）
（4）母校，母亲河。（抚养模型的隐喻用法，删除其他模型）
（5）失败是成功之母。（生殖模型或谱系模型的隐喻用法，删除其他模型）
（6）这片黄土地如同母亲的胸怀。（生殖模型、抚养模型的隐喻用法）
（7）他是既当爹来又当妈。（突显责任模型、抚养模型）
（8）有人养，没人管的！（突显责任模型）
（9）你这当爹的该好好管管孩子了。（突显权威模型、责任模型）
（10）这孩子怎么不跟他爹姓？（突显谱系模型）
（11）母树、母蜂、母本、母体。（突显生殖、谱系模型）
（12）这孩子有几个爹？（突显婚姻模型、谱系模型）

即使英语中的 real mother，在不同的情况下，也有基于不同模型的不同意义。例如（摘自 Lakoff，1987：75）：

（1）I was adopted and I don't know who my real mother is.（生殖模型）

（2）I am not a nurturant person, so I don't think I could ever be a real mother to any child.（抚养模型）

（3）My real mother died when I was an embryo, and I was frozen and later implanted in the womb of the woman who gave birth to me.（遗传模型）

（4）I had a genetic mother who contributed the egg that was planted in the womb of my real mother, who gave birth to me and raised me.（生殖模型和抚养模型）

（5）By genetic engineering, the genes in the egg my father's sperm fertilized were spliced together from the genes in the eggs of twenty different women. I wouldn't call any of them my real mother. My real mother is the woman who bore and raised me, even though I don't have any single genetic mother.（生殖模型和抚养模型）

因此，一个典型的母亲，应是符合上述 5 种 CM 的女性。这 5 个 CM 可以组成一个集束模型，即 MOTHERHOOD-ICM，这是一个关于"母亲"的百科性知识。倘若将这 5 种情况分开来算在一个人头上，一个人就可能有 5 种妈妈：

（1）一个是提供基因的供卵者。

（2）一个是生我的人。

（3）一个是抚养我长大的人。

（4）一个是我父亲现在的妻子。

（5）一个是提供我姓氏的人。

从上文的论述可见，某一表达涉及的模型越多，它就越靠近原型概念范畴，认知处理就越容易，所需时间就越少。例如，这孩子的母亲是谁？这可能涉及上述 5 个 CM，这里的"母亲"就是范畴的原型用法，也是 ICM 的样本。如将学校视为"母校"，则仅保留了"抚养模型"（也可能会包括谱系模型），而删除了其他几个模型，这是"母亲"的隐喻性用法，是范畴的边缘成员，它是后于原型才习得的，只有通过原型才能加以理解，并且其在认知处理上相对于原型意义要难，所需时间也较长。

有时对某一说法所涉及的模型也会因人而异。例如，"继母、继父"一般涉及抚养模型、婚姻模型，还可能涉及谱系模型，这就形成对某一词语所表达概念的差异。这也体现出 ICM 的灵活性、想象性、个体性等特征。

可见，用经典范畴理论中的充分必要条件来定义 mother 远远解释不了 mother 的丰富含义，根本就找不到一个能适合上述 4 个模型的 mother 的充分必要条件。CA（语义成分分析法）中区分父亲和母亲仅在于区分性别，这缺乏足够的说服力，参见上述关于父亲和母亲的 5 个模型，它们是不完全相同的。

例 3. lack 的英语解释是 not have，但两者是用不同的 ICM 来定义的。lack 的 ICM 中包含一个表明某人或某物应有某事的背景条件（background/ground），还包含一个表明某人或某物没有某事的前景或图形（foreground/figure）；而 not have 并不一定包含这些内容，因此 lack 和 not have 不是严格的同义词。

可见，不同的词语是相对不同的 ICM 来定义的。lack 和 not have 这两个词语所激活的 ICM 是不同的，因而两者不具有完全同等的关系，只有两者所假设的背景条件相同，它们才有相同的意义。

Lakoff 和 Fillmore 都认为可用基于 ICM 的前提理论来解释争论已久的"前提（presupposition）"问题。语言学界对"前提"的研究在 20 世纪 60 年代曾盛行一时，但因其客观主义倾向失去了说服力，到了 70 年代就被否定了。

例 4.（6）I regret that Harry left.

（7）I don't regret that Harry left.

（8）Harry left.

(6)、(7) 都是以 (8) 为前提的。对这一现象可有两种解释方法。

逻辑前提：前两句在逻辑上蕴涵句 (8)。

语用前提：如果命题 P 是句子 S 的前提，则每当说话人说句子 S 时，就假设 P。这一解释仅包括说话人的假设，而不包括逻辑上的蕴涵关系。但这种解释仍有问题，如：

(9) I don't regret that Harry left—in fact, he didn't leave at all.

很明显，用逻辑前提是解释不了句 (9) 的，因为这是一个逻辑上的矛盾句，客观主义语义理论则认为这是不允许的。语用前提也解决不了这个问题，说话人在讲前半句时假设了 (8)，到了后半句又改变了主张，还没有什么语用原则能对其做出合适的解释，但该句在实际使用中是成立的。可见，上述两种解释都存在问题。

Lakoff 和 Fillmore 认为用"基于 ICM 的前提理论"可解释这一现象。我们知道，ICM 与真实世界可完全相符，也可在许多方面不相符；ICM 还会因人而异，因地而异，甚至还经常互相矛盾，或与我们所拥有的某项知识相矛盾。REGRET 是根据 ICM 来定义的，因为 ICM 是一个理想化模型，具有一定的想象力，所以它也适用于逻辑前提相矛盾的现象。句 (9) 表明了由 regret 所激活的 ICM 对宾语分句也有影响，句中 not 不仅可否定 regret，而且语言使用者也可用 not 否定宾语分句中的内容，这种用法与常规知识矛盾，正体现了 ICM 所具有的灵活性，这样就能解释句 (9)。因此，ICM 理论可解释复合句中这类经典前提问题，为解决这类问题提供了一个新思路。

例 5. 在定义 Tuesday 时，需要借助于 ICM。在这个理想化认知模型中包括很多个别的 CM，如太阳运行、一日的始末、week 是一个由 7 天构成的整体、这 7 天须线性排列。在这个 ICM 中，第 3 天即为 Tuesday。另外，也可看到其间还包含着人的主观认识，"7 天一个星期"并不是客观存在于自然世界中的，而是人为规定的。

例 6. Coleman & Kay (1981), Sweetser (1984) 对 lie 进行了研究，认为 lie 主要包括下述 3 个 CM。

①所说的话是不真实的。
②自己知道是不真实的。
③有欺骗的企图。

但其中没有一个可划归为经典范畴理论中所说的"必要条件"。若仅具有其中两个模型，仍可被视为"说谎"，但不很典型；若仅具其一，或许就很少有人认为是"说谎"了。例如，某人得了重病，朋友会善意加以劝慰，往往要隐瞒真情，此时所说的"谎言"仅具有前两个模型，而第三个模型则不明显，因此一般不认为这个朋友是在"说谎"。

在这3个模型中，各模型对于原型 lie 来说，所发挥的作用在程度上也有很大的变化。

FALSITY OF BELIEF（最重要的模型）。

INTENDED DECEPTION（次重要的模型）。

FACTUAL FALSITY（最不重要的模型）。

现代汉语词典中对"说谎""谎言"也做出了类似的分析：故意、不真实、骗人，这与 Coleman & Kay 等人的分析基本相同。

Coleman & Kay（1981）发现受试人对不同说谎情况做出了不同程度的判断。

（10）If you steal something, and then claim that you don't.

这是一种典型的说谎，包含了上述的3种模型，是 lie 的 ICM，或原型。

（11）When you tell the hostess "That was a great party" when you were bored stiff.

"说谎"程度次之。这里不存在"故意欺骗"问题，而是一种礼貌说法。

（12）If you say something true but irrelevant, like "I am going to the candy store, Ma." when you are really going to the pool hall, but will be stopping by the candy store on the way.

被认为"说谎"程度更加次之，这是一种介乎似真似假之间的表述。

从上面的论述和例句可见，尽管"事实上的假"在 lie 中被认为是最不重要的，但当被试者问及 lie 的定义时，都认为是"虚假的陈述"。Sweetser 认为，可用 ICM 理论来为这种反常现象做出恰当的解释。在人类社会的日常语言交际中有一个十分重要的 ICM："有助于别人"，我们都将其视为理所当然的事情，在各个语言社团中，"礼貌原则、尊重他人"都是维系人际关系的一条重要准则，在交际中有时 being nice 比说真话更为重要，因此并不介意"虚假陈述"的问题。倘若对日常话语作一调查，会发现为了礼貌、助人而"说谎"是一个十分普遍的现象。Lakoff（1987：72）将其表述为：

（13）THE MAXIM OF HELPFULNESS: People intend to help one another.

这就解释了上述反常现象，这也是人们为什么在日常交际中总要说些"有益无害的谎"的原因。

英语中的下述一些说法可被视为是对 lie 的 ICM 的偏离用法：social lie、white lie、exaggeration、joke、kidding、oversimplification、tall tale、fiction、fib、mistake 等。

值得注意的是，在传统语法理论中，"修饰语+中心词"这一结构中的中心词是主要的，或者说成是两个集的交集。但在实际中这常常是行不通的，修饰语常常可能是主要的，如 a social lie，"注意礼貌"比 lie 更重要，由于 social 的出现，取消了 lie 的许多属性，因此很多认知语言学家认为 social 是该短语的中心成分。

例 7. ICM 理论可用来解释以下现象。由于 ICM 是由若干 CM 构成的，多个相互有紧密联系的 CM 可能会形成一个自然范畴，人们就可能用一个词汇项来加以表达。因此，一个 ICM 是形成一个多义自然范畴（a natural category of senses）的基础，也是形成一个多义词的基础，其原理是基于同一个 ICM 中的各概念之间存在内部联系。

例如，英语中的 window 就是一个多义自然范畴，可用于下列各种不同的表达之中。若仔细想来，它们有各种不同的意义，但都处于同一个 ICM 之中，这些意义有着紧密的内部联系，因而人们很自然地就会用 window 一词来表示这些不同的意义，从而形成一个多义的自然范畴和多义词。Taylor 于 2000 年 4 月在苏州大学外国语学院举办的认知语言学讲学班上举了一组 window 的例子，就可用来说明这一问题（有所增加）：

（14）to install the window（整个窗户）。

（15）to sit in the window（窗户的部分空间）。

（16）to paint the window（仅漆框架，而不会漆玻璃）。

（17）to break the window（仅指玻璃）。

（18）to open the window（仅指可活动部分）。

（19）to jump through the window（仅指窗户的空间部分）。

（20）to see sb. in the shop window（仅指橱窗中的一部分空间）。

除了（14）中的 window 可指整个窗户之外，其余都仅指窗户的某一部分，这实际上也是一种转喻现象。

又如，人们说：

（21）I kicked the door.

而不说：

（22）I lie tip of one of my toes of the feet kicked a point at the bottom part of the door.

window 例和"踢门"例也是两个批判客观主义语义理论的好例证。从上述例句可见，window，I，door 的意义并没有与客观世界完全对应，因此，客观主义语义理论对这些情况很难做出令人满意的解释，"真值"不可能不受个人理解、社会情景、人际关系等主观因素的影响，也不可能不涉及百科知识，也不可能不受人们主观上要求的影响。而用 CM 和 ICM 来描写语义，就可以很好地解决这些问题，用一个 ICM 来处理这些自然范畴具有简单、明了、方便、经济的优点。Lakoff 以认知模型理论批判了客观主义语义学，同时认为语言知识与非语言知识之间不存在明确界限，人的语言能力与人的一般认知能力是不可分离的，这也就批判了乔姆斯基的"语言是一个自足系统"的观点。

Lakoff 的 CM、ICM, Taylor 的 CD，比二分法的语义特征分析（CA）、客观主义语义学理论更加合理，更符合人们的认识规律，更具有解释力，是语义研究中的一大创新。

第四节 ICM 与转喻

一、概述

隐喻模型、转喻模型在原型理论中起着十分关键的作用。根据 Lakoff 的观点，隐喻是基于从一个 ICM 向另一个 ICM 的映射，通过映射限定了两个 ICM 的关系；而转喻是指在同一个 ICM 之内表述和理解"部分与整体关系"的认知现象，即可用一个部分来认识另一个部分或整体，或通过整体来认识部分，两者具有接触或邻近关系（contiguity；contiguous），它在范畴识别和理解中同样起着十分重要的作用。例如，可用表示范畴的 pill 指代其中的一个成员 birth control pill，也可能会用范畴中的一个成员 aspirin 来指代整个范畴 pain-relieing tablets。

Taylor（1989：124，139）认为转喻是一种比隐喻更为基本的意义扩展方式，因为人们首先会通过接触或邻近来认识事物之间的关系。

Panther & Radden（1999：1-2）也指出：It has become increasingly apparent that metonymy is a cognitive phenomenon that may be even more fundamental than metaphor ... Metonymy is understood as a conceptual process in which one conceptual entity, the "target", is made mentally accessible by means of another conceptual entity, the "vehicle", within the same ICM.（越来越明显地表明：转喻是一种可能比隐喻更为基本的认知现象。转喻可被理解为一种概念过程，在这个过程中，一个概念实体"目标体"，在心智上可通过同一个 ICM 中的另一个概念实体即"转喻体"来理解。）

人们常常可以通过范畴中的典型代表认识和理解整个范畴，这时转喻起着"以部分代表整体"的认知作用。通过某个认知上显著的、易理解的、代表性的部分来认识整体范畴，这其中也包含 ICM 的运用问题。因此，在认识和理解范畴的过程中，转喻也是以某一个 ICM 为基础的，人们常用典型的或特别的成员来"以偏概全"地认识和表达整个范畴。另外，也可在 ICM 的基础之上（如上文所述 mother 一例）突显某一模型，缺省另一些模型，从而形成许多不同的用法，这也是一种转喻用法。

转喻也可用激活理论来解释，提起某一部分，就可能会激活起其相关的 CM 部分或整体 ICM（也可用 ECM 来做出解释）。Taylor（2002：112）指出：当提及一个事物或过程时，只有其中的一部分内容被激活，从而在激活与半激活/未激活之间形成部分—整体的关系。

从上文的论述可见，转喻一般是发生在同一个概念域或事件域（同一个 ICM 或 ECM）之中的，人们可用这个概念域或事件域中的组成要素互代，或组成要素与整体之间互代。例如，A 是一个范畴，B 是 A 的一部分，用 B 代表 A 或 A 代表 B 就会产生范畴的转喻模型，会发生原型效应，我们不仅可用其解释一个静态性事物中各要素间的关系，而且可用其解释一个动态性动作中各要素的关系。

二、其他转喻模型

范畴的转喻模型类型很多。Lakoff（1987：84）认为：除上述所说的 ICM、典型样本、转喻用法外，还有下述 5 种。

（一）社会常规型

转喻模型与社会常规（social stereotype）密切相关，它是特定的语言社团在相关 ICM 基础上形成的，人们往往用此来以偏概全地表示整个范畴。如在西方社会中，"母亲"的一个理想化认知模型就是"惯常为家庭主妇（the stereotype of the mother as housewife）"，这种社会陈规就是转喻的例子，用 the housewife mother 这一次范畴来表示整个 mother 范畴，同时可使人们知道什么是典型的 mother，以便能对整体范畴做出快速判断。这种社会常规同样具有原型效应。在西方文化中，housewife mother 比 non-housewife mother 更具有典型性。而在中国当前社会中，将"母亲"视为"家庭主妇"并不是常规情况，也就不存在这种社会常规用法。

社会常规这一意义概念，被用来代表整个范畴，这其中包含了一定的文化期望值。如在当今西方社会的例子还有：

（1）常规典型的政客是自我，处事周全。
（2）常规典型的 bachelor 是健壮有力，常出现于单身酒吧。

（3）常规典型的中国人是勤劳、聪明。

我们经常会对一些社会常规概念给予专门的名称，如 Uncle Tom，Jewish Princess 等，这些名称表示了人们对一些人物和事物的陈规老套的看法，但是现在已不合时宜。例如：

（4）Uncle Tom 表示逆来顺受的黑人。

（5）Jewish Princess 表示美国富裕犹太家庭中的女儿。

这些词语还能起到代表其他范畴的功能，对这些范畴的理解是以理解这些常规说法所起的作用为基础的。

社会常规概念与典型成员是有区别的。社会常规说法通常是有意识的，是大众话题，含有一定的文化期望值；而典型成员的使用是无意识的、自动的，不是大众话题，在一个人的一生中并不会有什么明显变化，不含有文化期望值。

由此产生了理解范畴的两种模型：原型模型和常规模型，每一种模型都可产生原型效应，但是产生的方式不同。将两者结合起来，就可产生一个复合原型结构（a structure with a composite prototype）。因此在西方社会中，作为 mother 的最佳样本可以为：

（6）A biological mother who is a housewife principally concerned with nurturance, not working at a paid position, and married to the child's father.

（二）理想型

许多范畴的理解是基于一些抽象的、理想的构思，既不是典型，也不是常规型，这也可能形成一种转喻模型。例如，理想的丈夫是一个好的抚养者、忠实、强壮、受尊敬、有吸引力。很显然，这一转喻模型与社会常规也是密切相关的。不同时期，不同的人群，对同一范畴会有不同的理想模型。据调查，不少人认为理想的小学生应是听话、乖巧、学习好、不调皮、爱老师、爱父母、爱劳动，等等。女大学生心中理想的男朋友应具有以下条件：responsible、honest、clever、candid、confident、humourous、strong、rich、careful，etc.

（三）极端代表型

人们还可能通过实际生活中的某领域中极端个别的（或尽善尽美的，或恶劣无比的）代表来转喻性地理解整个范畴。典型代表不一定是极端代表，极端代表可是典型的，也可不是典型的。例如，美国有打棒球的杰出代表人物：Babe Ruth、Willie Mays、Sandy Koufax 等。人们有时就用这些代表的名字构成词语：a regular Babe Ruth、another Willie Mays 等。汉语中常说：

（7）他就是21世纪的诸葛亮。

（8）某歌星就是中国的杰克逊。

上述两例中就分别运用了诸葛亮作为聪明智慧的极端代表，杰克逊作为流行音乐的极端代表。当然，人们的许多行动可能与一个类型的杰出代表密切相关，人们可能会以其来作为典范来效仿。

我们喜欢观看明星影片、全明星球赛，希望知道诺贝尔奖获得者的成就和事迹，等等。这些人物在某一方面取得了巨大的成功，往往会使人们把他们在全方位内作为"人"的典范，但倘若他们犯了常人所犯的错，人们会受到极大震惊，感觉不可思议。

（四）生成型

可用一些具有生成性的范畴中心成员来以偏概全地理解或代表整个范畴，范畴中其他成员是由这些中心成员和某些规则来定义或生成的。例如自然数：0到9是自然数的中心成员，通过一些诸如加减乘除的运算规则，就可获得整个数字范畴，这些中心成员具有生成性。

（五）突显样本型

人们也可能会使用熟悉的突显样本（salient examples）来理解整个范畴。突显样本不一定是典型的，而典型样本一般来说总是突显的。例如，在美国芝加哥曾坠毁一架DC-10飞机，舆论界将这一事故炒得沸沸扬扬，后来许多人拒绝乘这种型号的飞机，而选乘其他机型，尽管所选机型的安全记录还不如DC-10型飞机。这些人就是运用了这架坠毁的DC_10飞机作为突显样本，转喻性地代表整个DC-10飞机范畴。

Lakoff & Johnson强调了隐喻的重要性，将隐喻提升到"我们赖以生存"这一高度来论述，他们于1980年出版的书名就是 *Metaphors We Live By*。近来许多认知语言学认为转喻比隐喻更加重要，因此我们完全有理由说"Metonymies We Live By"。

第四章 认知语用学的认知基础之二——语法构造

第一节 象征单位和构造

一、象征单位：认知语法的基础

Langacksr 反复强调，认知语法只设 3 个单位：音位单位（phonological unit）；语义单位（semantic unit）；象征单位。任何语言表达式：词素、词、短语、句子、语篇都是象征单位，因此认知语法的主要任务就是分析语言是如何通过象征单位建构起来的。

Langacrker 设立"象征单位"的思想主要受到索绪尔符号观的影响，但又不同于索绪尔的符号观。他批判地接受了索氏的符号模型，一方面认为音位单位（与索氏的术语"音响形象"有关，但不同）和语义单位（与索氏的术语"概念"有关，但不同）这两者是不可分离的，这可视作批判形式主义理论的基础：形式在运算过程中是不带意义的，只是在运算结束时，符号串才通过与客观世界的对应获取意义。他将音位单位和语义单位的结合体称为象征单位，即：象征单位 = 音位单位 + 语义单位。这样，语言就是象征单位的集合。另一方面，Langacker 与索绪尔在对待两者的结合是否具有理据性这一根本问题上存在重大分歧，Langacker 强调了音位单位与语义单位之间结合时的象征性（理据性）。

由于长期以来受到索绪尔符号学理论的影响，"符号"具有任意性的观点似乎已成为一条毋庸置疑的公理，而"象征"似乎与其相反，其中有个取何"象"而征（征：证明、证验，表露出来的迹象）的问题。在象征物与被象征物之间并不是任意所为，这从 *The Concise Oxford Dictionary of Current English*（1976 第六版）对 symbol 的英语解释可见：

things regarded by general consent as naturally typifying or representing or recalling something (esp. an idea or quality) by possession of analogous quality or by association in fact or thought (e.g. white is symbol of purity.)

我们从释义的画线部分（注：笔者加）不难悟出"象征"的确切含义，naturally、analogous、association 等词明显与"任意"无关。而 Langacker 所用的 symbolic unit"确实是取了这一意义，这可从他（1987：12）在《认知语法基础》第一卷开头的一段话得知。索绪尔过分强调了语言符号的任意性，例如由多词素构成的语言符号就是非任意性的例证，其间的理据是可被分析的，即使单个词素中的任意性也须大加限制。暂且不说拟声词这一显而易见的现象，语言中普遍存在类比和语言象征的现象，这在词汇的进化过程中不断起着许多理据性作用。语法本身（将词素结合成较大的、复杂的语法构造）具有象征性，因此论断语法与语义相分离，词汇是否具有自治性是毫无意义的。

这还可从 Croft & Cruse（2004：257）的一段话得到佐证，"构造语法理论中的语法构造，就像其他句法理论中的词库一样，包括形式和意义的配对体，它们之间的关系至少是部分任意的（at least partially arbitmry）"。需要注意的是，任意性不包括在象征单位的定义中，大部分象征关系并非完全任意。

因此，我们认为沈家煊先生 1994 年将 symbolic unit 译为"象征单位"是经过深思熟虑的，这种译法完全能够反映出 Langacker 所用术语的准确含义，也能体现出认知语法的基本观点。

在此基础上，我们再来阅读和理解 Langacker 在《认知语法基础》中的基本观点就会通畅得多，他（1987：11）指出：

Language is symbolic innature.

我们可将其译为：语言在本质上具有象征性。这也是与他的一贯思想完全相吻合的：语言表达代表了概念化，语言是对概念化的符号化，具有理据性。

二、构造：认知语法的核心

构造，是形义的配对体（form-meaning correspondence）（Goldberg，1995：1），指由两个或两个以上象征单位所形成的结构。据此，构造就可能是一个由两个词素构成的词，或者说，由两个词素或两个象征单位所构成的就是最小的构造。这样，任何语言表达式，包括词素、词、短语、句子、语篇，都可被视作象征单位，它们都是音义配对的结合体，认知语法的主要任务就是要论述语言是如何通过象征单位来表征的。

Langacker（1987）一直认为词素、词、词法和句法是一个连续体，在词法中也可发现许多出现于句法中的结构规律，因此词并没有不同于或大于词的语法构造的特征，而且几乎所有类似于习语的特殊现象，都可在词法中找到（Croft & Cruse，2004：254），因此没有必要对词和大于词的结构做出区分。其间的区别仅在于以下方面。

后者所包含的象征单位可能多于前者。

后者的结构比前者更为复杂。

词法主要是由粘着词素构成的语法单位，句法主要是由自由的词构成的语法单位，所以在一个词里的词素往往具有粘着性，而词在短语和分句中则具有一定的自由性。

因此，Langacker（1987：53-54）主张用象征单位和构造这两个概念来对语法做出统一的认知解释。

这样，构造语法中所说的 Construction 与传统语言学中所说的 construction 不同。构造语法中所说的 Construction 可以是简单的也可以是复杂的；可以是粘着的也可以是自由的；可以是具体词语也可能是图式性表征。所有构造都是形（包括音位、书写等）和义（语义、语用和语篇功能信息）的结合体，它们以特定的方式组织起来存储于说话人的心智之中。由此，构造语法理论从对习语的分析开始，批判了 TG 学派的模块论、普遍论，为认知语言学的建立和发展起到了关键的作用。

一个词素是一个象征单位，两个或数个词素并置后，经过整合加工（只具有部分组合性，主要是整合，批判组合观）形成一个句法上相对复杂的表达，这就叫语法构造（Grammatical Construction，或叫 Composite Structure "复合结构"、Symbolic Complex "象征复合体"）。它也是象征单位，而且是在音位串和语义串这两个层面同时进行的整合运作。这样，象征单位、构造图式分布于语言的各个层面，可将分析词素、词汇、词法和句法的方法统一起来。分析词汇意义的认知方式同样适用于分析语法构造，包括短语、分句、句子，乃至语篇。语言交际的最小需要，或分析语目的最小需要就是语音、语义以及两者之间的连接，将语法分析归结为象征单位正体现了需要。

通过研究象征单位和象征单位的整合（即构造），可以对语言从心智上做出较为详尽的描写和解释。Croft & Cruse（2004：225，254）指出：人们的一切语法知识基本上是以构造的形式来表征的，因此"构造"可以概括人们全部的语法知识，这为研究语言开辟了一条全新的道路，确实是一大了不起的贡献。

三、构造的解释力

　　Langacker 提出用"象征单位"和"构造"来分析语言的各个层面，这是一个了不起的创新，是对语言研究的一个重要贡献。一方面为认知语言学的目标"统一解释"语言各层面提出了一条切实可行的途径，另一方面彻底否定了把句法作为一个独立层面来处理的方法，音位单位与语义单位直接相连，就是说两者之间没有其他组织层次。这不同于 TG，以句法为中心，一面通过"句法—语义"界面获得语义解释，一面通过"句法—音位"界面获得音位体现。当然，这并不是说认知语法否认句法的存在，而是意在强调认知语法把传统上视为词法和句法的内容都当作象征单位统一处理。有了"象征单位"和"构造"这两个概念，就可达到取消词法和句法之间对立的目的，这就有力地批判了 TG 语言学派的模块论和普遍论。这样，认知语言学家就将整个语法知识囊括于"构造"这一概念之下进行研究，逐步形成了"构造语法"这一研究方向。

　　构造语法认为，语言是由大量的、各种类型的构造组成的，从图式性句法构造到具体的词汇项构造，所有构造都是形和义的配对体，它们都是在说话人的心智中以特殊的方法组织起来的。不管是非习语表达还是习语表达，它们都是来自某种概括结构，比如"The X-er, the Y-er"，这是一种图式性构造，既能解释习语构造，也能解释非习语构造。Fillmore（1988）、Lakoff（1987）和 Wierzbicka（1988）分别对"let alone 构造""There—构造""have/give/take a V 构造"进行了个案研究，还有许多学者热衷于构造语法理论的研究，他们都有同样的发现。

　　构造在句法、语义和语用等方面有其自身独有的特征，它们不能被句法子模块、语义子模块或语用子模块中的概括性规则所表征，也不能被连接这些子模块的连接规则所解释。同时，说话人还能掌握这些特定句法知识的一系列变化用法，包括大量的固定习语，这种知识大大超出了句法、语义和语用子模块中的概括性规则。可见，语言表达和习语的句法、语义或语用特征是直接与构造相连的，因此，大多认知语言学家接受了 Langacker 的观点，将"构造"视为一个表征单位或一个象征单位来统一处理。

　　认知语言学一直倡导须对语言各层面做出统一解释，构造语法为认知语言学增添了一个新的统一解释方法，可用"构造"对原来词素、词汇、词法和句法所论述的内容做出统一解释，而且可将句法和语义结合起来统一处理。这样通过象征单位和构造就能对人类的语法知识做出统一解释，难怪 Croft（2001：362）指出：激进构造语法是毫无疑问的（disarmingly）、真正意义上（genuinely）的句法表征最简方案。Taylor（2002：22）也持同样观点：象征单位理论才是语言理论中真正的最简方案（a truly minimalist theory of language）。

语法中的构造不是零散无序地分布的，而是以分类分层（taxonomic hierarchy）的方式有机地组织起来的。

相关构造可以形成一个家族（a family of related constructions）。例如，let alone 仅是许多与此相关构造的家族中的一员。Lakoff（1987：468-482）也有类似的发现，"There—构造"是一种辐射型范畴，不管是其指示性用法，还是其存在性用法，都有中心成员和边缘成员之分。Wierzbicka（1988：303-336）分析了 have a V 构造有 10 种次类。通过分析一组相关构造就能对某一构造做出合理解释，可见原型范畴理论对构造同样具有解释力。

第二节　区分自治观

我们经常说，认知语言学与 TG 学派的自治观分庭抗礼，互不相容，其实并非如此。Langacker（2005）认为应当区分出两种自治观：弱式自治观（Weak Autonomy）和强式自治观（Strong Autonomy）。前者认为语法不能根据意义和其他独立因素（如交际限制）做出完全的预测；后者认为语法与词汇和语义不同，可以单独构成表征的一个层面，对其描写需要用一套专门的最简语法原素（Irreducible Grammatical Primitives）。

其实，这是两种不同的自治观，前者是关于语法结构的可预测性，后者则是关于用来描写语法结构的单位的特性和种类。形式派学者常常基于用证明弱式自治观的例证来为强式自治观辩护，说服力显然不足；功能学派和认知学派则在反对强式自治观方面显得更加有力。双方的争论出发点并不一致，概念没有严格区分，自然也就无法统一。

一般来说，功能语言学和认知语言学都接受弱式自治观，拒绝强式自治观。认知语法提出了形义结合的"象征单位"和"语法构造"这两个重要概念来批判强式自治观，认为词素、词汇、词法、句法形成一个连续体，在它们之间很难做出明确切分，即使能做出所谓的"切分"，也是一种任意所为。这个连续体上的任何一处都可作为一个形义结合体的象征单位来进行分析。这一核心思想具有深远意义。

语法与语义不能截然分开，后者仅是前者的一个极（pole）。

对语法进行描写的成分无须用特别的、最简的原素，仅用形义配对体即可。

所有有效的语法构式（grammatical construct，为抽象概念"语法构造"的具体表现形式）本身都是有意义的。

第三节　Langacker 论构造语法理论

一、概述

在 Langacker 创建认知语法（他也将自己的理论称为"构造语法"）的同时，Fillmore 于 1988 年提出了"Construction Grammar（构造语法）"，Fillmore、Kay & O'Connor（1988）、Fillmore & Kay（1993）、Kay & Fillmore（1999）以及 Michaelis & Lambrecht（1996）也对其进行了论述。Goldberg 于 1995 年出版专著 *Constructions*: *A Construction Grammar Approach to Argument Structure*，较为系统地论述了构造语法理论，并运用这一理论分析了语言的题元结构（argument structure），她的研究为"构造的意义（如使动构造）对其用法有限制"提供了证据。Croft 于 2001 年出版了 *Radical Construction Grammar*，将构造语法推向一个新阶段。他接受了上述学者的观点，认识到构造是语言分析的一个原始单位，只有通过构造才能对语法范畴做出有效定义，并将其视为语言研究的最基本目标，这一观点具有深远意义，其出现是对先前句法理论的一次巨大的变革（a dramatic break from prior syntactic theories）。

Langacker（2004）并不认为 Fillmore 等学者的理论属于认知语言学。在他看来，Fillmore 更属于形式主义阵营，因此他仅论述了 3 种主要构造语法理论，用小写的 construction grammar 作为上义术语来统括这 3 种理论，并论述了它们之间的关系。

Langacker 的认知语法（简称 LCG）。

Goldberg 的构造语法（Langacker 用大写的 Construction Grammar，本书用 GCG 表示）。

Croft 的激进构造语法（简称 RCG）。所谓"激进构造语法理论"的"激进"主要是指以下内容。

a. 将构造视为语言研究的最基本目标，可通过构造对一个语言的语法做出描写和解释。

b. 构造具有多样性（diversity），而且因语言而异（constructions are language-specific），不同语言里表达相同功能的构造在结构上有明显差异。

c. 尽管一个构造中的成分与另一个构造中的成分有时看上去等同，但实际是不等同的。如能用于构造"助动词+NP+XP"中的 NP 就与所有格构造"NP+POSS+N"

不同。在这里就很难找到一个能概括上述两构造中 NP 的概括性范畴语。

  d. 词类划分不具有普遍性。

  e. 不存在普遍句法范畴，只存在普遍适用的语言分析方法。

  f. 彻底放弃了分解论（Reductionist Approach），认为语言中有些复杂构造本身就是语法表征的基本单位，不可分解。

  g. 在构造分析中取消了句法关系，从纯语义角度来定义构造各部分之间的关系。

  h. 从类型学中吸取了语义映射模型（Semantic Map Model）（Croft，2001：8，92–104）和句法空间概念（Syntactic Space）（Croft，2001：第八章）来分析语法信息在构造中的存储问题。

  正如上文所说，Langacker 认为他自己的 LCG 既是构造语法，又是激进的语法理论。GCG 没有完全局限于构造语法本身，其中还包含了认知语法和激进构造语法的内容。总的来说，这 3 种理论既互相区分又相互联系。他在论文中将 3 种理论的共性归纳为以下 12 条。

  构造，而不是规则，才是语言研究的首要对象，这是认知语言学研究句法理论的基本出发点。

  框架系统是非派生的，也就是说，它们往往有各自的来源。

  词汇和句法不是明显可分的成分，它们构成了构造的连续体。

  传统句法观认为词汇和句法可以明显区分开来，构造是由其组成部分根据句法规则组合而成，据此构造本身就没有什么特别的意义，除了成语之外它们的属性可通过其组成部分的属性和句法组合规则来做出预测，而且词汇本身的词性等范畴须被明确定位，句法规则就参照这些范畴进行运作。构造语法理论推翻了所有这些假设，认为词汇范畴不是事先被确定的，而应参照其出现的构造来描写。

  构造是形义配对体，是象征结构的复合体。形式和意义不能分离，这就批判了句法自治论和形式主义语言学的基本思路。

  信息结构是构造意义的一个方面。这里的意义还包括规约化的情景和语用功能等。

  构造与传承性网络 [networks of inheritance，或叫范畴化网络（networks of categorization）] 紧密相连。

  规则（regularity 或 rule）和类型（pattern）是以构造的形式出现的，构造相对于例示性表达来说具有图式性。

  除了不同程度的详细度和图式性之外，它们所例示的表达和类型具有共同的特征。

语言知识包括大量的构造，其中大部分相对于正常的和生成性的语法类型来说，具有独特性（idiosyncratic）。

规则性类型是构造的一个特例，能够包容独特构造的框架系统也将包容规则性类型，但不是相反。

一个合乎语法的表达就应能够同时满足构造的限制条件。

组合原则受到整合（Unification 或 Integration）的影响。

二、构造语法理论对"形"的理解

构造语法理论认为构造包括词汇和语法，构造具有象征性，其最简结构为形义配对体的象征单位，但它们对于"形"有不同的理解。

Langacker 认为"形"主要是音位结构，又叫音位极，而且包括其他符号化媒介，如书写、姿势等，不包括语法形式；而 Goldberg（1995：51）和 Crof（2001：62）认为"形"包括语法形式。Langacker 认为，这一差异不是一个小问题，也不是术语问题，而是涉及理论的核心问题：语法的本质及其与意义的关系。

在这一点上，认知语法的看法一直与先前的语言理论存在激进性的根本差异：语法在本质上具有象征性，其象征结构在于语义结构和音位结构的配对。根据这一观点，语法或语法形式本身并没有对语义结构进行符号化，只是包括了语义。假如语法可以完全简约为象征结构的结合体，就不能说语法的某一方面作为这种结合体的符号化成分。另外，人们在正常讲话时并不总能明确地意识到一些语法的范畴形式（如名词、动词、主语、宾语等），在英语中它们没有什么明显的符号化功能，在汉语中也是这种情况，这些范畴标记没有出现在语音流之中，所以语法形式不包括在"形义配对体"的"形"之中。

先前的语法理论将语法形式视为一种形式，倘若我们还持相同做法（像 GCG、RCG 那样），何来的"激进"？若从这个角度来说，认知语法比起构造语法和激进构造语法更为"激进"。根据 Langacker 这一论述，我们将其观点以图表示如图 4-1 所示。

语法——由象征单位和构造组成 { 形：音位、书写，不包括语法形式
义：语义、语用和语篇信息功能

图 4-1 Langacker 构造语法

第四节 Croft 和 Cruse 论构造语法理论

Cmft & Cruse（2004：266）认为在认知语言学中对句法理论的研究可包括 4 种构造语法理论。

① Fillmore、Kay 等人的构造语法。
② Lakoff 以及 Goldberg 的构造语法。
③ Langacker 的认知语法。
④ Croft 的激进构造语法。

Fillmore & Kay 的构造语法详细论述了句法关系和句法的传承性（inheritance）；Lakoff 以及 Goldberg 的构造语法着重论述了构造之间的范畴化关系；Langacker 的认知语法重点论述了语义范畴和语义关系；Croft 的激进构造语法重点论述了句法范畴和类型共性。另外，后 3 种理论都接受基于用法的模型（the usage-based model），认为语言知识来源于语言运用，应从语言运用的角度研究语言知识的形成和表征。

Croft & Cruse（2004：265）认为他们所说的 4 种构造语法理论都接受了以下 3 条基本原则。

①构造是由两个以上的象征单位构成的结合体，它们是独立存在的。
②可用构造对语法结构做出统一的表征。
③语法中的所有构造在人们心智中是按照分类方式组织起来的。

在 TG 语法中，诸如 NP、VP、S、O 等句法成分范畴是标出的，如句子"Tom sings."可标注成 $[[Tom]_{NP}[sing]_{VP}]_S$。而在构造语法中，句法成分范畴没有直接标出，因为不同的构造语法理论对其有不同的处理方法。这就涉及句法成分范畴在构造语法中如何表达或具有什么地位，以及它们之间具有什么样的关系。不同的构造语法理论建立了不同的"句法—语义"内部连接模式。

要能够确定句法成分的地位，还要搞清楚句法成分之间的关系以及句法之间的关系，这就是 Croft & Cruse（2004：262）所论述的句法关系的类型问题。他们主要是从构造知识的内部组织角度来论述的。认知语法认为：构造具有内部结构，人们的语言知识就是这类结构性构造的清单（Langacker，1987：63-76），可运用分类网络（Taxonomic Network）或图式性程度（Schematicity）分析构造的内部关系，如从 VERB PHRASE 到 kick the bucket 可逐层分析为：

[VERB PHRASE]

[VERB OBJ]

[kick OBJ]

[kick the bucket]

它们从十分抽象的图式表征组成到具体词语表达,形成了构造的不同层级,组成了一个分类分层网络。

又如,"我走,我吃饭,我吃惊"的构造分类分层网络可表示如图4-2所示。

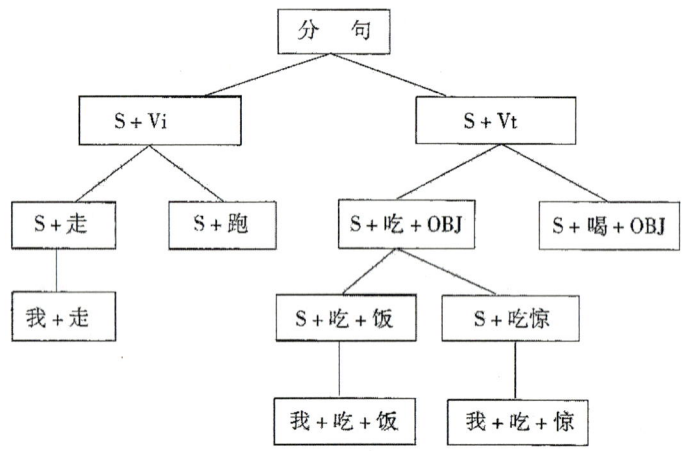

图4-2 "我走,我吃饭,我吃惊"的构造分类分层网络

另外,一个句子可能有多个母节点。例如,否定句"我没有吃饭"来自一个及物构造和一个否定构造。

(1) It was a pen that Tom save me.——双宾语构造和It分裂句构造。

句法关系类型与构造关系类型密切相关,这就出现了一个问题:构造之间的关系问题。分类分层等级系统在不同抽象层次上,有相同或相似的信息表征方式,如及物动词在较高抽象层次上的句法关系可表征为[Vt+O];其下层,如及物动词kick的句法关系,依旧可表征为[kick+O],依此类推。但是,不同的构造语法理论对构造分类分层关系中的信息有不同的表征方法,这涉及语法信息如何存储于构造分类分层系统中。

认知语言学到目前为止主要形成了4种构造语法理论,它们对上述问题有不同的看法,由此形成了构造语法理论内部的争论。Croft & Cruse(2004:265-290)主要围绕以下4个问题分别论述了4种构造语法理论的主要观点和分歧。

①句法成分范畴在构造语法中的地位。

②句法关系的类型。

③构造之间的关系类型。

④语法信息是如何存储在构造分层之中的。

Croft 和 Cruse 主要从这 4 个方面对 4 种构造语法理论进行了较为详尽的论述。

一、Fillmore 等人的构造语法

Fillmore、Kay、C.T.Connor 等的构造语法（简称 FCG）最接近于形式主义的理论，特别是 Head-driven Phrase Structure Grammar（中心语驱动短语结构语法），主要对构造的内部结构做出了较为精细的分析，统一地描写了语法的形式和功能属性的表征。FCG 对上述 4 个问题的观点如下。

1. 句法成分的范畴在构造语法中的地位

FCG 对这一问题主要持"分解论（the reductionist model）"，认为小的句法成分范畴（可称原子单位）可以组成较大的构造，而且运用了整合理论，即在较大构造中可能会产生出原子单位中所没有的句法和语义特征。也就是说，较大构造在整合原子单位的过程中可能会整合出许多新特征，它们不是从原子单位中派生出来的。

2. 句法关系的类型

FCG 主要运用 3 套不同的特征：角色 [role，包括修饰语（modifier）、填充语（filler）、核（head）]、配价（val：谓词对论元的关系）和关系（rel：论元对谓词的关系）将原子单位整合成较大的构造。例如，语言中都有一个不及物构造，英语句子"Tom sings."就是通过这 3 套特征将具体的词项插入后整合而成的，如图 4-3 所示。

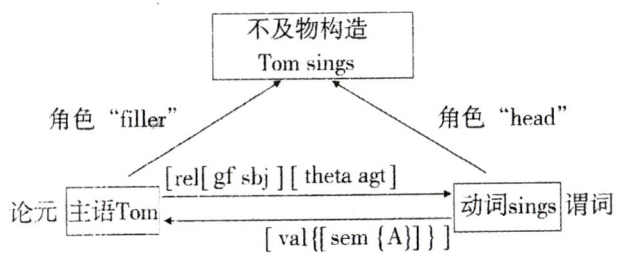

图 4-3　FCG 关系图

"关系 rel"特征获得语法功能（grammatical function，GF），语义特征获得题元角色（theta role），在这个例子中，Tom 获得主语的语法功能，同时具有施事的语义特征。另外，Fillmore 的构造语法倡导匹配原则（the matching principle）或配价原则（valence principle），即构造中的谓词和论元必须合理匹配，一个论

元角色应与谓词配价表中的一个成分进行匹配。

Croft & Cruse 还区分了部分与整体的关系（如 role）和部分与部分的关系（如 val 和 rel）。"谓词—论元"关系独立于谓词和论元各自所具有的关系。例如：

（2）The book is red.

（3）The red book.

在这两句中 red 都是谓词，(the) book 都是论元，但是在例（2）中，be red 是"核"角色，而在例（3）中 book 是"核"角色。

他们还认为谓词具有配价（val）特征，论元具有关系（rel）特征，这两部分之间是有区分的。构造中同样一个成分可以解读为是一个谓词带论元，还可解读为论元带另外的谓词。例如：

（4）You should read this.

句中 read 是一个谓词，带了一个论元 this，同时它本身又是谓词 should 的一个论元。

3. 构造之间的关系类型与语法信息如何存储于构造分层之中

Croft & Cruse 将这两个问题合起来讨论，因为这两个问题是紧密联系在一起的。几种构造语法理论都认为构造具有分层关系，而且较低层次上的构造可以从较高层次的构造上传承（inherit）信息。例如，在 kick the habit 表述中，the habit 本身原来并不具有作 kick 宾语的语法功能，只有将其置于"动—宾"构造之中时，它才具有作 kick 宾语的功能，Kay & Fillmore（1999：7-8，30-31）将这一现象称为"完全传承模式（the complete inheritance model）"，信息存储于构造分层的最高层次（最图式化的层次）中，并认为他们所论述的构造语法就是一种完全传承模式。他们也考虑到构造的某一部分也可能从另外一个构造传承信息特征。

二、Lakoff 和 Goldberg 的构造语法

Lakoff 和 Goldberg 的构造语法简称 LGCG。Lakoff 于 1987 年主要从原型和辐射型范畴理论角度论述了英语中的"there- 构造"，Lakoff 的学生 Goldberg 于 1995 年和 1996 年出版专著和论文，较为系统地论述了构造语法理论，并运用这一理论分析了语言的题元结构。同时她还接受了她老师 Lakoff 的观点，较为详细地论述了构造之间的范畴化关系。Goldberg（1997）论述了动词与语法构造之间的关系，并开始关注语法和语用的交接界面问题。

（一）句法成分的范畴在构造语法中的地位

Goldberg 不赞成用"分解论"分析语义角色，主张运用框架语义学理论分析

复杂事件中参与者角色。她认为可将复杂事件视为语义表征的原素单位,事件中的语义角色可以通过整体情景定义。但她主张用分解论分析题元结构中的句法角色和关系,这样,语法关系和句法范畴就可包括主语、宾语、动词等之类的原子成分。

(二) 句法关系的类型

Lakoff 在研究"there—构造"时主要从以下 4 个方面来论述句法成分之间的关系,以及句法成分与整个构造之间的关系:句法成分(如分句、名词短语、动词等)、词汇成分(如 there, here, come, go, be 等)、句法条件(如成分的线性顺序、主语与宾语的语法关系等)、音位条件(如重音、元音长度等)。Goldberg 主要论述了构造之间的关系,分析了题元结构的语义及其与句法角色的连接,以及动词和构造之间的关系。

(三) 构造之间的关系类型

Lakoff 和 Goldberg 论述了范畴结构中最重要的两个特征:多义性和原型—扩展。这两个特征存在于构造的各个层次。构造之间的各种连接关系包括分层关系(Lakoff, 1987; Goldberg, 1995: 74-81)、例示关系(Goldbergs, 1995: 79-81)、部分—整体关系(某构造可能是另一构造的一个组成部分,它可以独立存在(Goldberg, 1995: 78)。

Goldberg (1995: 74-75) 认为所有的连接都是传承性连接 (inheritance link),但在她的理论中传承的方向与 Fillmore 的构造语法理论相反(1995: 80),并论述了多义性连接,即同一个句法构造可能会有多种语义。如双宾语构造,主要表示所有物的转移,其原型意义为:S CAUSES O_1 TO RECEIVE O_2。例如:

(5) She gave me a book.

根据 Goldberg (1995: 146) 的分析,该构造的原型意义应如下所示。

① S 是意愿性施事者。
② O_1 是有生命体,且为意愿性受益者。
③ O_2 为具体事物。
④ O_1 应当领属 O_2。

但该构造通过隐喻生成了许多其他非中心用法,使其成为一个多义性构造。例如:

(6) He owes you much money. (主语施事者不一定是意愿性的)
(7) Happiness gave me a lot of inspiration. (主语施事者不一定是人)

（8）The policeman gave the driver a ticket.（间接宾语 O_1 不一定是意愿性的）

（9）His girlfriend gave him a pinch.（间接宾语 O_1 不一定是受益者）

（10）The patient gave Tom a headache.（直接宾语 O_2 不一定是具体事物）

（11）The sauce gave the dish some flavour.（间接宾语 O_1 不一定是有生命的）

（12）Tom gave his girlfriend dan insult.（间接宾语 O_1 不一定领属直接宾语 O_2，仅表示"受到"之义）

（13）Crush me a mountain.（间接宾语 O_1 不一定领属直接宾语 O_2，表示祈使语气）

例（6）是双及物动词的原型图式，其他几例则是从原型图式通过隐喻机制延伸出来的，在延伸过程中传承了其句法构造图式。Goldberg虽然没有明白地声称存在一个包含所有意义的双及物动词构造，但通过她所说的"传承"，可以推断出她认为存在一个图式性句法双及物构造[schematic syntactic ditransitive construction，或称"上义性双及物构造"（superordinate ditransitive construction）]，但她没有提到存在一个双及物构造的图式性语义结构。

Lakoff（1987）在论述"there—构造"时没有提到上义性图式构造。

（四）语法信息如何存储于构造分层之中

在是否接受正常传承（normal inheritance 或称 default inheritance）问题上，Goldberg 和 Lakoff、Fillmore 的构造语法存在分歧（Goldberg, 1995: 73）。人们所知道的关于某一范畴的大部分知识并不一定适用于范畴中的所有成员。如当有人提到"鸟"时，我们就会想到它会"飞"，也就是说"飞"的信息被存储于"鸟"这一范畴之中，因此在提到"鸟"时，"飞"的属性就被"正常传承"下来。但如果说的是鸵鸟、企鹅、断了翅膀的鸟、死鸟时，"飞"的属性在传承过程中就被阻断了，此时人们可对"正常传承"进行适当调整。

Lakoff（1987: 490-491）在论述"There—构造"时，认为指示词的中心功能是说明在一个言语行为情景中存在一个所指物，因此这一指示构造主要用于一般现在时。但是，这个构造根据具体情况也可能有很多其他时态，这些具体情况阻断了对一般现在时的传承。

Goldberg（1995: 73-74）考虑了构造分层中各层次上的信息表征问题，并针对传承过程中可能会出现的冲突现象提出了"多重输入模式（Full-entry Model）"。她指出：当一个子构造面对多个母构造节点（Multiple Parent Nodes），而且这些母节点存在互相冲突的特征时，就会在多重传承的选择中出现冲突情况，"正常传承"理论解决不了这个问题。例如，"动词—小品词"构造与"动结"构造存在相互冲突的特征。

(14) He cleaned the mess up.

(15) He cleaned up the mess.

(16) The mess is up.

(17) She hammered the metal flat.

(18) The metal is flat.

(19) She hammered flat the metal.

在"动词—小品词"构造中,小品词的词序可以移动,而且小品词不可用来描述宾语。而在"动结"构造中,表示结果的 flat 位置不可移动,flat 可用来描写宾语。当遇到 break open 时,就面临着对这种互相冲突的母节点的选择,它究竟是传承了"动词—小品词"构造,还是传承了"动结"构造?

(20) Break the cask open.

(21) Break open the cask.

(22) The cask is open.

可见,open 可以移动,说明该构造传承了"动词—小品词"构造的特征;open 还可用来描写宾语,说明它传承了"动结"构造的特征。这就使得 break open 具有双重特征:它不但有"动结"构造的特征,而且还有"动词—小品词"构造的特征。面对两种互相冲突的母节点构造,break open 传承了它们两个互相冲突的特征,这正可用"多重进入模型"对其加以解释。

人们总是存储那些简约性表征,而删除那些不必要的冗余信息,因为人们不可能存储每句话语的表征性信息,而是基于听到和用过的话语之上形成一个概括性的"图式",并对其加以存储;同时人们也不可能一次就能存储各种语法知识,这与使用频率有关。因此,Goldberg(1995: 133-139)接受了 Langacker(1987: 370)和其他认知语言学家的观点,积极倡导"基于用法的模型(the usage-based model)":语言用法类型作为独立的语法信息被表征和存储。

三、Langacker 的认知语法

Langacker(1987: 57)认为语法应研究语言系统的心理表征,其目标就是研究人们心智中的内部语法(internal grammar)。它也是一种研究句法表征的构造语法,与 FCG 的区别在于,注重描写形式(音位、书写、姿势等,但不包括语法形式)与意义(语义、语用、语篇信息功能等)相配对结合的象征单位。语法被视为是一个约定俗成的、有结构层次的象征单位的大仓库,因此认知语法是关于句法和语义的理论。

（一）句法成分的范畴在构造语法中的地位

诸如名词、动词、主语和宾语等基本句法范畴，是指对它们所指概念内容抽象的（图式化的）语义识解。这些基本句法范畴都有基本意义，但都是依据人们对经验做出各种识解基础之上形成的，所以 Langacker 创建了一套分析句法范畴的语义识解系统（精细度、辖域、背景、视角、突显）。在跨语言对比时，会发现有很多相同的意义范畴，但对这些相同意义范畴的识解却因语言而异。这成为认知语法的一项主要内容和一个重要特点。例如，英语的 sick 被识解为一个形容词，具有非时间性，是总体扫描的结果，因此它需要借助表示时间的系词 be（为顺序扫描）表示。而汉语的"病"则被识解为动词，属于程序性扫描，本身具有时间性，因此不需借助系词构句。

（二）句法关系的类型

在构造成分之间关系这个问题上，认知语法持更为激进的观点。与 FCG 相同，LCG 也认为配价（valence）概念具有象征性，但与 FCG 不同，LCG 认为配价还具有层级性。如上述所分析的"Tom sings."，sings 是表示关系性的谓词，其语义结构就包括一个次结构作施事性主语。Tom 是非关系性的论元，填入 sings 的语义结构之中作施事性主语，Langacker 用"精细化（elaborate）"这个术来说明论元填入谓词语义结构中充当某一角色的过程，谓词能通过论元变得更为精细的次结构称为精细化空位（elaboration site），简称 e-site，如图 4-4 所示。

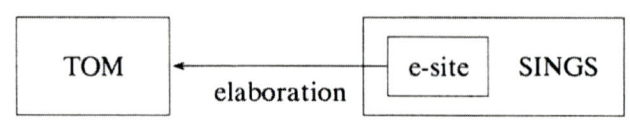

图 4-4　e-site 图示

正如上文所述，构造中的一个单位可以同时是谓词和论元，在例（4）中，read 既是 should 的论元，使得情态动词 should 更为精细化；同时 read 又是谓词，本身带了一个论元 this，使得 read 更为精细化。因此，谓词和论元状态（即配价）是相对的，具有层级性。又如：

（23）I was reading this on the train.

read 本质上应包括"谁"读，读"什么"？它们可视为 read 的补语（complement），是谓词的论元。附加语（adjunct）on the train 也是一个谓词，read 使得 on the train 的次结构更为精细。而且"读"这个动作也有一个次结构"地点"，因此 on the train 也使得 read 的次结构更为精细，但其比起 I 和 this 来说并不突显。可见各种句法成分的突显程度是不同的，重要性也不同，它们具有层级性（详见 Langacker，1987：300）。

认知语法在分析"核（head）"和"修饰语（modifier）"上与 FCG 有同有异。在 FCG 中，角色代表了构造的部分与整体之间的关系，它们是通过句法来定义的；而在 LCG 中，角色也代表了构造的部分与整体之间的关系，但它们是通过语义性和象征性来定义的。

（三）构造之间的关系类型

Langacker 认为可用一个统一的方法来分析范畴化，即范畴具有非经典性范畴结构，由典型成员和非典型成员构成。但他也认为可能存在一个上义性图式，既包括原型—扩展模式，也包括二分的经典模式，这一观点也适用于构造。Langacker 与 Lakoff 和 Goldberg-样，都认为可能存在构造图式，也存在原型—扩展性（主要是隐喻性扩展）关系。

（四）语法信息如何存储于构造分层之中

认知语法一贯倡导"基于用法的模型"，图式构造的确立是语言运用的结果，因此，构造信息主要来源于实际用法，语法信息是自下而上（Bottom-up）地概括出来的。

四、Croft 的激进构造语法

RCG（Croft：2001）主要用来解释构造语法框架中的类型变异和句法论元分析问题。RCG 接受了 Lakoff & Goldberg 以及 Langacker 的非经典范畴理论和基于用法的模型，对构造持非分解观，反对构造成分之间具有自治句法关系，并从类型学角度倡导运用语义映射和句法空间理论分析构造。

（一）句法成分的范畴在构造语法中的地位

分解论认为构造中的成分可以独立于构造来定义，如"动词"，不管它们出现于什么构造之中都具有相同特征（如有相同的屈折变化形式），属于同一个词类。这一分析将会面临这样一个尴尬现象：如将动词分析为及物动词和不及物动词，可是还有很多动词是既及物又不及物，倘若不根据它们所使用的构造就无法做出妥善处理。在跨语言对比时，如汉语中的及物与不及物情况就特别复杂，使得该问题更加突出。RCG 为了解决这一问题，放弃了分解论，主张将整个构造视为一个句法的基本单位或原素单位（basic element or primitive element），并根据句法范畴所出现的构造来对它们进行定义，这样就需要对各种词语所出现的构造进行详细描写和分类。

RCG认为构造具有独特性、层级性，具有形式特征（如词序、搭配规律、具有特殊作用的词素等），是象征单位；同时，构造还具有原型—扩展特征。

（二）句法关系的类型

RCG与FCG和LCG一样，对构造中各成分的作用进行了表征性解释；与FCG不同之处在于，它仅从纯语义角度定义构造各部分之间的关系。RCG认为，在构造语法框架中不需要句法成分关系，因此构造中也就没有句法关系。

例如，当人们听到构造[[DEF/the][THING/Noun]]的一个示例the song，就会获得整个构造的语义结构，并识别出构造中的成分：the song，然后识别出语义极的对应成分，即[DEF]和[SONG]，人们不需要依靠the song之间的句法关系，自然就能根据这两者之间的语义关系识别出两个词之间的语义关系r，如图4-5所示。

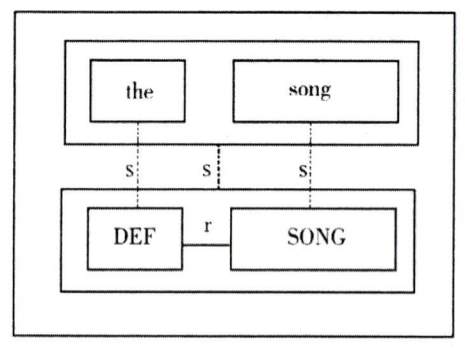

图4-5　the song的语义结构

RCG认为句法和语义之间的关系在许多情况下不是相似的，也就没有必要构建两者之间的映射关系。倘若没有了句法关系，这个问题就消逝了。要表达句法关系又需要一套专门的特殊符号，如果放弃了构造内的句法关系，也就不存在这个问题了。那么RCG如何处理诸如标记、一致、词序、接续等表达句法关系的形态句法特征呢？Croft将其解释为：它们表现在从构造的音位极到语义极之间的象征性连接（即图4-5中的s）。

（三）构造之间的关系类型

RCG放弃了分解论，认为构造不是由一套原子性的原素构成的，复杂构造本身就是语法表征的基本单位，由构造组成成分所定义出的范畴具有派生性，其成员仅通过它们在所出现的构造中所起的作用来定义。而FCG坚持分解论，并运用句法特征和价值来解释角色，且这些特征和价值是独立于它们所出现的构造定义的。

RCG像LGCG和LCG一样，考虑到构造中的非经典关系，而FCG则没有。

（四）语法信息如何存储于构造分层之中

RCG吸取了类型学理论中的语义映射模型组织语法知识，而且与基于用法的模型相一致，这是RCG的一个突出的特征。在语义映射模型中，构造根据其功能被映射到概念空间，这样构造在概念空间可能会获得重叠和邻近功能，从而建立起相互间的关系。

RCG的另一个突出特征也是来自类型学，从其引入了句法空间概念。在同一语言或不同语言中功能相同的构造中可能会有不同的语法特征，如难以基于一套语法特征建立一个普遍的被动构造，因此构造会因语言而异，它们在句法空间中根据其结构特征的差异占据着不同的位置。

现将上述论述总结如表4-1所示。

表4-1 语法信息于构造分层中的存储

序号	类型	句法成分的范畴在构造语法中的地位	句法关系的类型	构造之间的关系类型	语法信息如何存储于构造分层中
1	FCG	分解论：原子单位组成了较大的构造。较大构造可能会产生原子单位中所没有的要素	3套不同的特征：角色、配价和关系，匹配原则，部分—整体关系	构造可分出上下层次	完全传承模式
2	LGCG	通过事件情景来分析参与者的语义角色；但可用分解论分析句法角色和关系	Lakoff：句法成分，词汇成分，句法条件，音位条件。Goldberg：构造间关系，题元结构的语义分析，句法角色的连接	多义构造，原型—扩展结构。构造间的分层关系，例示关系，部分—整体关系。传承性连接。图式性上位构造	正常传承多重进入模式存储简约性表征基于用法的模型

（续　表）

序号	类型	句法成分的范畴在构造语法中的地位	句法关系的类型	构造之间的关系类型	语法信息如何存储于构造分层中
3	LCG	识解原则：句法成分范畴因语言而异	配价具有象征性和层级性；精细化	原型范畴理论上义性构造图式	基于用法的模型
4	RCG	放弃分解论，整个构造就是一个基本单位；依据所用构造来定义句法范畴	从纯语义角度来定义构造各部分之间的关系，构造中不存在句法关系	复杂构造本身就是语法表征基本单位；；考虑到构造中的非经典关系，而FCG没有	基于用法的模型语义映射模型句法空间概念

第五章　认知语用学的认知基础之三——语境研究

第一节　语境研究的重要性及价值

一、语境研究的重要性

基于语用学的新定义，即"语用学研究在不同语境中话语意义的恰当表达和准确理解，寻找并确立使话语意义得以恰当表达和准确理解的基本原则和准则"。从这个定义中可以清楚地看到，"话语意义的恰当表达和准确理解"是在不同的语境中进行的。在言语交际中，离开语境，只通过言语形式本身，说话人往往不能恰当地表达自己的意图，听话人也往往不能准确地理解说话人的真正意图。因为要准确地理解说话人的话语所传递的信息，仅理解言语形式的"字面意义"是不够的，还必须依据当时的语境推导出言语形式的"言外之意"（超越字面的意义）。例如，暑假期间，一位好友来访，进入客厅后，他说："这客厅里真热！"作为主人，你如何理解这句话呢？你回答："是，这客厅里温度很高。"这样来理解这句话符合说话人的意图吗？显然不符合。你必须通过"这客厅里真热"这句话的字面意义，依据语境，推导出客人说这句话的真正意图，即希望打开空调或电扇。又如，在西餐馆里，顾客对服务员说："我缺一把刀子"。这句话的意义显然不仅仅是一个"陈述"，而是一个"请求"："请递给我一把餐刀。"再如，"你真坏！"这句话，在不同的语境里其语用含义是很不同的：①一对年轻的恋人，女郎对男友说；②妈妈对小淘气鬼儿子说；③斥责干了坏事的成年人。

在言语交际中，语境对话语意义的恰当表达和准确理解起着重要作用。因此，语用学应该重视语境，研究语境。

语境的重要性能从指示词语、会话含义、言语行为等的研究中充分显示出来。

二、语境研究的价值所在

修辞学中,语境起着重要作用。

语义学、语篇学、社会语言学、功能语言学、心理语言学等语言学学科,都重视研究语境。

语言学中,在20世纪七八十年代建立并发展起来的新学科——语用学,尤其重视研究语境:说话人巧妙地适切语境,利用语境精心选用恰当的话语表达自己的意图;听话人煞费苦心地凭借交谈时的具体语境准确地理解听到的话语的意义。指示词语、会话含义、言语行为等和语境关系密切。正因为如此,研究语境对语用学的建立和发展具有十分重要的理论意义。

研究语境对语言教学(如教学法:功能教学法、功能 - 意念教学法、情景教学法等)有重要作用。特别是对对外汉语教学有重要的实用价值:不仅要使学生具有"语言能力",即掌握汉语的语音、词汇、语法的规则、规范,而且要使学生具有"交际能力",即在不同的语境下熟练地使用汉语进行有成效的交际。

第二节 语境研究综述

一、语言学界语境研究概述

"语境"这个术语是波兰籍人类语言学家马林诺夫斯基(Malinowski)于1923年提出的(见马林诺夫斯基于1923年为Ogden和Richards所著《意义的意义》一书所写的补录)。他把语境分为两类:文化语境(context of culture)和情景语境(context of situation)。"文化语境"指说话人生活于其中的社会文化背景;"情景语境"指言语行为发生时的具体情境。

"伦敦学派"的创始人弗思(Firth)接受了马林诺夫斯基提出的"语境"这个术语,不过比较完整的语境理论是由弗思创立的。下面介绍弗思创立的语境理论(实际上是语义方面的语境理论)。

在马林诺夫斯基的影响下,弗思把"语言"看成"社会过程",是人类的"一种生活方式","一种行为方式"。他认为"语言"有如下3种含义。①我们的本性中有一种渴望和动机,迫使我们使用声音、手势、符号和象征。在此意义上,语言是一种自然倾向。②由于教养的结果,学会了传统的系统或说话的习惯,社会活动使这种系统或习惯保持下来。这就是说,语言是一个系统。③我们用"语言"泛指许多个人的话语或社会生活中无数的话语事件。

从社会角度观察语言是弗思语言理论的特点,可以发现,他试图把语言研究和社会研究结合起来。弗思对语言进行社会学研究是从意义着手的。他所说的"意文"不限于词汇意义和语法意义,还包括语境中的意义。弗思扩展了马林诺夫斯基的"语境"概念,指明除了语言本身的上下文以及在语言出现的环境中人们所从事的活动之外,整个社会环境、文化、信仰,参与者的身份、经历,参与者之间的关系等,都构成语境的一部分。弗思认为,语言学研究的任务在于把语言中各个有意义的方面与非语言因素联系起来。他在《语言理论概要》(,1957)中,对"语境"作了较详细的阐述。弗思语境如图5-1所示。

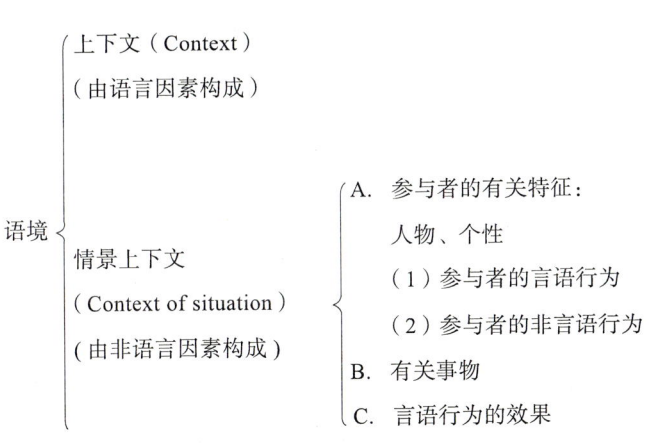

图 5-1 弗思语境

弗思创立了比较完整的语境理论。韩礼德(Halliday)从弗思的"情景语境"得到启示,于1964年提出"语域"(register)这个术语,实际上就是"语境"。他把"语域"分为三个方面,如图5-2所示。

语域 ⎰ 话语的范围(field):即言语活动涉及的范围,如政治、文艺、科技、
　　　　　　　　　　　　日常生活等。
　　　⎱ 话语的方式(mode):即言语活动的媒介,如口头方式、书面方式。
　　　　 话语的风格(tenor):指交际者的地位、身份、关系等。

图 5-2 韩礼德语域

韩礼德指出,"范围""方式""交际者"作为语域的3个组成部分,其中每个组成部分的改变都能产生新的语域。他认为范围是话语在其中行使功能的整个事件以及说话人或写作者有目的的活动,因此它包括话语的主题。方式是事件中的话语功能,因此它包括语言采用的渠道——说或写,即席的或有准备的,以及语言的风格,或者称为修辞方式——叙述、说教、劝导、应酬等。交际者指交际中的角色类型,即话语的参与者之间的一套永久性的或暂时性的相应的社会关系。范围、方式和交际者一起组成一段话语的情景语境。(Halliday & Hasan,1976:22)韩礼德是弗思之后在语境研究上最为突出的语言学家。

海姆斯(Hymes,1972)进一步发展了语境学说。他把语境归纳为8部分:"话语的形式和内容、背景、参与者、目的、音调、媒介、风格和相互作用的规范"。海姆斯指出:人们进行社会交际时,要有在一定的时间、地点、场合说出相应恰当话语的能力,即"交际能力"。这种交际能力是由于人和社会环境相互作用而形成的。人们说话既要符合语言规则,又要适应言语环境。

莱昂斯(Lyons)对语境研究也做出过贡献。他在论述话语的合适性时归纳出构成语境的6个方面的知识(Lyons,1977:574-585)。

①每个参与者必须知道自己在整个语言活动中所起的作用和所处的地位。
②每个参与者必须知道语言活动发生的时间和空间。
③每个参与者必须能明辨语言活动情景的正式程度。
④每个参与者必须知道对特定情景来说,什么是合适的交际媒介。
⑤每个参与者必须知道怎样使自己的话语适合语言活动的话题,以及话题对选定方言或选定语言(在双语或多语社会中)的重要性。
⑥每个参与者必须知道怎样使自己的话语适合情景所归属的语域。

二、语境的定义和研究内容

语言是人类最重要的交际工具,但语言的交际功能却只有在合适的语境中才能完满地实现。语境在言语交际中的重要作用,不但为西方语言学家所关注,而且同样也为我国语言学家所重视。

语境和语境的重要作用,早在我国的传统语文学中就已经被注意到了(尽管当时尚无"语境"这个术语)。例如,唐孔颖达《春秋左传正义》卷一说:"褒贬虽在一字,不可单书一字以见褒贬……经之字也,一字异不得成为一义,故经必数句以成言。"这就是说,春秋笔法虽一字见褒贬,但必须有数句作为上下文,褒贬才能准确地显示出来,即"数句"是"一字"的语境。南朝刘勰《文心雕龙·章句》中说:"夫人之立言,因字而生句,积句而成章,积章而成篇。篇之彪炳,章无疵也；章之明靡，句无玷也；句之清英，字不妄也。"这表明，刘勰已经从字、句、章、篇的相互关系来说明上下文（语境）对话语意义的表达和理解的重要作用了。

20世纪30年代，我国语言学界对语境和语境的重要作用（主要是从修辞学角度）有了一些重要的认识。陈望道在1932年出版的《修辞学发凡》中说："修辞学以适应题旨情境为第一义，不应是仅仅语词的修饰，更不应是离开情意的修饰。……凡是成功的修辞，必定能够适合内容复杂的题旨，内容复杂的情境。极尽语言文字的可能性，使人觉得无可移易，至少写说者自己以为无可移易。"（陈望道，1979：11）在此，陈望道提出了"题旨"与"情境"相适应的理论：认为只有做到使"内容复杂的题旨"与"内容复杂的情境"相适合，才能称之为"成功的修辞"。陈望道提出的"情境"显然就是弗思提出的"情景语境"。在《修辞学发凡》中，陈望道还提出了"六何说"，即第一个"何故"，是指写说的目的，如是为劝化人，还是想使人了解自己的意见，或是同人辩论。第二个"何事"，是指写说的事项，如是日常琐事还是学术讨论。第三个"何人"，是指认清是谁对谁说的，即写说者和读听者的关系，如读听者为文学青年还是一般群众。第四个"何地"，是指认清说者当时在什么地方，如是在城市还是在乡村。第五个"何时"，是指写说的是什么时候，如是小之年月，还是大之时代。第六个"何如"，是指怎样的写说，如怎样剪裁、怎样配置之类。"（陈望道，1979：7-8）

很明显，陈望道提出的"六何"就是构成语境的基本要素。他不仅提出了构成语境的要素，而且阐明了修辞对语境的依赖关系，即我们知道切实的自然的积极修辞多半是对应情境的：或则对应写说者和读听者的自然环境社会环境，即双方共同的经验，因此生在山东的常见泰山，便常把泰山来喻事情的重大，生在古代的常见飞矢，便常把飞矢来喻事情的快速；或则对应写说者心境或写说者同读听者的亲疏关系、立场关系、经验关系，以及其他种种关系，因此或相嘲谑，或相反诘，或故意夸张，或有意隐讳，或只以疑问表意，或单以感叹抒情。

陈望道在《修辞学发凡》中提出的"题旨与情境相适应理论""六何说"，以及"成功的修辞必须依赖情境的理论"，从修辞学的角度促进了语境研究的发展，是应该充分肯定的。但是，也必须看到陈望道有关"情境"论述的一些重要缺陷，即他认为："技巧是临时的、贵在随机应变，应用什么方式应付当前的题旨和情境，大抵没有定规可以遵守，也不应受什么条规的约束。"（陈望道，1979：11）这就是说，他认为题旨与情境（语境）的适应没有什么规律，也不必去寻找什么规律。从当今语用学的角度来评判，这显然是有缺陷的。

20世纪60年代，我国又有一些学者从修辞学或语体、风格等方面进一步研究语境问题，取得了不少成果。

从上面谈到的国外语言学界和国内语言学界关于语境研究的情况可以看到，中外语言学家都非常重视语境，但究竟应该如何给"语境"下一个恰切的定义，"语境"的研究内容究竟是什么？到目前为止，国内外语言学界尚无完全一致的意见。

我们认为，这样给语境下定义较为恰当：语境是人们运用自然语言进行言语交际的言语环境。这个定义指明：①我们研究的是运用自然语言（不是人工语言）进行的言语交际；②言语交际有成效地进行（即说话人恰当的表达话语意义和听话人准确地理解话语意义）必须依赖言语环境。正因为如此，我们认为"语境"是指语境，而不是语言环境。

那么，这样定义的语境其研究内容是什么呢？如图5-3所示。

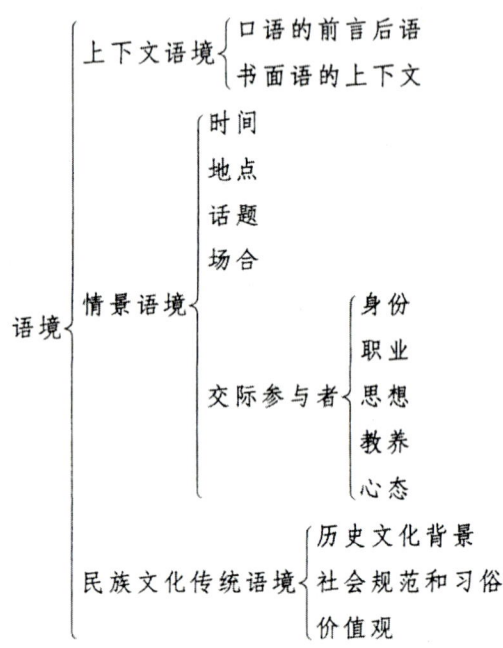

图5-3 语境定义

依据语境的定义，语境的研究内容应该扩大，它应该包括图5-3中的3个方面：上下文语境（即context，由语言因素构成）；情景语境（即context of situation，由非语言因素构成）；民族文化传统语境。只有包括这3个方面，语境的研究内容才趋于完备、合理。对于、两方面不会有什么太大争议，问题在于为什么把"民族文化传统"单独列为一类语境。在我们看来，这是因为言语交际的涉及面非常广，既论今谈古，又沟通中外，要做到这些，就必须关注中外差异（不同民族的历史文化背景差异、风俗习惯差异、价值观差异）与古今差异（同一民族不同历史时期的差异）。

下面通过例子对语境图 5-3 中提到的 3 个方面分别进行分析说明。

（一）上下文语境

宋恩子：我出个不很高明的主意：干脆来个包月，每月一号，按阳历算，你把那点……

吴祥子：那点意思！

宋恩子：对，那点意思送到，你省事，我们也省事！

王利发：那点意思得多少呢？

吴祥子：多年的交情，你看着办！你聪明，还能把那点意思闹成不好意思吗？

——老舍《茶馆》

宋恩子、吴祥子是老式特务，把利益当作一切。正如宋恩子自己所说的那样："谁给饭吃，咱们给谁效力！"以"拿人"获取"津贴"，到王利发掌柜的茶馆搜捕爱国大学生（茶馆后院公寓住有爱国大学生）。在上文提到的这种语境下，宋、吴一提"那点意思"，王掌柜立即准确地理解为"要钱"。

王利发：唐先生，你那点嗜好，在我这儿恐怕……

唐铁嘴：我已经不吃大烟了！

王利发：真的？你可真要发财了！

唐铁嘴：我改抽"白面"啦。

——老舍《茶馆》

在这段对话中，为什么王掌柜一说"你那点嗜好"，唐铁嘴就能准确地知道王掌柜是指他"抽大烟"呢？这主要是"上文语境"在起作用，因为唐铁嘴清楚地记得从前王掌柜对他的告诫："我告诉你，你要是不戒了大烟，就永远交不了好运。"其次，下文"你可真要发财了！"也起到了一定的照应作用。

（二）情景语境

1. 时间和地点

言语交际总是在特定的时间、地点进行的。把话语置于特定的时空语境下才能准确理解其意义。例如：

王利发：诸位主顾，咱们还是莫谈国事吧！

——老舍《茶馆》

怎样才能准确理解王掌柜对茶客们"莫谈国事"这一劝告话语的意义呢？这就必须依赖说这话的时空语境：时间是1898年（戊戌）初秋，当时正值维新运动失败，地点是北京裕泰茶馆。在那种时空语境下，老百姓"谈国事"是要招致杀身之祸的。

2. 话题

言语交际总会涉及话题，而话题是多种多样的，包括人和各种事物。话题不同，使用的话语也随之不同；话语要适应话题。例如，谈论好人好事，多用赞颂的话语；谈论坏人坏事，多用贬斥的话语；谈论喜庆的事，多用欢快的话语；谈论不幸的事，多用悲切的话语；等等。

下面通过具体例子进行介绍。

①谈论好人好事，多用赞颂的话语。

赵老：测量队到了，给咱们看地势，好修沟！

四嫂：修沟？修咱们的龙须沟？

赵老：就是！修这条从来没人管的臭沟！

四嫂：赵大爷，我，我磕个响头！（跪下，磕了个头）

…………

二春：这太棒了！想想看，没了臭水，没了臭味，没了苍蝇，没了蚊子，呕，太棒了！赵大爷，恶霸没了，又这么一修沟，咱们这儿还不快变成东安市场？从此，谁敢再说政府半句坏话，我就掰下他的脑袋来！

——老舍《龙须沟》

上面这段对话的话题是龙须沟居民赞颂人民政府爱民修沟。

②谈论坏人坏事，多用贬斥的话语。

赵老：告诉你吧，狗子，你还年轻，为什么不改邪归正，找点正经事做做？

狗子：我？（迟疑、矛盾、故作倔强）

赵老：（见狗子现在仍不觉悟，于是威严地）你！不用嘴强身子弱地瞎搭讪！我要给你个机会，教你学好。黑旋风应当枪毙！你不过是他的小狗腿子，只要肯学好，还有希望。你回去好好地想想，仔细地想想我的话。听我的话呢，我会帮助你，找条正路儿；不听我的话呢，你终久是玩完！去吧！

——老舍《龙须沟》

上面这段话的话题是除恶霸改造坏人。赵老是泥水匠、工人，为人正直义气，1950年前后是龙须沟地区的治安委员。他对狗子说的一段话适应话题的要求：恶霸黑旋风应当枪毙，恶霸的狗腿子给予改邪归正、重新做人的机会。

③谈论喜庆的事，多用欢快的话语。

大妈：四嫂哇！您看二春这个丫头，今儿个也不是又上哪儿疯去了！我这儿给她赶件小褂，连穿上试试的工夫都抓不着她！

四嫂：她忙啊！今天咱们门口的暗沟完工，也不是要开什么大会，就是办喜事的意思。她说啦，您、我、娘子都得去；要不怎么我换上新鞋新袜子呢！您看，这双鞋还真抱脚儿，肥瘦儿都合适！

大妈：我可不去开会！人家说什么，我老听不懂。

四嫂：也没什么难懂的。反正说的都离不开修沟，修沟反正是好事，好事反正就得拍巴掌，拍巴掌反正不会有错儿，是不是？老太太！

大妈：哼，你也跟二春差不多了，为修沟的事，一天到晚乐得并不上嘴儿！

大妈：二春快来试试衣裳！（提着花短褂给二春穿）

二春：（试着衣裳）妈，今儿个可热闹了，市长、市委书记还来哪！妈，您去不去呀？

大妈：不去，我看家！

二春：还是这样不是？用不着您看家，待会儿有警察来照应着这条街，去，换上新衣裳去！教市长看看您！

娘子：您就去吧，老太太！龙须沟不会天天有这样的热闹事。

四嫂：您去！我保驾！

大妈：好吧！我去！（入室）

四嫂：戴上您那朵小红石榴花儿！

——老舍《龙须沟》

上面两段对话的话题是居民们欢庆龙须沟治理工程完工。

④谈论不幸的事，多用悲切的话语。

赵老四：奶奶，起来啦？

四嫂：（悲哀地）一夜压根儿没睡！我哪能睡得着呢？

赵老：不能那么心重啊，四奶奶！丁四呢？

四嫂：他又一夜没回来！昨儿个晚上，我劝他改行，又拌了几句嘴，他又看我想小妞子，嫌别扭，一赌气儿拿起腿来走啦！

赵老：他也是难受啊。本来嘛，活生生的孩子，拉扯到那么大，太不容易啦！这条臭沟呀，就是要命鬼！（看见四嫂要哭）别哭！别哭！四奶奶！

——老舍《龙须沟》

上面这段话的话题是四嫂的女儿小妞子掉入龙须沟溺水身亡一周年给亲邻们带来的悲痛。

3. 场合

"场合"是指在一定的时间、地点，一些人就某个话题，以某种方式，为某种目的（意图）进行言语交际的一种景况。场合在言语交际中起着重要作用，交际者的话语要适应场合。例如：

秦仲义：拆了！我四十年的心血啊，拆了！别人不知道，王掌柜你知道：我从二十多岁起，就主张实业救国。到而今……抢去我的工厂，好，我的势力小，干不过他们！可倒好好地办哪，那是富国裕民的事业呀！结果，拆了，机器都当碎铜烂铁卖了！全世界，全世界找得到这样的政府找不到？我问你！

王利发：当初，我开的好好的公寓，您非盖仓库不可。看，仓库查封，货物全叫他们偷光！当初，我劝您别把财产都出手，您非都卖了开工厂不可！

……………

常四爷：我也不比你强啊！自食其力，凭良心干了一辈子啊，我一事无成！七十多了，只落得卖花生米！个人算什么呢，我盼哪，盼哪，只盼国家像个样儿，不受外国人欺侮。可是哈哈！

秦仲义：日本人在这儿，说什么合作，把我的工厂就合作过去了。咱们的政府回来了，工厂也不怎么又变成了逆产。……

王利发：……人总得活着吧？我变尽了方法，不过是为活下去！是呀，该贿赂的，我就递包袱。我可没作过缺德的事，伤天害理的事，为什么就不叫我活着呢？我得罪了谁？谁？皇上，娘娘那些狗男女都活得有滋有味的，单不许我吃窝窝头，谁出的主意？

常四爷：盼哪，盼哪，只盼谁都讲理，谁也不欺侮谁！……我的朋友，饿死啦，连棺材还是我给他化缘化来的！他还有我这么个朋友，给他化了一口四块板的棺材；我自己呢？我爱咱们的国呀，可是谁爱我呢？看，（从筐中拿出些纸钱）遇见出殡的，我就拾几张纸钱。没有寿衣，没有棺材，我只好给自己预备下点纸钱吧，哈哈，哈哈！

——老舍《茶馆》

上面这大段对话，时间是抗日战争胜利后，北京秋天的一个清晨。地点是北京裕泰茶馆。话题是国民党政府政治腐败，巧取豪夺，民不聊生。方式是3位不同阶层、不同身份、不同职业，但有共同的悲凉下场的老人互诉衷肠，撒纸钱自己祭奠自己。交际意图是控诉国民党政府祸国殃民的滔天罪行。交际参与者秦仲义、王利发、常四爷3位老人各有一部心酸史、一本血泪账。秦仲义，是"实业救国论者"，是一个热衷于维新的资本家。他在天津外办的工厂，日本占领时期以"合作"为名被"合作"到日本侵略者手中；抗日战争胜利后，国民党政府又以"逆产"之名予以没收,并强行拆毁。这使秦仲义愤怒地控诉:"我四十年的心血啊,……到而今……抢去我的工厂,好,我的势力小,干不过他们!可倒好好地办哪,那是富国裕民的事业呀!结果,拆了,机器都当碎铜烂铁卖了!全世界,全世界找得到这样的政府找不到?"常四爷,为人正直,好打抱不平,敢做敢当,盼望国家强盛,不受外国人欺侮。结果呢?这样的好人,到七十多岁了,只落得个以卖花生米度晚年的悲凉下场。这使他发出了令人心酸的感叹:"我爱咱们的国呀,可是谁爱我呢?"王利发,裕泰茶馆的掌柜,勤劳敬业,千方百计求生存,一辈子当顺民。结果呢?到垂暮之年,他苦心经营的茶馆被国民党特务霸占了,弄得他无家可归。这把一个顺民也逼得鸣不平,提抗议了:"我得罪了谁?……那些狗男女都活得有滋有味的,单不许我吃窝窝头,谁出的主意?"秦仲义、王利发、常四爷3位老人互诉衷肠,共同的悲惨命运使他们行动起来,高喊起来,抛撒纸钱,祭奠自己,控诉恶势力。他们每个人说的话都跟这特定的场合相适应。

必须注意:场合是易起变化的。在一种场合是恰当的话语,放在另外一种场合可能就是很不恰当的。

上面谈到的时间、地点、话题、场合,是构成情景语境的客观因素。

下面谈谈情景语境的主观因素,这是指言语交际参与者的身份、职业、思想、教养、心态等。

4. 身份

身份是指言语交际参与者在社会中或家庭中的地位或人际关系。

身份在言语交际中对话语意义的恰当表达和准确理解起着重要作用。请看下面两段对话。

朴:萍儿,你过来。你的生母并没有死,她还在世上。
萍(半狂地):不是她!爸,不是她!
朴(严厉地):混账!不许胡说。她没有什么好身世,也是你的母亲。
——曹禺《雷雨》

周朴园(朴)是周萍(萍)的父亲,是一位说一不二的一家之主。正因为如此,他才能严厉地训斥周萍。

朴:鲁大海,你现在没有资格跟我说话——矿上已经把你开除了。
大:开除了!?
冲:爸爸,这是不公平的。
朴:(向周冲)你少多嘴,出去!
——曹禺《雷雨》

周朴园是某煤矿的董事长,是资本家,鲁大海(大)是周朴园的煤矿的工人。

正因为如此，周朴园才能开除鲁大海。周朴园是周冲（冲）的父亲，所以，他才能命令周冲"少多嘴，出去"。

5. 思想、教养和心态

思想、教养和心态在言语交际中对话语意义的恰当表达和准确理解起着重要作用。请看下面几段对话。

萍：我后悔，我认为我生平做错一件大事。我对不起自己，对不起弟弟，更对不起父亲。

蘩：……我希望你不要走。

萍：怎么，你要我陪着你，在这样的家庭，每天想着过去的罪恶，这样活活地闷死么？

蘩：你既然知道这家庭可以闷死人，你怎么肯一个人走，把我丢在这里？

萍：你没有权利说这种话，你是冲弟弟的母亲。

蘩：我不是！我不是！自从我把我的性命、名誉交给你，我什么都不顾了。我不是他的母亲，不是，不是，我也不是周朴园的妻子。

萍：如果你以为你不是父亲的妻子，我自己还承认是我父亲的儿子。

蘩：……父亲的儿子！哼，都是些没有用，胆小怕事，不值得人为他牺牲的东西！我恨我早没有知道你！

——曹禺《雷雨》

蘩漪（蘩）是个出身于有钱家庭读过书的中年女性，她有文静、聪慧的一面，也有一股子原始的野性。她敢爱敢恨，爱起来像一团火，恨起来也像一团火。她是某煤矿公司董事长周朴园的妻子。在周家，她有些反抗周朴园的专横、争自由求解放的思想.但对待爱和恨却往往心态失常，不择手段。周萍是周朴园的长子，是个受过新式教育的青年。他性格软弱，遇事冲动，往往不能克制自己，甚至于出乱伦的罪恶勾当。他知错想改，却又坚强不起来，因而经常处在苦闷之中。从蘩漪和周萍在周家的身份来说，蘩漪是周萍的后母。按照母子关系，上面的几段对话实难理解，但当人们知道了他们之间"亦母子亦情人"的特殊关系后，再从他们的思想、教养、心态上加以考察，对他们之间的几段对话就完全能准确地理解了。

6. 职业和教养

职业和教养在言语交际中对话语意义的恰当表达和准确理解起着重要作用。请看下面一段话。

（董斜川对方鸿渐说：）"你既不是文纨小姐的'倾国倾城貌'，又不是慎明先生的'多愁多病身'，我劝你还是'有酒直须醉'罢。"

——钱钟书《围城》

这段话是在赵辛楣举行的小宴会上董斜川对方鸿渐说的。出席宴会的人有哲学家褚慎明、诗人董斜川、留学归国的"洋博士"方鸿渐和苏文纨小姐。当时，方鸿渐和苏小姐正值热恋中，但哲学家褚慎明却"害馋痨地看着苏小姐"。在此情景下，诗人董斜川对方鸿渐说出上引一段令人玩味的话，是适合在座者的职业和教养的。

（三）民族文化传统语境

由于不同民族的历史文化背景不同，对一些话语的理解往往会造成障碍。

例如，汉语"家长们望子成龙心太切"这句话，中国人很容易理解。但英美学汉语的学生则很难理解。因为在英美，"龙"是一种能喷烟吐火、为巫师或魔怪守护财富的怪物，人们甚至把 the old dragon 视为"魔鬼，恶魔"。在中国则完全不同：人们把"龙"视为高贵的、神通广大的吉祥神物，并用来象征前程远大。也正因为如此，英美人不理解中国人为什么称中华民族是"龙的传人"。

又如汉语：

母亲：小兰你少跟东家的少爷来往！

女儿：我已经是他的人了。

"我已经是他的人了"这句话中国人很容易理解，但英美人则很难理解。这是因为汉民族文化背景与英美民族文化背景不同。按照汉民族的历史文化传统，女性对性关系的表述总是含蓄的，一个年轻姑娘一旦跟一个男子发生了性关系，就自认为自己是属于那个男子了。这句话的含义即使给英美人讲清楚，他们也实难理解，他们会问："为什么是这样？"

又如英语：

You are a lucky dog.

如果照字面意义直译为汉语是"你是一条幸运的狗"。假使中国学生不了解英美人把 dog 视为宠物、伙伴、朋友，那么一定会认为对方是在侮辱自己。因为中国人不是很喜欢用狗作好的比喻。英美人不太相同，"You are a lucky dog."的真正意思是"你是个幸运儿"。英美人爱狗，可以从一个成语得到有力证明："Love me, love my dog."（汉译："爱屋及乌"）在英语中，running dog 不能汉译为"走狗"。因为他们钟爱狗，在他们看来，running dog 是一条好家犬：主人外出，狗追随左右。这与中国人的比喻习惯毫不相同。

又如，格雷渥斯（Graves）的小说叙述一个被射伤臀部的士兵回答前来病房探望并询问他伤在何处的一位女士的问话时说："抱歉，夫人，我不能说，我没有学过拉丁语。"这个士兵的话，如果不了解当时英国的民族文化背景，我们就无法理解。因为当时英国禁忌"脏话",要求在必须说到禁忌语所指的人体部位时,必须用拉丁语词语说出,否则将会被人耻笑。

由于风俗习惯不同,对一些话语的理解也会有差异或障碍。

例如,中国人和英美人对别人的赞美表态上有明显差异。中国人对别人的赞美表示否定,以示谦虚之美德;英美人对别人的赞美表示接受,并向对方致谢。

美国教师:Your English is excellent!

(你的英语真棒!)

中国学生:No, no!My English is very poor, it is far from being perfect.

(哪里,哪里!我的英语还差得远哩!)

中国学生这样的回答,美国教师感到甚难理解,他会认为回答者虚伪。因为按照英美的习惯,学生应该说:"Thank you!"

又如,中国人和英美人对谈论年龄的态度也有明显差异。中国人谈论年龄很随便,即使是女人也不怎么忌讳。例如,老太太常常问年轻姑娘"你多大了?"被问者不会反感,因为这表示老人关心她。英美女人则不然"How old are you?"(你多大年纪了?)是令女人反感的,因为欧美女人怕老,忌讳别人问年龄。

再如,中国熟人路上相遇常常问:"你去哪儿啊?""你干什么去呀?"在中国人看来,这只是一种打招呼的方式,不在意听者回答与否。如果用这类问话跟英美人打招呼,他们会认为是盘问或监视他,是不友好的行为。

上面,我们谈了不同民族由于历史文化背景和风俗习惯的差异而影响言语交际的一些情况。其实不仅如此。

同一民族语言的古今差异也会给人们的言语交际造成一些麻烦。所以,善言者,要博古通今。

例如,在《触龙说赵太后》一文中,触龙跟赵太后有这样两段对话:

左师公曰:"老臣贱息舒祺,最少,不肖;而臣衰,窃爱怜之,愿令得补黑衣之数,以卫王宫。没死以闻。"太后曰:"敬诺!年几何矣?"对曰:"十五岁矣。虽少,愿及未填沟壑而托之。"

左师公曰:"……今媪尊长安君之位,而封之以膏腴之地,多予之重器,而不及今令有功于国;一旦山陵崩,长安君何以自托于赵?……"

在这两段对话中,左师触龙称自己"死"为"填沟壑",称太后"死"为"山陵崩"。这种对"死"的不同说法显然跟现代汉语对"死"的说法有差异。如果不了解这种古今差异,就会造成言语交际上的困扰。

又如,下列英语句子中:"In the middle of the picnic it started to rain cats and dogs, and everybody got soaked."即使听话人认识句子中的每个单词,如果不了

解 rain cats and dogs 这个俚语的来历，而只从字面上直解为"下猫狗雨"，就不理解它的准确意义。原来中世纪欧洲的航海人认为猫、狗和暴风雨关系密切："猫"象征大雨，"狗"象征与大雨相伴的强风。这样，rain cats and dogs 的意思就是"倾盆大雨"了。当听话人了解这个俚语的来历之后，对上面提到的这个英语句子就能准确地理解为"野餐刚吃了一半，就下起了倾盆大雨，每个人的衣服都淋透了"。

上面，我们从3个方面（上下文语境、情景语境、民族文化传统语境）对语境分别进行了分析和说明。但必须注意，在现实的言语交际中，这些不同方面的不同要素是因交际意图和交际效果的需要而相互协调、联合起作用的。在言语交际中，说写者若想把意图表达恰当，听读者若想把话语的意义理解准确，就必须适合语境，巧妙地利用语境。"言为心声"是指说写者选择恰当的言语形式来表达自己的交际意图："在什么山唱什么歌"是指说话要注意时间、地点、话题、场合；"对什么人说什么话"是指说话要注意交谈对象的身份、职业、思想、教养、心态等。言语交际涉及极广：谈古论今，沟通中外。因此，有成效的言语交际体现着交谈者的语用能力以及口才、智谋、百科全书式知识的综合实力。

第三节　母语和目的语结构转换的语境制约

一、语境制约及其含义

基于二语认知协同心理的角度来谈语境，指的是语言、语言的使用者和一个宽泛意义的环境三者互动的情形。语言使用者是二语认知协同心理的构成及其各组分之间的互动、协同活动主要构成，语言心理是协同心理机制作用下的语言结构转换和转换策略，即二语认知协同心理活动的语内环境。这里把"宽泛意义的环境"提出来单独讨论，并且称之为"语境制约"。我们用这个术语来说明，当二语认知协同心理机制协同母语和目的语结构之间的转换时，不仅受到两种语言结构规律本身的制约，而且受到两种语言所存在的那种宽泛意义的环境（即文化背景）的制约。这是因为，一方面，语言结构同该语言所存在的文化背景是一致的，语言结构本身就烙上了文化"胎记"；另一方面，文化背景对语言具有制约作用，并且赋予语言文化意义（也称附加意义）。如果只是剖析语内环境，充其量只能解决语言所表达的概念意义，语言的文化意义就遗漏了。作为英语的学习者，一定要明白一个道理，即两种语言结构的转换，不仅受到结构规律的制约，而且受到语言的文化背景制约。那么到底什么是"语境制约"呢？语境到底是如何制约语言结构的转换呢？在语言结构转换和语境之间，二语认知协同心理机制又是如何起到"协同"作用的呢？我们将在本节里逐步地回答这几个问题。

母语的规则和母语的习得本身就要受到自身文化的制约，一旦母语被外族人学习时，它就成了第二语言，又要面临着异族文化的制约。因此，第二语言往往是受到双重文化背景的制约，学习者的二语认知协同心理在协调统一语言内部各要素时，需要付出很大的认知努力，来协调两种文化背景中影响英语学习的各个要素。所以，所谓母语和目的语结构转换的语境制约就是一种跨文化的语境制约。换一句话讲，语境制约具有宽泛意义的跨文化属性，这里强调了"宽泛意义"，指的就是不局限于言语行为发生的具体环境。基于这样的认识，我们试着给"语境制约"下如下定义。

广义的语境制约，指的是学习者的第二语言认知协同心理和跨文化背景互动的环境；在这个环境中，学习者依赖二语认知协同心理机制逐步感受到第二语言母语文化背景所赋予该语言的文化意义，并克服异族文化（即学习者自身的文化背景）对英语学习的干扰，理解、接受并掌握第二语言文化及其赋予第二语言的文化意义，从而实现母语和目的语结构在文化意义层面的转换。可见，这是存在于在语言系统之外的环境，所以"语境制约"也就是"语外语境制约"。

既然谈到广义的定义，势必就有一个狭义的定义。狭义的语境制约显然指的是语言结构内部诸因素之间的互动所造成的环境，即语内环境制约。

本节要探讨的问题并不涉及语内环境，而是涉及语外环境的，所以本小节之后的几个小节都是抓住广义的定义展开论述。

从广义语境制约的角度探索母语和目的语结构的转换，首先必须详细分析广义的语境制约的含义，然后依据这些含义展开论述。对于广义的语境制约这个概念，应该抓住以下几点含义。

第一，广义的语境制约强调对目的语文化意义（包括文化规约）的理解，即强调学习者在跨文化背景下对异族文化的感受、理解、认同和接受的心理转变过程，经过了这个过程，学习者所理解的不仅是目的语的文化背景，而且在这个基础上能够更好地理解和掌握目的语本身。所以，语境制约不能单纯地理解为一种"阻碍"的力量，它同时还是一种更大的"促进"力量。

第二，广义的语境制约强调的是在理解和接受目的语文化中习得第二语言（目的语）这个观点。可是，即便是第二语言已经获得了，如何看得出这其中还包括了理解和接受目的语文化呢？对于这个问题，可以从两个方面思考。一方面，英语学习中的跨文化属性体现在目的语词汇系统和句法结构中，这一点在前一节里已经涉及了；另一方面，英语学习中的跨文化属性体现在语言的思维属性上，按照这个含义，剖析第二语言思维的各个层面是必要的。

第三，满足了第一和第二个含义里所说的条件，才有可能进行两种语言结构的转换。而能够在这种条件下进行两种语言结构的转换就意味着语境制约促进了第一语言习得的成功。

第四，具有跨文化意义的语境制约不是单独制约着学习者的协同心理进而影响英语学习，它必须同语言内部环境结合起来才能更好地起到促进作用。

综上，笔者概述了"语境制约"这个概念产生的原因和背景，分析了它的含义，提出了这个含义所引起的几个问题。弄清楚了这几个问题，就意味着描述清楚了"二语认知协同"心理机制的外部活动环境之二——语境制约。

二、语境制约下的对于英语的理解

在任何条件下学习英语，第一个步骤都是理解这个语言，没有理解这个前提，所有的学习活动和言语活动都是不可能的。西方当代文论中的理解理论区分了对"整个文本"（the whole text）的理解和对"整体性文本"（the total text）的理解。前者指的是对文本的一词一句的理解，这是一种局部观；后者指的是对文本的理解不能局限于局部（一词一句），而是应该包括文本本身及其社会文化背景在内诸方面的理解，这是一种整体观。语言哲学家 Wittgenstein 是赞成整体观的，反对将意义局限于个人的心理状态框架中加以思考。维特根斯坦认为，命题（句子）的意义是真是假，归根到底取决于观察事物的社会方法、取决于我们置身其中的社会生活背景以及语言伴随社会行为方式所处的情境。

当然，我们既不是要讨论文论问题，也不是讨论翻译问题，倒是觉得西方文论的这种观点对英语学习及其认知协同心理机制活动环境——跨文化背景的考察具有建设性意义，那就是，进行英语表述时，对目的语的理解跟翻译时对源语言的理解是一样的，也是分为"整个文本"理解（即局部的一词一句的理解）和"整体性文本"理解（即将文本置于整个社会文化背景中理解）。显然，Wittgenstein 的观点和文论学者的观点比较单一倾向"整体性文本"理解，对于具有成熟的第二语言者和母语者来说，这个观点的确更具有说服力。但是站在学习者的角度，我们认为这两种理解都很重要，而且不可偏废。英语学习者，特别是初级的英语学习者，语言能力和技能都比较低，首先必须过一词一句的局部理解这一关，它是整体理解观的基础。下面专门探讨学习者在语言的社会文化背景照应下是如何理解英语的，即跨文化语境制约下的英语理解问题。

在社会文化背景下，学习者的英语理解显然不能局限于心理结构和语言结构，而是这两种结构与目的语所在的社会文化背景（即语境制约）融合在一起，在已经理解了"一词一句"的基础上再理解"一词一句"所包含的文化意义。可见，语境制约下的英语的理解主要就是理解目的语的文化意义。

那么，语言的文化意义包含了哪些内容呢？语言的文化意义大致可以归纳为两类。一类是知识性的文化意义，主要体现在目的语词汇的特别文化含义上。有的含义在母语里完全空缺，例如英语里的 hippies（嬉皮士）在汉语里就没有；更多的是母语和目的语里都存在着某些概念，但是含义不同，例如汉语的"早餐"和英语的 breakfast 的含义是不同的，汉语的"个人主义"和英语的 individualism 的含义是不同的；也存在着汉语里的词语在英语里是不存在的这种情况，例如"自留地"等说法在英语里没有。对于这一类的文化意义，学习者更多的是通过记忆的办法达到理解和掌握这类文化意义的目的，属于学习者个体学习行为。

另一类是演绎性的文化意义，即跟目的语人的价值观、审美取向紧密相关，价值观和审美取向直接影响着人们的日常生活中言行，人们的言行在语言中一定有相应的表现。这一类文化意义的理解和掌握是存在一定普遍规律的。揭示这一普遍规律，无疑有着积极意义。

客观世界中的主客体之间的关系刺激了作为主体的人，激活了协同心理机制，即激活了"调节""认同"和"选择"的三元循环作用机制，这样协同心理机制的各个组分就在三大关系和句法结构之间运作。"调节"心理不断根据先前通过"话语示范"获得的语言表示规则和概念内涵，把客观存在的三大关系作为表述对象，在言语里检索指称方式；"认同"心理是一个过渡环节，也是心理加工中心和结构中枢，对"调节"的结果做出判断；"选择"心理一方面确定了经过语言过滤的三大关系，另一方面又提取相应的言语表述方式作为指称形式。

基于这一原理，我们把语境制约下的英语理解，特别是文化意义的理解，用图 5-4 示意如下。

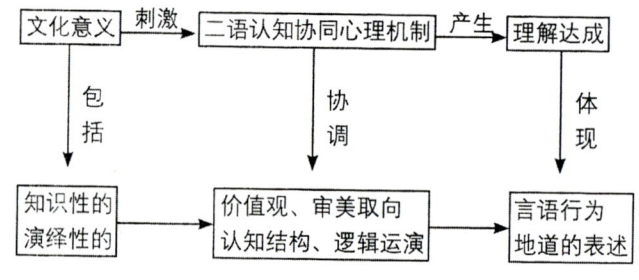

图 5-4　语境制约下的英语理解的三层面

从图 5-4 可以清楚地看出，语境制约下英语理解的 3 个层面分别是"文化意义""二语认知协同心理机制""理解达成"。这3三个层面活动的规律是："文化意义"层面刺激二语认知协同心理机制之后，学习者的二语认知协同心理机制产生文化意义的"理解"，即"理解达成"。在这3个层面中，"文化意义"包括知识性的文化意义和演绎性的文化意义；二语认知协同心理机制协调着学习者的价值观、审美取向的转换，再在认知结构的基础上进行逻辑运演；一旦学习者真正理解之后，就"理解达成"了，即能够产生相应的、得体的言语行为，并且能够进行地道的表述。

那么，所谓"语境制约"，到底什么是这个三层面示意图中的语境呢？也就是说，到底什么是"二语认知协同"心理机制活动的语境、这个语境又制约着英语的理解呢？其实就是二语认知协同心理机制所协调的是学习者价值观、审美取向。二语认知协同心理机制就是在这三者所营造的语境中活动，并把知识性的文化意义和演绎性的文化意义协调成言语行为，从而形成地道的表述形式。说到这里，这个图最关键的一点也是最不好理解的一点就出来了，那就是，价值观和审美取向这么抽象的东西是怎样同英语学习者的言语行为和表述方式联系起来的呢？实际上，抽象的价值观和审美取向并不直接参与交际、并不直接形成言语行为，而是规范和规定着言语行为、影响和控制着言语行为，即一方面支配着其语言，另一方面又体现在具体的言语行为之中，同言语行为有着密切的联系。

价值观是任何社会或文化中的人们所回避不了的指令，是人们行为的规则、思维方式、认知的准绳、处世的哲学、演绎推理的模式、评价事物的规范、道德的标准等等。价值观念的习得主要是在社会化的过程中完成的，但是对学习者而言，从教师的教学过程中获得英语价值观也不是一条重要途径，同时也是掌握外语的内容之一。

中国传统哲学观是"天人合一"（oneness between man and nature），指的是人对大自然的顺从和崇拜，并与大自然和谐统一。中国自古就有"以类和之，天人合一也""天人感应""谋事在人，成事在天"的说法，强调"天时、地利、人和"，所以，人们甘当"孺子牛"，愿做"螺丝钉"，以达到"与天合一"的目的。而西方哲学自古倾向于把人与大自然对立起来，即"天人相分（dividedness between man and nature），强调人与大自然抗争的力量。所以，西方人重"个人主义""个性发展""自我表现"。他们认为，一个人之所以有时达不到自己的目的，这并不是"天命"，而是自己懒惰、缺乏斗争精神所致。

在中国"天人合一"的思想影响下，中国人的语言观倾向于求整体、重直觉的趋向；而在西方"天人相分"的思想影响下，西方人习惯以分析的思想方式和重逻辑推理的思维模式对待事物，形成求"精确"的语言观。例如，在语篇的发展中,中国人的思维模式是圆型,即先涉及与话题有关的别的其他内容,营造一个整体氛围,再切入话题,便显得水到渠成,这种语篇模式在西方人看来是"兜圈子"。西方人则直接切入话题,先把握问题的关键,然后再涉及与话题有关的条件、环境等因素,即西方人的语篇思维模式是直线型。

中国的"天人合一"的哲学思想会导致集体主义取向(group orientation)和他人利益取向(others orientation)。中国人的"集体主义取向"反映在交际时对语言的使用非常谨慎,大多信奉"夫礼者,自卑而尊人",同时,还在诸多方面力求和谐一致,往往"先褒后贬""先礼后兵"。西方的个人主义在语言中也表现得很充分,例如,以 self 为前缀的合成词超过 100 个,如 self-control, self-confidence, self-reliance, self-respect 等。

中国文化传统中的"天人合一",也使人们在生活中惯于"安分守己",享受"安居乐业",遵循"万物不变""祖宗之法不可变""万变不离其宗"的精神准则,以达到"国家不能不稳定,家不能散"的目的。当然,这并不意味着中国人不求发展,而是反映了中国人在稳中求进步、在稳中求发展的求稳(the seeking of stability)观念。而西方文化传统中的"天人相分"的真谛在于"变化",其核心思想是"万物皆变"。在西方文化中,变化就意味着打破常规,不断创新。因此,人们永远不满足所取得的成就,甚至在人们的心目中具有破坏性的变化也意味着创造。西方人的这种变化观念还体现在社会形态的流动,如职业的变换、地域的变化、人口流动、社会地位的改变,在人们心目中,只有"动",才有机会、才有运气。变化被认为是社会发展的动力之所在。这些都是西方人"求变"(the seeking of change)观念的体现。

无论是中国人的"求稳",还是西方人的"求变",在各自的语言上都有体现。比如,每个汉字其实都是一幅幅"静态画面",而无形态变化,这种文字进而养成了中国人善于图形思维和在思维中重直觉的特性;英语文字则是"屈折变化"的文字,人们在使用这种文字中时刻要有"动态"观念,时刻要考虑其形态的变化,如名词的单复数变化,动词的人称、时态、语态、语气等的变化,形容词和副词的比较等级的变化等。

中国文化中的"天人合一"还影响着民族性格,进而形成特有的审美取向。"天人合一"强调人与自然的和谐,特别强调人的内心与外部世界的和谐。那么,人如何才能更多地、更好地顺应自然呢?人们必须"虚静""修身养性""谦虚自律",男人力争做一个"内圣外王"的有德之人,女人力争做一个"贤妻良母",人们追求"无为而有为",因为"无为"才能相互依赖合作从而达到"有为"的目的。中国文化传统不论涉及哪个方面都强调做人(being),比如,"做官得先做人","做学问得先做人",甚至在国际事务中也强调做人。总之,做好人是中国文化中的社会期望。而西方文化则强调"做事(doing)"。西方人重视人的外向行为,人们乐于冒险、竞争、探索,而不在乎别人如何看待自己;人们总有这样的观念:为做好人而压抑自己或别人都是不道德的,人们尽量满足自己的欲望和要求;社会对人的期望更多的是人做事的成功。

中国的"做人"与西方的"做事"在言语行为上也表现得十分明显。比如,中国人将"交朋友"看成目的,朋友相聚,重温旧情,交流思想,增进友谊,在人们心目中,朋友是至高无上的;在生意场上,常听到有人说"生意不成仁义在,交个朋友也好嘛"。而西方人通常情况下则并非如此。

中国文化重"做人"源于"人性善良(Man was created good)"观念。中国自古就有"人之初,性本善,性相近,习相远"的人性论,也就是说"仁"的观念在中国文化中占主导地位,强调做人必须爱人,做到"仁至义尽"。而西方的"做事"观念则源于西方基督教人性论"人之初性本恶(Man was created evil)",人们在上帝面前总是有罪的,只有好好做事,发展个性,完善品质,才能达到忏悔的目的,才能改变罪恶的本质,所以人们一直努力超越现世,从而最终可以达到彼岸。

从语言学的角度来看,中国文化中的"性本善"(innately good)体现在"非礼勿视、非礼勿听、非礼勿言、非礼勿动"的言语准则上,"仁"是人们交际中最高准则和最终目的;而西方文化中的"性本恶(innately evil)"则体现在"自我展现""个人主义"的行为准则上,而很少计较人际之间的"仁"和"礼"。

在中国文化传统中,无论是"求稳",还是"做人",抑或是"性本善",表现在时间取向上是过去取向(past orientation),即在时间上,中国是一个以过去为取向的社会,中国文化中的儒家和道家思想都主张回归自然,回归过去,中国人传统上的"知天命""生死有命,富贵在天"都是过去取向的价值观的体现。而西方人文化中的"求变""做事",表现在时间取向上是未来取向(future orientation),人们往往一切着眼于未来。走向未来就意味着奋斗、发展、进步,就意味着对"罪恶"的忏悔,所以,西方人跟中国人有很大的不同。

"过去取向"和"未来取向"在言语行为都有体现。比如,中国人的敬老尊师、重经验、重年龄其实都是过去取向的体现,中国人在很多重大决策上惯于借鉴历史经验,也与过去取向有关;而西方人不相信命运,将自己的精力放在实现近期规划上,不太敬仰经验和年龄,相反,"年龄老"几乎是"不中用"的同义词,儿子是百万富翁,老子住老人院的现象屡见不鲜,这些都与未来取向有关。

从以上分析可以看出,文化传统中的价值观念与语言有着密不可分的关系,价值观通过语言来体现,而语言的使用本身又属价值观的范畴,具有鲜明的民族性、文化性;两者相互影响,相互作用,推动人类文明向前发展。可见,价值观是语言与语用学习不可忽视的重要部分,只有充分了解了语言中所蕴含的价值观,才可以更好地学习语言、使用语言。

三、语境制约下的英语学习

综上可知,语境制约下英语学习理解有3个层面——"文化意义""二语认知协同心理机制""理解达成"。这3个层面可以用来解释英语学习,因为英语理解成功了,本身就意味着英语学习的成功:理解了就掌握了、就习得了。在这3个层面中,"二语认知协同心理机制"和"理解达成"分别是语境制约下英语学习的心理机制和追求的结果。而"文化意义"使得英语学习带有鲜明的跨文化色彩。所以,我们在本小节阐述语境制约下英语学习的文化性、交际性和表征性。

(一)语境制约下英语学习的文化性

语言,包括第二语言在内,在其发展的初期往往是很不成熟的,其"本能"的属性很突出,所以 Pinker(1994)认为语言是本能的;但是,一旦语言变得十分成熟,就会具有一种非本能性的、文化性的功能。人们在习得或学习一种语言的同时,会不知不觉地受到该语言的文化系统的影响。而且,人们在学习一种外语时总有这样一种倾向,即容易把自己母语和本族文化的形式和意义及其分布转移到外族文化中去。所以,英语学习时常常会出现语言表达上的似英似汉、介于英汉之间的表述形式和语篇组织形式,前者称为"中介语"(inter language),(后者称为"中介语篇"(mterdiscmirse)。

尽管中介语和中介语篇是极其不地道的语言表述方式,但是却不能绝对排斥这种表述形式。一方面,这种形式根本无法完全排斥掉;,另一方面,这种形式也无须排除掉,因为中介语和中介语篇作为一种过渡性语篇思维模式,是学习者在其母语背景下对目的语的文化规约所做出的一种假设(丰国欣,2004c)。学习者会在今后的具体言语实践中验证自己的假设,一旦自己的假设和母语者的形式不一样,或者自己的言语假设导致交际失败,学习者就会自动调节自己的表述方式。

验证自己的假设是一种非常典型的习得形式,但不是唯一形式。通过"学习",特别是通过两种语言的对比,学习者会有意识地掌握一些规律,这样就省掉了"验证"这个漫长的过程。在语篇方面,两种语言之间同样存在规律性的异同。例如,Kaplan(1966)分析了大量以英语作为第二语言的作文(其中包括110份以汉语为母语的人写出的英语作文),在此基础上指出,学生作文的语篇模式是由母语的"文化思维模式（cultural thought pattern，Kaplan，1966）"的负迁移所引起的。在这一结论的启示下，不少学者对语篇思维模式展开了具体、深入的研究。有的学者指出"英语段落的一个基本特点是，它一般按一条直线进行展开。……英语段落往往陈述段落中心意思，而后分点说明。分点说明的目的是对主题句的展开，并为在以后的段落中增加其他意思做好准备。……通过在段落中加进各种各样的过渡标记的方法（即词汇纽带），来提醒读者注意到段落中的意思是按哪一个方向在展开着。"（Coe & 胡曙中，1989）还有的学者认为英语有 3 种语篇模式：一种是问题解决型，即"情况—问题—反应—结果或评价"，这种模式多用于故事小说中；一种是一般特殊性，即"概括举例"或"整体细节"，这种模式多用于议论文中；一种是匹配比较型，即比较两个事物的相同点和不同点，这种模式常与上述两种模式结合使用，形成较复杂的思维模式，用于较长的语篇。也有学者指出，中国学生的中介语表现其"顽固性"（黎天睦，1987），即反复出现差错；中国学生善于使用"问题解决型"语篇模式，而"最缺乏的语篇思维模式是一般特殊型"（王墨希、李津，1989）；"中国学生在论述一个问题时常常大量引经据典或历史回顾或现状分析，或将自己的观点隐伏其中，或多处重复自己的观点，让英语母语者迷惑不解"。（丰国欣，1997e）这些有关语篇思维模式的论述和描述从不同角度反证英语学习的文化性。

　　谈到语篇，总是跟写作分不开的。近年来，国内有学者试图从写作的文化性角度建立"写作文化"研究体系，认为"写作文化是人类文化在写作活动中的具体表征"（陶嘉炜，1998：1）。在文明时代的人类社会里，写作成为传播和积累文化的重要手段，一方面所写出来的文章是文化载体；另一方面写作活动本身也是文化的一部分，也是一种文化现象。任何一种写作活动都离不开一定的文化背景，这使得任何写作活动都摆脱不了特定的传统性、时代性、民族性、群体规范性和继承与创造的互动性，所以，整个写作过程（选材、主意、构思、表达方式、措辞、文章体裁等）都不能超出那个文化背景下读者的审美习惯和接受心理。在一篇（部）或一系列的文章（包括书刊）中，写作文化主要是通过角度选择、立意、结构方式、节奏安排、视点运用、文面表现、文风等方面的写作行为、技巧进行表征的。所以，写作文化是通过文章反映出来的人们在写作行为中透露出来的某一特定时代的心理状态，即人生态度、价值观念、时空情绪、思维方式等写作行为的准则、规范和追求。写作文化这一初步的定义反映了写作行为主体的思维方式、价值取向和审美情趣。总之，写作文化是关于写作的文化规范。

　　马正平（1991）认为，写作文化具有三层结构的连锁体系，如图 5-5 所示。

```
         ┌ 表  层：物质层面——文章、书籍、报刊
写作     │ 中介层 ┌ 外部动作行为：书写活动
文化     │ 行为层面 │ 内部心理行为 ┌ 写作方法、技巧
         │        └              └ 写作心理过程
         │ 深  层 ┌ 文章图式
         └ 心灵层面 │ 写作文化心态
                  └ 社会文化心理
```

图 5-5　写作文化三层结构示意图

我们认为，在这 3 个层面中，表层即物质层面（文章、书籍、报刊）属"文本写作文化"，是深层（即心灵层面）的外化和表征；而深层（心灵层面）则是"主体写作文化"，是写作文化的核心，是写作者对社会文化（时代精神）的感悟，它深藏于写作者心灵，读者也只能用"感悟"方式去解读写作者的"感悟"；中介层（行为层）则是联接表层和深层的纽带，是深层（主体写作文化）得以表征的手段。这三层结构的连续体相辅相成，缺一不可，构成了写作文化的全貌。写作文化的方方面面无不给英语学习带来建设性的启示和支持其可行性的理论机制。

（二）语境制约下英语学习的交际性

Berger 和 Bradac 提出了适用于交际全过程的 3 种交际层面：文化层面、社会层面和心理层面，认为文化层面中"我们与对方的交流是在相同的文化规约（cultural norms and conventions）的基础上进行的。倘若我们和对方的文化期望相悖的话，其结果将是负面的。"（Berger & Bradac，1982：10）如果把跨文化交际看成一个完整的系统，那么，语言、文化、社会、心理等因素作为支持这个大系统的子系统彼此谐调工作，生成指导人们言语行为的观念、规范或准则，并以不同形式符号象征表征出来，交际双方在此基础上对交际中的符号进行编码或译码，以完成交际全过程。这是英语学习的跨文化表征之一。

英语学习的跨文化表征之二就是要克服交际干扰（communicative interference），即克服文化差异。对此，交际双方下意识地给自己进行心理定位，即检索自己在跨文化交际这个大系统中的位置。有的学者从交际参与者的角度将这个大系统分成两个子系统：英语为母语的交际系统（Native English System，NE）和英语为非母语的交际系统（Non-Native English system，NNE）；并将后者再分为本土化英语交际系统（Indigenized English System，IE）、英语为第二语言的交际系统（English as Second Language，EF）三个小系统（李刚，1999），

我们将这个系统用图5-5示意如下。

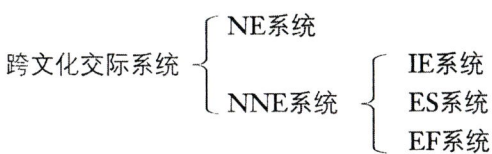

图5-6 跨文化交际系统示意图

"协同"心理激活并进行相关协调之后，交际者（学习者）为了保证交际成功，便不自觉地根据交际对象的文化背景进行心理约定（mental engaging），从而生成一个能让交际对象解读的编码；而从交际对象的角度来看，对编码的解读不能完全建立在交际者对自己文化规约的约定，还应考虑到交际者没有转换过来的、仍带有其本族文化特性的规约。这种文化表征在英语学习中也是十分明显的。例如，传递"一件事情很容易干"这个意图时，英语里用 a piece of cake 表示，而汉语用"小菜一碟"表示，即英语用 cake（蛋糕）作喻体，而汉语用"菜"作喻体。

我们认为，应该用哲学的眼光来看待英语学习的文化性和交际性。不同的文化之间虽然存在许多差异，表现为个性，但也存在许多共性，而正是由于这些共性才使得跨文化交际成为可能，也正是因为这些共性作基础，个性才在交际过程中渐渐缩小。所以，对跨文化交际的研究不可过分地渲染个性，对共性的研究也应成为重点，这是因为共性与个性是不可分割的，两者存在于统一体中。基于此种认识，英语学习应突出文化的继承性、社会性、民族性、时代性和系统性。研究文化的继承性意味着追寻文化的传统，便于交流；研究文化的社会性有利于剖析文化的本质；研究文化的民族性等于在不同文化背景下的人们之间架起一座"了解—理解—沟通"的桥梁；研究文化的时代性便于看清共同的发展规律；研究文化的系统便于观察文化内在结构，使两种文化相互碰撞，共同发展。

（三）语境制约下英语学习的表征性

我们在前文强调过，所谓语境制约的"语境"主要指的是英语所在的社会文化背景，在这个背景中，人们的言语行为时时刻刻受着价值观、审美取向的制约，这也就是所谓的"语境制约"。而价值观和审美取向是看不见的、无意识的。作为背景知识存储于人的大脑中，深层地支撑人们的行为，甚至可以理解为一种深藏得连本人都无法说清楚的潜意识。因此，只能从行为方式和行为结果等文化外部表现中感受心灵的折射。因此，从学习者的英语行为中，可以看到他们的价值观及审美取向和目的语趋同的趋势。由此可以看出学习者对英语的深度掌握情况。

这就是所谓的英语学习的表征性。

首先，从语境制约的角度来看，英语学习中对目的语价值观念、审美取向和文化观念的理解和掌握，其表征形式体现在交际意图的成功传递上。从跨文化交际的角度来看，学习者的英语表述目的是向交际对象传递交际意图、表达思想。交际意图，无论是明的，还是暗的，都存在于交际中第一语言言语行为之中，没有言语表述交际意图便成了无源之水；同时，交际意图也是英语表述的精神活力。

其次，负载着交际意图的英语学习的表征是靠语境制约下的交际言语行为实现的。从传递意图的角度，Austin 将言语行为分为言中行为（locutionary act）、言外行为（illocutionary act）和言后行为（perlocutionary act）（Austin, 1962）；而 Searle 则将言语行为分为话语行为（utterance act）、命题行为（propositional act）和言外行为（illocutionary act）（Searle, 1969）。两位学者对言语行为的区分在本质上无多大区别，只是区分角度略有不同。其实，无论是 Austin 的分类，还是 Searle 的分类，3 种言语行为都是相互联系的，共同体现交际意图：英语学习者交际意图的表达，这个意图被交际对象推理和解码，交际意图得到实现。这 3 个步骤组成了交际意图的整体，所以英语学习表征性的实现不能片面地理解为英语言语行为事实的完毕，这最多只能体现学习者的言中行为和言外行为，而言后行为则需要一定的时间，需要交际对象对言语行为的推理和解码，这种推理和解码往往会因人而异、各人不同。因此，英语学习表征性应该指学习者完成交际意图后的一切结果。

当然，对言后行为的推理和解码，仅仅考察言语行为本身是远远不够的，还不能判断其是否真正发生了或者发生了什么言后行为，对其推理和解码还取决于包括措辞的恰当条件（felicity conditions）、具体的言语场景、学习者的人生观和言语风格等在内的因素。只有考虑到这些因素，言后行为才能在相关环境因素的作用下得以完成。

言后行为推理和解码的差异给跨文化交际带来了极大困难。Pearce（1994）认为这种差异主要表现在：人们能够实施或通常所实施的言语行为的范围不同；人们在如何恰当得体地实施言语行为和掌握言行为实施方式的多样性程度存在差异；如何实施某些语言规则因人因文化而异；对新信息接受的开放程度，以及言语行为实施方式的变化或灵活性因人因文化而异；交际者对对方所实施行为所表露的积极或消极态度的敏感程度也因人因文化而异（转引自贾玉新，1997：326），此外，贾玉新还对 Pearce 的分析作了补充，认为这种差异还体现在话题、语言结构、社会文化因素、言语行为社会分布以及社会使用频率（贾玉新，1997：326-7）。

Pearce 认为，这些差异说明人的言语能力是不同的，应从言语能力的含义着手培养交际中的言语能力，从而缩小差异：对语言系统及其使用系统应具有高度意识性（Pearce，1994）、应掌握对信息设计的逻辑（logics of message design）能力（O'keefe，1988）。

第三，理想的英语学习的表征性体现在英语言语表述时连贯心理的达成。语篇的连贯性是一种心理现象，而不是语篇或社会语境的特点。语篇的连贯性是听话人或读者在语篇的理解过程中强加给语篇的结果（Brown & Yule，1983：199），是听话人或读者的理解创造了语篇的连贯性（Stubbs，1983：96）。熊沐清等考察各家关于连贯之说后认为，连贯包含 5 种主要含义：语篇深层各种概念、关系等的相互影响和关联；这些相互影响和关联外化为紧密连接的语篇表层形式，"连接"（connectedness）是其特征；关联和连接都应遵循一定的顺序，多数情况下，这种顺序是有标志的，如衔接（cohesion）便是一种重要呈现方式；各种概念、关系外化手段（语义、语体、语气）也应一致（consistency）；层级性（hierarchy）也是连贯的一个必要条件（熊沐清、刘霞敏，1999）。我们认为，从跨文化语境制约的英语学习角度，连贯性还应包括交际意图的连贯，即学习者的真正意图顺利地传递给对方而不被误解或歪曲。当然，如前文所述，这种连贯性常常受到言语行为差异的破坏，其外化常常不是一帆风顺的。所以有学者认为话语的连贯性体现在如下 3 个层面：衔接手段（语言形式层）、连贯关系（语义层），话语意图（语用层），其中语用层最为重要（刘正光，1999）。

英语表述的连贯性是建立在连贯心理机制上的，这种心理机制体现在跨文语境制约交际性上。首先，在任何跨文化写作活动中，学习者（作为交际者）都向对方（作为交际对象）反映或展示自己对世界的认识、传递交际意图，在这个认知过程中写作者必须遵循人类的一般认知规则，并尽可能发挥自己的认知能力，使自己的言语行为符合认知规律，这种认知活动的结果就是二语习得表征的连贯达成。其次，从信息论的角度来看，学习者常常希望对方能最大限度地接收英语表述的信息而提高信息传递效益，从而有意识地使自己的成品表征符合认知规律，达到连贯目的。再次，对方也渴望在自己已经形成经验的认知模式（推理方式、信息接收方式、信息感受方式以及对事件期待方式等）的基础上，利用各种因素揣测学习者的认知模式，对学习者真正的意图进行推理、解码，这种心理机制作用的结果也是语境制约下英语学习表征的连贯达成。当然，如果读者有意将学习者的英语表述向着符合自己的交际意愿和意图的方向推理，虽然这种推理的结果不是学习者的初衷，但从交际学的角度来看，也应看作语境制约下英语表述所形成的习得表征连贯连成。

综上所述，语境制约下的英语学习一个总体特征就是其跨文化性，而跨文化性又体现在文化性、交际性和表征性这3个方面，这3个方面又是在二语认知协同心理机制的作用紧紧结合在一起。我们首先考察这三者之间的关系，然后分析二语认知协同心理机制是如何协调这3个方面的。

文化性是语境制约下的英语学习的广义语境，是目的语人的价值观和审美取向的发源地和存在的环境，它决定价值观和审美取向的内容，也决定价值观和审美取向支配言语行为的方式和风格，从而形成特定的语言表征形式。交际性是言语产生意义的前提和基础。因为交际就意味着言语在具体场合的使用，而言语的意义就是使用中产生的，没有言语的使用，也就没有言语的意义，这个观点在本书前面的相关章节也有阐述。表征性是通过具体的言语形式传递价值观和审美取向，以及它们制约言语行为风格的属性。价值观和审美取向（文化性）本身是不能用于交际的，它们是在无意识的状态下人们的行为，而言语行为（交际性）并不是孤独地进行着，其受制于文化性而体现于表征性。可见，文化性、交际性和表征性三者并不是孤立的，而是相互依存、相互制约的，三者结合在一起便形成了语境制约的全部含义和制约原理。

那么，为什么这三者能够结合得如此紧密、如此和谐呢？这种结合的机制就是学习者的二语认知协同心理机制。在协调语境制约下的英语学习跨文化性的文化性、交际性和表征性时，二语认知协同心理机制同样先启用大脑中的命题网络结构，调动话语示范机制，感受目的语价值观和审美取向，既依赖价值观和审美取向作为协同心理机制活动的依据，又把言语行为和语言表述协调到合乎目的语文化规范的状态。换句话说，文化性是二语认知协同心理机制活动的外部环境和活动标准，交际性是二语认知协同心理的活动驱动力，而表征性则是其活动目标。可以看出，这时的二语认知协同心理机制遵循的也是三元循环互动原理。

教学实践篇

第六章 言语行为教学

第一节 奥斯汀与塞尔的言语行为理论

一、奥斯汀言语行为理论

奥斯汀（Austin，1911—1960，英国哲学家，牛津大学教授）1955年在哈佛大学作了题为《论言有所为》（*How to Do Things with Words*）的系列演讲（共12讲）。他的演讲由当时的听讲者之一游尔穆森（Urmson）根据自己和其他听讲者的笔记，并参照奥斯汀的演讲提纲整理编写成书，于1962年出版。后经斯比萨（Sbisa）博士补正，脉络更为清晰，内容更为充实，由牛津大学出版社于1975年出版第二版，共169页。我们介绍奥斯汀的言语行为理论以此版本为准。奥斯汀的"言有所为"理论"着手推翻认为真值条件（truth condition）是语言理解的中心这一语言观点"（Levinson，1983：228）。

（一）施为句理论

1. 区分"言有所述"和"言有所为"

奥斯汀认为必须区分"言有所述"和"言有所为"。
言有所述的话语是可以验证的，即或真或假二者必居其一。例如：
The prisoner escaped yesterday.
（昨天囚犯逃走了。）
这是一种陈述，其作用是描述事物状态或陈述某种事实，有或真或假的意义区别。奥斯汀认为这类话语的特点是"言有所述"。但是，下列话语显然不是为了做出真或假的陈述。

I do.（用于结婚仪式过程中）

I name this ship the Queen Elizabeth.（用于船的命名仪式）

I give and bequeath my watch to my brother.（用于遗嘱）

I bet you six pence it will rain tomorrow.（用于打赌）

很明显，说话人说这些话不是进行陈述，而是在实施某种行为"结婚""命名""遗赠"、"打赌"。话语（2）、（3）、（4）、（5）无所谓真或假，说这些话就是做某件事，实施某种行为。在这里，虽说奥斯汀所举的4个例子都是固定的习俗，但在这类习俗化的活动之外，通过说话来实施某种行为在日常的言语交际中也是相当普遍的，例如，"I order..."" I warn..."" I promise..."" I welcome..."等。说这些话，说话人就是在实施"命令""警告""许诺""欢迎"等行为。奥斯汀认为这类话语的特点是"言有所为"。进而，奥斯汀把"言有所述"的话语称为"有所述之言"（constative，即叙述句），把"言有所为"的话语称为"有所为之言"（performative，即施为句）。奥斯汀区分"言有所述"的"有所述之言"跟"言有所为"的"有所为之言"，其目的是强调"有所为之言"在言语交际中的特殊重要性。

奥斯汀（Austin, 1975：14-15）指出："有所为之言"虽无真或假意义的区别，但必须有"合适条件"（happiness condition，或 felicity condition）。

（A.1）必须存在一种具有一定规约结果的可接受的规约程序，这种程序包括由特定的人在特定的环境中说出特定的话，并进而

（A.2）特定的人和在确定情况下的环境必须跟产生的特定程序的要求合适。

（B.1）程序必须由所有的参与者正确地和

（B.2）完备地实施。

（C.1）这种程序是为具有一定思想和感觉的人的使用而设计的，或者是为合乎逻辑地指导任何一个参与者都要经历的某种仪式而设计的。参与并求助这种程序的人事实上必定具有这些思想和感觉，并且这些参与者必定打算如此这般地使自己接受指导，且进而

（C.2）在实际上如此这般地使自己接受这样的指导。

如果我们去违反这6条规则中的任何一条或几条，施为句就会在某些方面不合适（unhappy）。

例如，一个基督教徒在结婚仪式上说"I do."，这个男人必须是未婚的，如果是个已婚男人，"结婚"行为就不能成功地实施。在船只的命名仪式上，命名人

必须是被授予这一权力的人，并且确有一只船正待命名，否则，尽管说"I name this ship the Queen Elizabeth."，"命名"行为仍不能成功地实施。又如，一个人说"I promise…"就必须真诚地去履行自己的诺言；一个人对另外一个人说"I welcome you."就应该以礼相待，不能口是心非。

2. 施为句

奥斯汀把"有所为之言"的句子称为施为句（performative sentence or performative utterance，简称 performative）。施为句的功能是"以言行事"。"以言行事"是奥斯汀言语行为理论关注的中心。

施为句主要有两种。

第一种是显性施为句（explicit performative）。

奥斯汀提出施为句的明确目的是把施为句与叙述句（constative）对立起来，但他最初提出的这种施为句实际上只是显性施为句。

奥斯汀首先提出了显性施为句的语法标准。他指出："到目前为止，我们考察的施为句的少数经典例子，它们全都具有第一人称单数现在时直陈式主动态动词。"（Austm，1975：56）

根据奥斯汀的这句话，可以为显性施为句归纳出一套语法标准。

① 必须有一个施为动词。

② 该动词必须是现在时。

③ 该动词的主语必须为第一人称单数。

句子在形式上是主动态陈述句。

显性施为句可用 I+V^p 这种句法形式来表示。句式中的 V^p 表示施为动语。这类施为动词使含有这类动词的话语所实施的行为的性质明确无误。例如，"I do""I name""I bet"等。如果说出"I bet..."，并不是陈述说出这句话"I bet"，而是实施这个"打赌"行为。此外，显性施为句的其他几个标准也不可或缺，缺少了任何一项所得出的话语都不是奥斯汀所说的显性施为句。

依据上述这套语法标准来鉴别以下句子。

I bet you five dollars it'll rain tomorrow.

I am betting you five dollars it'll ram tomorrow.

I betted you five dollars it'll rain tomorrow.

He bets you five dollars it'll ram tomorrow.

很明显，(7)、(9) 表述的是提示性的或纪念性的事物；(8) 是过去时态的报道；只有 (6) 是显性施为句。这很容易理解，因为说话人（第一人称单数"我"）

是通过说出一个施为动词（如 bet、warn、promise、order、apologize）主动地去当即（现在时）实施一种行为或执行一种任务，若非如此，就不是典型的施为句而是叙述句了。

但是，有些句子虽然符合上述几条语法标准，却不是施为句。例如：

I now beat the eggs till fluffy.

（我现在把鸡蛋打匀。）

这句话是边说边示范，是报道一种正在进行的动作，不是施为句。

由此看来，只凭语法标准不能完全解决问题，必须进一步充实已经提出的标准，使之趋于完善。为此，奥斯汀又提出必须用词汇手段配合语法标准来检验施为句，即依据句子中的动词能否和副词 hereby 同时出现来划分是否为施为动词：如果句子中的动词能和 hereby 同时出现，此类动词则为施为动词，此类句子则为显性施为句。例如：

I hereby declare you mayor of Casterbridge.

（我在此宣布你为卡斯特桥市市长。）

I hereby now beat the eggs till flufty.

在这里，动词 beat（打）不能跟 hereby 同时出现，所以此动词不是施为动词，因而不是施为句。

从以上分析来看，奥斯汀主张检验显性施为句的标准应该是个综合标准，即由语法标准和词汇标准共同构成的语法—词汇标准。

对奥斯汀提出的语法—词汇标准略加修补。例如，再加上以下两条标准：①该动词的间接宾语是"你"（如果有间接宾语）；②该动词之后有一个间接引语小句（省略情况除外），就可成为检验显性施为句的较为完备的标准。经修补的标准整理如下。

①句子在形式上是主动态陈述句。

②必须有一个施为动词。

③该动词必须是现在时。

④该动词的主语必须为第一人称单数。

⑤该动词的间接宾语是"你"（如果有间接宾语）。

⑥该动词之前能加副词 hereby。

⑦动词之后有一个间接引语小句（省略情况除外）。

这个经修补后的标准可用如下公式来表示：I+（hereby）V^p you（that）S'。

照此标准，（13）是合格的显性施为句。

I hereby warn you that the bull is dangerous.

（我在此警告你那只公牛是危险的。）

第二种是隐性施为句（implicit performative）。

奥斯汀说的显性施为句只是说话人想通过所说的话明确地表明自己所要实施的言语行为的特定形式。奥斯汀指出：除此之外，人们在言语交际中实际上更经常使用一些不那么明确、不那么特定的语言手段来实施某种行为。

①语气。例如，用"Shut it"（把它关上）替换"I order you to shut it"（我命令你把它关上）。

②语调。例如，"It's going to charge"（它就要向前冲了），借助语调的不同来实施不同的言语行为：

It's going to charge！（警告）

It's going to charge？（疑问）

It's going to charge！？（抗议）

③副词。例如，用"I'll be there without fail"（我必定在那儿）替换"I promise I'11 be there"（我许诺我会在那儿）。

④语助词。例如，用"Therefore, X"（因此, X）替换"I conclude that X"（我推断出 X）。

奥斯汀把"Shut it""I'll be there"等这类没有施为动词也能表达"有所为之言"的施为句称为隐性施为句。

因为隐性施为句没有施为动词，所以要想准确地理解隐性施为句的意义就必须依靠语境。

显性施为句是表明说话人所要实施的言语行为的一种特定形式，使用显性施为句往往意味着说话人比听话人有更大的权势或更多的权利。在言语交际中，实际上人们较少使用显性施为句，而大量使用隐性施为句。

3. "言有所述"实质上也是一种"言有所为"

至此，必须指出：奥斯汀的"施为句理论"在定义或概念上先后发生了两个重要的变化。第一，起初是把施为句看作专门一类具有特殊的句法特性和语用功能的句子，后来则把它们看作一种一般类型的施为话语，包括显性施为句（即最初界定的施为句）和隐性施为句，而这后者包括许多其他种类的话语；第二，起初是施为句（有所为之言）和叙述句（有所述之言）的二分（对立），后来则变为关于各种施为句和叙述句的施事行为（illocutionary act）的一种一般理论。

奥斯汀的"施为句理论"为什么会先后发生这样两种重要变化呢？

奥斯汀在对施为句的深入研究过程中，发现"施为句理论"存在着不少问题。

这主要表现在如下方面。第一，没有找到区分施为句和叙述句这两类话语的句法形式上的过硬标准。如前所述，施为句（即最初界定的施为句）最基本的句法形式是 I+V^p（V^{p}表示施为动词），但是这一句法形式显然不能排除以 "Is tate..." "I assert..." 等开头的话语，而这类话语按照奥斯汀的区分自然应该属于叙述句。这样一来，施为句和叙述句就具有了同一句法形式。第二，隐性施为句的提出和确认，扩大了施为句的范围，而叙述句可以被看作隐性施为句。由于叙述句已被看作隐性施为句而被纳入施为句的范围，它自然就失去了跟施为句对立（二分）的资格。

那么，这是不是可以说奥斯汀先把施为句（有所为之言）和叙述句（有所述之言）对立起来，然后又把这种对立自动放弃是空忙一场呢？不，绝对不是空忙一场。我们认为，奥斯汀起初区分"言有所为"和"言有所述"，从而把和施为句和叙述句对立起来是有重要意义的。把施为句和叙述句对立起来的根本目的是强调施为句在言语交际中的特殊重要性，借此推翻认为逻辑－语义的真值条件是语言理解的中心的传统观点。奥斯汀后来自动放弃施为句和叙述句的对立是有充分根据的，并且是意味深远的。因为这种对立的放弃是由于叙述句被看作隐性施为句而造成的，所以奥斯汀的施为句毫不费力地把叙述句纳入了自己的领地。正因为如此，放弃施为句和叙述句的对立并不表明奥斯汀削弱或放弃了其言语行为理论，而是表明其言语行为理论的"行为色彩"更浓了："言有所述"实质上也是一种"言有所为"。

（二）言语行为三分理论

奥斯汀放弃了施为句和叙述句相对立的二分理论，提出了言语行为三分说的新言语行为理论。

1. 言语行为三分说

奥斯汀把言语行为分为 3 类。

（1）叙事行为（the locutionary act）

奥斯汀说："在常规意义上，我把'说某种事情'的行为（the act of 'saying something'）称为完成一种叙事行为。"（Austin，1975：94）

叙事行为包括以下 3 种行为：

①发声行为（phonetic act）：是仅仅发出某种声音的行为。

②发音行为（phatic act）：是发出某些可以发音的词或通常的词，也就是说，发出某种类型的音，这些音是属于某一特定语言的音，它和某一特定语言的词汇、

语法相符合。

③表意行为（rhetic act）：是运用那些具有相当明确的立意（sense）和所指（reference）的可发音的词来完成的一种行为。

区分、识别上述3种行为，必须注意到如下事项。

①要完成一种发音行为必须先完成一种发声行为，但发声行为却不一定是发音行为。例如，猴子能发出一种听起来跟英语的 go 没有什么差别的声音，但它仍然不是一种发音行为，因为它不是一个可发音的词。

②在发音行为的定义里，既包含词汇，又包含语法，也涉及语调。

③发音行为和表意行为是有明显区别的。例如："He said'The cat is on the mat'"（他说"猫在地垫上"）是发音行为（因为说话人（他）只是机械地引用"猫在地垫上"这句话，并不表示他同意或理解这句话，也不表示他打算把"猫在地垫上"这一信息传达给别人）；而 "He said that the cat was on the mat"（他说猫在地垫上）则是一种表意行为（因为通常所说的间接引语属于表意行为）。

完成一种发音行为，不一定能做到表意。例如，某人说了某句话，我们照样重复一遍；某人说话咕咕哝哝，我们可以重复他的声音，但不知道他说的是什么；见到一个拉丁文的句子，我们可以把它读出来，但不懂它的意思。

叙事行为是奥斯汀言语行为三分说的第一类行为。完成一个叙事行为大致相当于发出一个有意义（立意和所指）的句子（或话语）。叙事行为的功能是以言指事。

（2）施事行为（the illocutionary act）

奥斯汀说："完成一种施事行为就是完成在说某种事情中所存在的一种行为（an act in saying something）。"（Austin，1975：99）施事行为是奥斯汀言语行为三分说的第二类行为，属于这类行为的话语都存在一定的语力（illocutionary force or force），如"命令""警告""通知"等。施事行为的功能是以言行事。

奥斯汀关于施事行为的公式是：In saying I was doing .（Austin，1975：122）

应注意的是，英语的 illocutionary 就是 in-locutionary，其中的 in 就是以言行事公式中"in saying"的 in，表示是存在于或包含在之中的言语行为。

下面通过一个例子来说明。

设 x=I will come tomorrow.（我明天会来。）

y= 许诺

那么，将 x、y 代入公式：In saying x I was doing y.

则为：In saying "I will come tomorrow"，I was making a promise.

（在说"我明天会来"时，我在作一个许诺。）

这里,"许诺"就是一种语力。奥斯汀把这种说明语言不同类型的功能的学说称为"语力说"。

例如:

Shoot her!

(枪毙她!)

这句话,在不同的语境下说出来,其语力是很不同的。比如,命令听话人"枪毙她!",怂恿听话人"枪毙她!",劝告听话人"枪毙她!",等等。

下面节目叙事行为和施事行为两者之间的关系。

一般地,叙事行为可以同时是也可以本身是一种施事行为。例如,一位大夫对病人说:"Smoking is bad for you"(吸烟对你不利),这是一种叙事行为,但同时表明大夫对病人提出了"劝告",这显然是一种施事行为,即以言行事。

奥斯汀指出,完成一种叙事行为会同时完成如下一些行为。

提出一个问题或回答一个问题。

提供某种信息,或做出一种保证,或提出一个警告。

宣布一个结论,或表明一种意图。

宣判。

约定时间,发出一种呼吁,或提出一种批评。

做出确认,或进行一种描述;等等。

在探讨叙事行为和施事行为两者之间的关系时,必须注意到:能以言行事的言语行为,首先必定是一个以言指事的行为;但是,以言指事的行为却不一定都能做到以言行事。

(3)成事行为(the perlouctionary act)

奥斯汀说:"说某种事情会经常地,甚至常规地对听话人或说话人或其他人产生一定的影响,影响他们的感情,思想或行动",我们把这种行为称为成事行为(a perlocutionary act)。

成事行为是奥斯汀言语行为三分说的第三类行为,其特点是必定在听话人或其他人的感情或思想或行动上产生某种影响或效果。成事行为的功能是以言成事。

奥斯汀关于成事行为,即以言成事的公式是"By saying x I did y."(Austin, 1975:122),把这个公式稍加修改就可以变得更为明确、完备:By saying x and doing y, I did z.

需注意的是,英语 perlocutionary 中的 per 就是公式中的 by。所谓以言成事,就是通过说 x 并实施 y 而产生效果 z。

下面通过一个例子来介绍。

设 x=I will come tomorrow.（我明天会来。）

　　y= 许诺

那么，将 x、y 代入公式：By saying x and doing y, I did z.

则　为：By saying "I will come tomorrow" and making a promise, I reassured my friends.（通过说"我明天会来"，做出一个许诺，我使我的朋友们放心。）

这里，reassured（使放心）是个成事动词，使听话人放心就是成事行为产生的效果或影响。

再举一个例子。

设 x=I would shoot him.（我要枪毙他。）

　　y= 威胁

那么，将 x、y 代入公式：By saying x and doing y, I did z.

则为：By saying "I would shoot him" and making a threat, I alarmed him.（通过说"我要枪毙他"，发出一种威胁，我使他惊恐。）

这里，alarmed（使惊恐）是个成事动词，"使他惊恐"就是成事行为产生的效果或影响。

在讨论成事行为时，必须注意到施事行为和成事行为的本质差别。

施事行为，即以言行事的公式是 "In saying x　I was doing y"，其特征是：说出话语 x，同时实施 y，也可以说是 $x=y$。例如：

In saying "I would shoot him" I was threatening him.

（说出话语"我要枪毙他"，我威胁他。）

成事行为，即以言成事的公式（修补后的公式）是 "By saying x and doing y, I did z" 其特征是：$x+y=z$。例如：

By saying "I would shoot him" and making a threat, I alarmed him.

（通过说"我要枪毙他"，发出一种威胁，我使他惊恐。）

此外，还应当指出：施事行为是规约行为（a conventional act），即和一种惯例、习俗相一致的行为；成事行为则不是规约行为，但必定产生或大或小的效果或影响。

至此，我们分别讨论了叙事行为、施事行为和成事行为这 3 种言语行为。实际上，在言语交际中，这 3 种言语行为是一个整体：叙事行为发出声音，组成单词和句子，表述一定的意义（meaning），以言指事；施事行为在说某种事情中存在着某种语力，以言行事；成事行为通过说某种事情在听话人或其他人的思想、感情或行动上产生一定的影响或效果，以言成事。举例如下（Austin，1975：101–102）：

A. 叙事行为：以言指事。

He said to me "Shoot her!"（用 Shoot 指枪毙，用 her 指她）

（他对我说"把她枪毙！"）

B. 施事行为：以言行事。

He urged (or advised, ordered, etc.) me to shoot her.

[他怂恿我（劝我、命令我，等等）把她枪毙。]

C. 成事行为：以言成事。

He persuaded me to shoot her.

（他说服我把她枪毙了。）

He got me to（or made me. etc.）shoot her.

[他终于使我（他使我，等等）把她枪毙了。]

又如：

A. 叙事行为：以言指事。

He said to me," You can't do that."

（他对我说："你不能做那件事。"）

B. 施事行为：以言行事。

He protested against my doing it.

（他抗议我做那件事。）

C. 成事行为：以言成事。

He pulled me up, checked me.

（他使我清醒过来，不让我任性下去。）

He stopped me, he brought me to my senses，etc.

（他恢复了我的理智，把我劝阻了。）

He annoyed me.

（他使我生气。）

奥斯汀分出了 3 种言语行为，即叙事行为、施事行为和成事行为，但必须注意到：奥斯汀关注的中心问题是施事行为。

2. 施事行为的分类

正因为奥斯汀在言语行为理论中特别关注施事行为，所以他不惜花费大量精力把施事行为的话语按照语力作了分类。共分为五大类。

（1）裁决型

裁决型（verdictive）施事行为的特征是由仲裁人或裁判员做出一种裁决，这种裁决本质上是对事实或价值做出裁决。

裁决型的例子如下（Austin，1975：153）所示。

acquit	convict	find (as a matter of fact)
hold（as a matter of law）	interpret as	understand
read it as	rule	calculate
reckon	estimate	locate
place	date	measure
put it at	make it	take it
grade	rank	rate
assess	value	describe
characterize	diagnose	analyse

（笔者注：之所以照录原例，是为读者全面了解和公正评论奥斯汀的分类提供方便，下同。）

（2）行使型

行使型（exercitive）施事行为是行使权力、权利，或施加影响。行使就是做出赞成或反对一种一定的行为过程或者为其辩护的决定。仲裁人和审判员运用行使行为做出裁决，其后果是使他人"被迫屈从"，或"许诺"或"不允许"去做某种事情。

行使型是个很宽泛的行为类别，其例子如下（Austm，1975：155-156）所示。

appoint	degrade	demote
dismiss	excommunicate	name
order	command	direct
sentence	fine	grant
levy	vote for	nominate
choose	claim	give
bequeath	pardon	resign
warn	advise	plead
pray	entreat	beg
urge	press	recommend
proclaim	announce	quash
countermand	annul	repeal
enact	reprieve	veto
dedicate	declare closed	declare open

（3）承诺型

承诺型（commissive）施事行为的特征是许诺或者承担，即使说话人对一定的行为过程承担义务。

承诺型的例子如下（Austin，1975：157-158）所示。

promise	covenant	contract
undertake	bind myself	give my word
be determined to	intend	declare my intention
mean to	plan	purpose
propose to	shall	contemplate
envisage	engage	swear
guarantee	pledge myself	bet
vow	agree	conset
dedicate myself to	declare for	side with
adopt	champion	embrace
espouse	oppose	favour

（4）行为型

行为型（behabitive）施事行为的特征是说话人对别人过去和当前的行为、命运表明态度。

行为型的例子如下（Austin，1975：160-161）所示。

①表道歉有 apologize。

②表感谢有 thank。

③表同情有 deplore、commiserate、compliment、condole、congratulate、felicitate、sympathize。

④表态度有 resent、don't mind、pay tribute、criticize、grumble about、complain of、applaud、overlook、commend、deprecate，以及非行使用法的 blame、approve、favour。

⑤表问候（迎来送往）有 welcome、bid you farewell。

⑥表希望有 bless、curse、toast、drink to，以及 wish（在其严格地施为用法上）。

⑦表挑战有 dare、defy、protest、challenge。

（5）阐释型

阐释型（expositive）施事行为用于阐释行为，包括阐述观点、引导争论、说明用法和范围。

阐释型的例子如下（Austin, 1975: 162-163）所示。

affirm deny state describe class identify	accept correct revise
	postulate deduce argue neglect emphasize
remar interpose	
inform apprisetell answer rejoin ask	
testify report swear conjecture doubt know believe	begin by turn to conclude by concede withdraw agree demur to object to adhere to recognize repudiate interpret distinguish analyse define illustrate explain formulate mean refer call understand regard as

总之，对已经分出来的施事行为的5种类型可以这样加以概括：裁决是行使判决；行使是行使权力或施加影响；承诺是承担义务或表明意图；行为是表明态度；阐释是阐明理由，解释争论和交际作用。这些类别各有自己的特点又有功能的交叉。

我们认为，奥斯汀的演讲集《论言有所为》是他留给后人的一份宝贵的文化遗产。奥斯汀的功绩是开辟了一条从行为角度研究语言使用的新道路。尽管他的言语行为理论还有些不正确、不完备之处，需要后继者修正、补充，使之进一步完善、系统，但他作为言语行为理论的开创者，在语言学上占有重要的一席之地。

二、塞尔言语行为理论

塞尔（Searle，1932-）是美国当代语言哲学家，加利福尼亚大学伯克利分校哲学教授，牛津派日常语言哲学在美国的主要代表人物。塞尔的言语行为理论（Theory of Speech Acts）是奥斯汀言语行为理论的继承、修正、发展和系统化。塞尔把言语行为理论看作一种解释人类言语交际的理论。

（一）修正奥斯汀对完整的言语行为的抽象切分

奥斯汀把一个完整的言语行为抽象切分成叙事行为、施事行为和成事行为3部分。塞尔对奥斯汀的抽象切分提出了批评和修正。塞尔主张把言语行为分为四大类（Searle，1969：23-25）。

① 发话行为（utterance act），即说出单词、句子的行为；② 命题（propositional act），即由指谓（referring，谈到的人或物）和表述（predicating，对谈到的人或物所作的表述）所实施的行为；③ 施事行为（illocutionary act），例如陈述、提问、命令、许诺等；④ 成事行为（perlocutionary act），即对听话人的行动、思想、信念等方面产生影响的行为，例如，通过"争论"使听话人被说服、使之信服，通过"警告"使听话人恐慌或惊恐。

把塞尔的言语行为分类和奥斯汀的言语行为分类加以比较，可以看到：塞尔的发话行为相当于奥斯汀叙事行为中的发声行为和发音行为，更重要的是塞尔用命题行为取代了奥斯汀叙事行为中的表意行为。塞尔认为，奥斯汀在抽象切分得出表意行为的同时也抽象切分得到了施事行为，因为用来表述表意行为的动词都是可以用来表述施事行为的动词。塞尔不同意奥斯汀把叙事行为和施事行为截然分割开来。我们必须看到：塞尔跟奥斯汀的分歧充分表现出他们在对句义（sentence meaning）和语力（illocutionary force）之间关系的认识上存在着重大差异。奥斯汀始终认为句义（或字面意义）和语力有根本性区别。而塞尔则认为"不存在不带语力特征的句子"（Searle，1969：412），并明确指出："一般说来，通过说出句子所实施的言语行为就是句义的功能。……句义的研究和言语行为的研究在原则上没有区别。恰切地说，它们是同一种研究。因为每个有意义的句子凭借其意义都能用来实施一种特定的言语行为（或一系列言语行为），又因为每个可能的言语行为在原则上通过一个或一些句子都能确切地用公式来表达（假定语境合适），所以，句义的研究和言语行为的研究不是两种独立的研究，而是从两种不同的视角所做的同一研究。"（Searle，1969：18）这就是说，句义在合适的语境里确定言语行为，同时也基本界定语力或语力范围。塞尔基于对句义和语力关系的这种认识，用"命题行为"取代了奥斯汀的"表意行为"。命题中立于语力，不同的话语可以用来表达同一命题，但却可以具有不同的语力。例如：

Sam smokes habitually.
（萨姆经常吸烟。）
Does Sam smoke habitually?
（萨姆经常吸烟吗？）
Sam, smoke habitually!
（萨姆，你要经常吸烟！）
Would that Sam smoked habitually.
（愿萨姆经常吸烟。）

这4句话的命题都是吸烟（萨姆）（萨姆为指谓，吸烟为表述），但语力却分别是：断言、提问、命令、祝愿。

塞尔指出："一个命题的表达是一个命题行为而不是一个施事行为"，但是"一个命题的表达总是通过完成一个施事行为来表达的"（Searle，1969：29）。

（二）言语交际应遵守的构成规则

塞尔认为，言语交际属于人类行为科学的一部分，言语行为是人类交际的基本单位，言语行为有其自身的特点并受规则的制约。塞尔区分两种规则：制约规则（regulative rule）和构成规则（constitutive rule）。制约规则对已存行为或活动实施制约，例如礼仪规则是对已存的人际关系实施制约。构成规则能创立或规定新的行为形式并对它们实施制约，例如下棋规则，它一旦生成就同时制约下棋活动。塞尔区分这两种规则的目的是为了说明言语交际应遵守构成规则。例如，如果想通过说话来实施"命令"行为，就必须遵守某些规则，否则就不是"命令"行为而是其他什么行为了。塞尔指出："说一种语言就是按照构成规则的系统实施一种言语行为的问题。"（Searle，1969：38）（请注意：塞尔的构成规则是生成言语行为的规则，它不同于对语言本身进行结构分析的句法规则、转换生成规则。）如果说话人在语境C里说出话语X，那么话语X在语境C里就充当Y。（Y是言事行为，X通常用来作为Y的约定媒介，使潜在的生成言语行为的一系列构成规则实体化。）

研究言语行为至少包括意义（因为话语自身是有意义的）和行为两方面。先说意义：话语 X 有相对独立于语境的约定俗成的意义，塞尔称之为"句义"。在以言行事过程中，还有新的意义，即"语力"（语力跟交际意图有关）。再说行为：塞尔认为，实施 Y，即实施施事行为，就是遵守施事行为的构成规则。塞尔找出构成规则的方法是：先确定成功地、完满地实施某一施事行为（例如"许诺"）的充分条件和必要条件，再从这些条件中抽取出有关"语力显示手段"（illocutionary force indicating device）。"语力显示手段"指施事动词（如"命令""请求""许诺"等）、语调、语气、重读等语言手段。这些手段能显示所说出的话语的语力的构成规则。塞尔以"许诺"（真诚的"许诺"）行为为例，确定了9条充分和必要条件（Searle，1969：57-61）。

①得到正常的输入和输出条件。

"输出"（output）包括说话清楚明白的条件，"输入"（input）包括理解的条件。两者合起来就是：说话人和听话人都知道如何说某种语言；说话人和听话人都意识到他们是在做什么；他们不存在诸如聋、哑或喉炎之类的交际障碍；他们也不是演戏或开玩笑；等等。应该注意到：这个条件排除聋、哑之类的交际障碍，也排除演戏或开玩笑之类的交际形式。

②在说出话语 X 时，说话人 S 表达了命题 P。

这个条件使命题从其他的言语行为中分离出来，并使我们有可能全神贯注于作为一种施事行为的许诺的特性上。

③在表达命题 P 时，说话人 S 表述了他将要实施某一行为 A。

在许诺的情况下，语力显示手段的范围包括一定的命题特征。在许诺行为中，必须是说话人表述，并且不能是过去的行为。第一人称不能许诺曾做过某种事情，也不能许诺别的某个人将要做某种事情（尽管我可以许诺我关注他将做某种事情）。一种行为的概念，我是为了当前的目的解释它的，包括制止一些行为，实施一系列的行为，也可以包括状态和条件：我可以许诺不做某种事情，我可以许诺重复地、不断地做某种事情，我也可以许诺保留在一定的状态或条件下。

塞尔把条件②和条件③称为命题内容条件（the propositional content condition）。

④听话人 H 希望说话人 S 实施而不是不实施行为 A，并且 S 相信 H 希望他实施而不是不实施 A。

一般地说，条件④中所陈述的要点是：如果是一个完美的许诺，被许诺的事情是听话人希望实施的，或者是他有兴趣考虑的，或者是希望实施而尚未实施的，等等；说话人必须意识到或者相信或者知道是哪种情况。

⑤S 和 H 都不认为在事件的正常过程中 S 会实施行为 A。

例如，一个新婚男子许诺他的妻子下周不会遗弃她，这一许诺很可能带来的忧虑比安慰更多。

塞尔把条件④和条件⑤称为预定条件（preparatory condition）。

⑥S打算实施行为A。

塞尔把条件⑥称为真诚条件（sincerity condition），以此区别于不真诚的许诺。

⑦S认为他说出话语X就意味着他有义务实施行为A。

一个许诺的本质特征就是承担实施一种一定行为的义务。是实施一种许诺的必要条件。

塞尔把条件⑦称为本质条件（essential condition）。

⑧S的意图是要H认识到说出话语X就是使S承担起实施A的义务，S想使H通过认可S的上述意图而认识到S承担起实施A的义务，S想使H通过话语X的意义认可S的上述意图。

⑨当条件①—⑧都具备时，S和H所使用的语言的语义规则使得话语X说出来既正确又真诚。

塞尔指出：上述条件①、⑧、⑨般应用于各种标准的施事行为而不是专门应用于"许诺"。条件②—⑦则对应于"许诺"。

接着，塞尔从条件②—⑦中提取出4条语力显示手段的构成规则。

①命题内容规则（propositional content rule）

谈到说话人将要实施的行为。命题内容规则导源于命题内容条件②和③。

②预定规则（preparatory rule）

说话人相信他要实施的行为是听话人所希望的行为，但这一行为是说话人在通常情况下不做的。预定规则导源于预定条件④和⑤。

③真诚规则（sincerity rule）

说话人打算真心诚意地实施某行为。真诚规则导源于真诚条件⑥。

④本质规则（essential rule）

说话人承担起实施某一行为的义务。本质规则导源于本质条件⑦。

塞尔认为，说话人通过话语做出"许诺"必须遵守这4条规则。

这4条构成规则从表面上看，是关于语力显示手段的使用规则，实际上也是施事行为的构成规则。塞尔（Searle，1969：20）凭借"可表达性原则"[principle of expressibility；即对任何意义X，任何说话人S，当S意欲表达（在言语交际中传达意图、希望等）X时，那么就能有表达式E,E能确切地表达X或把X公式化。其符号为：（S）（X）[S意指X→P（E）（E是X的确切表达式）]把这4条语力显示手段的使用规则推广到不同类的施事行为上。

例如，发布命令（giving an order）：其预定条件是说话人的权威高于听话人；其真诚条件是说话人想使命令行为得以实施；其本质条件是说话人通过发出话语试图使听话人实施一个特定的行为。

又如，请求（request）。其命题内容是听话人 H 将来的行为 A；其预定条件是：①说话人 S 相信听话人 H 能做 A；②S 和 H 都不认为在正常事态的进程中 H 会做 A；其真诚条件是 S 想要 H 做 A；其本质条件是 S 试图要 H 做 A。

再如，警告（warn）。其命题内容是将来的事件 E。其预定条件是：①S 认为 E 将要发生，并对 H 不利；②S 认为 H 不清楚 E 将要发生；其真诚条件是 S 相信 E 对 H 不利；其本质条件是 S 保证 E 对 H 不利。

塞尔指出：依据"可表达性原则""可使我们把实施言语行为的规则跟说出一定语言要素的规则等同起来。因为对于任何可能的言语行为总有一个可说的语言要素，其意义就足以确定在适当的语境里说出该话语就是准确地实施这一言语行为"（Searle，1969：20-21）。

（三）提出施事行为分类

塞尔对施事行为的分类是在批评奥斯汀对施事行为的分类的基础上提出来的。

我们知道，奥斯汀把施事行为分为裁决型、行使型、承诺型、行为型、阐释型五大类，并且每种类型都举出了大量例子。塞尔认为，奥斯汀提出的分类为展开讨论提供了良好的基础，但他提出的分类需要进行重要的修正。

塞尔明确指出：奥斯汀列出的分类清单"不是给施事行为分类而是给英语的施事动词分类"（Searle，1979：9）。紧接着，塞尔又指出了奥斯汀分类的5条缺点：

（1）最重要的一个缺点是，没有创立一套进行分类的清晰的或始终如一的原则。只有承诺型是清晰地、无歧义地和类型的定义相合地用于施事目的。阐释型在表示其特性的程度上也是清晰的，似乎是在语篇关系的范围内下定义的。行使型似乎至少是部分地在行使权力的范围内下定义的。身份和习俗两方面的考虑是隐而不见的。行为型定义下得也不好，它似乎既包含对说话人和听话人来说什么是好的或什么是坏的意思，又是一种表态。

（2）所列出的动词并非都是施事动词，例如，sympathize、regard as、mean to、intend、shall。

（3）因为没有清晰的分类原则，又明显地混淆了施事行为和施事动词的界限，所以从一个类型到另一个类型存在着大量的重叠，在某些类型内存在着许多不纯净现象。

（4）从一个类型到下一个类型不仅有太多的重叠，而且在某些类型内有相当多不同类型的动词。

（5）这些分类中所列出的动词有些不符合所下的定义。

塞尔通过批评奥斯汀对施事行为的分类，明确地指出：要想对施事行为做出令人满意的分类，必须得制定出明确的、始终如一的分类标准。

塞尔认为，不同类型的施事行为的差别至少有12个重要方面（Searle, 1979: 1—8）。

1. 行为（类型）的目的有差别

例如，"命令"的目的是要听话人去做某事；"许诺"的目的是说话人对做某事承担一种责任、义务。

这些差别和施事行为的本质条件相关。

2. 词语（words）和世界（world）之间的适切方向有差别

例如，"陈述""描写""断言""说明"的适切方向是词语适切现实世界，用"↓"表示；"请求""命令""起誓""许诺"的适切方向是现实世界适切词语，用"↑"表示。

3. 表达的心理状态有差别

例如，一个人做出许诺，发出誓言，威胁要做A（行为）或决心要做A，就表示做A的一种意图；一个人发出命令、请求，要听话人做A，就表示要听话人做A的愿望（希望、意愿）；一个人对做A道歉，就表示对做了A有后悔之心。一般说来，在实施具有命题内容的任何施事行为中，说话人对命题内容都会表示某种态度。

请注意：施事行为中所表达的心理状态跟真诚条件相关。

4. 施事行为目的表现出来的强烈程度有差别

例如：I suggest we go to the movies.
（我建议我们去看电影。）
I insist that we go to the movies.
（我坚决主张我们去看电影。）
这两句话施事行为目的相同，但所表现出来的强烈程度不同。

5. 说话人和听话人的身份或地位不同使话语具有的语力有差别

例如，将军叫列兵打扫房间，很可能是发命令；而列兵请将军打扫房间，则可能是提出建议，绝不可能下命令。

这种特性和预定条件相关。

6. 关系到说话人和听话人利益的说话方式有差别

例如，在自夸和悲叹之间，祝贺和吊唁之间，什么对说话人、听话人有利，什么对说话人、听话人不利，说话方式是有差别的。

这种特性是另一种类型的预定条件。

7. 和语篇其余部分的关系有差别

例如，"I reply"（我回答）、"I deduce"（我推断）、"I conclude"（我断定），等，这些词语和其他话语以及它们的上下文相关。

However、moreover、therefore 同样能执行这些语篇的相关功能。

8. 语力显示手段决定命题内容有差别

例如，"预测"决定了命题内容是关于将来的事；"报告"决定了命题内容是有关过去或当前发生的事。

这些差别和命题内容条件的差别相关。

9. 必须通过言语行为来实施的行为和不必通过言语行为来实施的行为之间有差别

例如，estimate（评估）、diagnose（诊断）、conclude（推断）。

第一人称可以通过说 I estimate、I diagnose、I conclude 来做出评估、进行诊断、得出推断。但为了进行评估、诊断、推断全然不必说什么。我可以站在一座大楼面前估算它的高度，或者推断挨着我站着的那个男人是个醉汉。在这些情况下，没有言语行为。

10. 要求依赖超语言的社会规约来实施的行为和不要求依赖超语言的社会规约来实施的行为有差别

有大量的施事行为要求一种超语言的社会规约。一般地，说话人必须有特殊的地位及特定的行为才能得以实施。例如，"宣战"这种行为，就要求宣布人有相应的社会地位。

11. 有施为效用的施事动词（illocutionary verb）的行为和无施为效用的施事动词的行为有差别

多数施事动词有施为效用。例如,state(陈述)、promise(许诺)、order(命令)等。但不能通过说 I hereby boast 来实施自夸行为,也不能通过说 I hereby threaten 来实施威胁行为。

请注意:不是所有的施事动词都是施为动词(performative verb)。

12. 施事行为的实施风格有差别

例如,公开宣布和私下吐露,其施事行为目的或命题内容可能相同,但施事行为的实施风格有差别。

塞尔认为,在这12个方面的差别中,最重要的是前3个方面,即施事行为目的(illocutionary point)、适切方向(direction of fit)和所表达的心理状态(expressed psychological state)。其中,施事行为目的跟施事行为的本质条件对应;适切方向表示施事行为目的带来的后果,指词语跟现实世界之间的关系;所表达的心理状态何施事行为的真诚条件一致。正因为如此,塞尔以施事行为目的、以适切为方向、以所表达的心理状态为标准把施事行为分为五大类(Searle,1979:12-20)。

塞尔明确表示:是对施事行为分类,不是为施事动词分类。

1. 断言行为

断言行为(assertives)类每个成员的目的(point or purpose)是说话人(在不同程度上)对某种事情的状况、被表达命题的真实性承担义务。断言行为类的所有成员在评断方面,包括真与假,是可以断言的。

断言行为用如下符号式来表示:

⊢↓ B( )

⊢:断言

↓:适切方向:词语适切现实世界

B:心理状态:信念(Belief)

( ):命题

一旦我们承认断言行为是作为一种相当独立的类存在,基于施事行为目的的观念,大量的施为动词、概指施事动词在真或假方面似乎都是可断言的了。例如,考察 boast(自夸)和 complain(抱怨),两者都概指断言行为:这种断言行为都有附加上的特征,即做跟说话人的利益有关的某件事。又如,conclude(断定)和 deduce(推断),它们也是断言行为:这种断言行为都有附加上的特征,即它们表示在断言的施事行为跟语篇(discourse)的其余部分或话语(utterance)的上下文之间的一定关系。

塞尔的断言行为包括奥斯汀的阐释型和裁决型的大部分。

2. 指令行为

指令行为（directives）的施事行为目的是说话人试图要听话人做某件事。这试图可以是谦恭的，例如，我邀请你做某件事，或者我建议你做某件事；这试图也可以是强烈的，例如，我坚决要求你做某件事。

指令行为用如下符号式来表示：

! ↑（does）

!：指使

↑：适切方向：现实世界适切词语

：真诚条件为愿望（Want）

命题内容：听话人 H 实施某个未来的行为 A

指令行为类的动词包括：ask、order、command、request、beg、plead、pray、entreat，还有 invite、permit、advise。塞尔认为还应包括奥斯汀列入"行为型"的 dare、defy、challenge。奥斯汀"行使型"的许多动词也应归人指令类。提问是指令的次类，因为它们是说话人要听话人做出回答，即实施一种言语行为。

3. 承诺行为

承诺行为（commissives）的施事行为目的是说话人（在不同程度上）对将要实施的某种行为承担义务。

承诺行为用如下符号式来表示：

↑（S does A）

C：承诺

↑：适切方向：现实世界适切词语

I：真诚条件为意图（Intention）

命题内容：说话人 S 将要实施某种行为 A

奥斯汀关于承诺型的定义似乎无懈可击，他列入承诺型的动词中只有少数几个动词不属于该类，例如 shall、intend、favor 等。

4. 表态行为

表态行为（expressives）的施事行为目的是表达以真诚条件说明的关于在命题内容中指明的一种事态的心理状态。表态行为动词有 thank、congratulate、apologize、condole、depore、welcome。请注意：在表态行为中无适切方向。实施一种表态行为，说话人既不试图使现实世界适切词语，也不试图使词语适切现实世界，毋宁说被表达的命题的真值是预先决定的。例如，当我因为踩了你的脚趾而道歉时，我的目的既不是索要你被踩的脚趾，也不是让你踩脚趾。

表态行为用如下符号式来表示：

E∅（p）（S/H+property）

E：表态

∅：适切方向为零

（p）：心理状态

命题内容：说话人 S 或听话人 H 有某种特性

在表态行为的命题内容中详细说明的特性必须跟说话人 S 或听话人 H 相关。例如，"I congratulate you." 我之所以向你表示祝贺，是因为听话人在某方面取得了优异成绩。又如："I thank you." 我之所以向你表示感谢，是因为听话人为说话人做了某种有益的事。

5. 宣告行为

一种宣告行为（declarations）成功地实施，就造成命题内容和现实存在之间的一致。例如，如果我成功地实施提名你为候选人的行为，那么你就是候选人。

用来实施宣告行为的许多句子的表层句法结构把我们的目的隐藏起来，因为在命题内容和语力之间没有表层句法区别。例如，"You're fired"（你被解雇了）和 "I resign"（我辞职），在语力和命题内容之间似乎没有区别，但我们认为，事实上它们用于实施宣告行为时其语义结构分别如下。

I declare: Your employment（hereby）terminated.

（我宣布：你的工作至此结束。）

I declare: My position is（hereby）terminated.

（我宣布：我的职位至此终止。）

宣告行为会造成凭借成功的宣告的事实所涉及的对象的身份或条件的某种变化。宣告行为的这一特征把它跟别的类型区分开来。

宣告行为是言语行为的一种很特殊的类型。

宣告行为用如下符号式来表示：

D↕∅（ ）

D：宣告（指宣告的施事目的）

↕：适切方向为双向

∅：真诚条件为零

（ ）：命题变元

请注意：宣告行为都包含一种超语言的社会规约，在语言的构成规则之外的一种构成规则系统，以便宣告行为能成功地实施。掌握说话人和听话人构成语言能力（linguistic competence）的那些规则，对实施宣告行为而言一般是不够的。

此外，必须存在一种超语言的社会规约，并且在这种社会规约中说话人、听话人必须占据特殊的地位。如教堂、法律、私有财产，就是这样的社会规约。在这类规约中，说话人和听话人的身份和特殊地位，使得一个人能对另一个人提出任命，赠送财产或宣战。

由于塞尔提出了明确的、始终如一的分类标准，基本上做到了是给施事行为分类而不是给英语的施事动词分类，所以他对施事行为的分类比奥斯汀的分类科学得多。我们认为，正因为塞尔的分类是给施事行为分类，所以这样的分类不只适用于英语，而且适用于其他语言。对塞尔的分类尽管仍不乏批评意见，但它不失为一种比较合理的、科学的分类。

（四）提出间接言语行为理论

1. 间接言语行为的定义

塞尔1975年、1979年都谈到过间接言语行为（indirect speech act）。我们选用他于1979年给间接言语行为下的定义："间接言语行为是通过实施另一种施事行为的方式来间接地实施某一种施事行为。"（Searle，1979：31）

塞尔认为，要理解"间接言语行为"这个概念，首先要了解句子的"字面语力"（literal force），再由"字面语力"推导出"间接语力"，即句子间接表达的"施事语力"（illocutionary force）。

塞尔的间接言语行为假设如下。

显性施为句可通过句子中的施为动词看出说话人的语力。

多数句子实际上是隐性施为句，其中的陈述句表达"陈述"，疑问句表达"疑问"，祈使句表达"命令"等言语行为。

句子本身表达的这些言语行为称为"字面语力"，在"字面语力"的基础上推导出来的语力称为"施事语力"，即间接语力。

间接言语行为分为规约性（conventional）间接言语行为和非规约性（nonconventional）间接言语行为。

下面举例说明塞尔给间接言语行为所下的定义。

Could you do it for me？

（你能为我做这件事吗？）

说这句话时，说话人是通过实施"询问"那种施事行为的方式来间接地实施"请求"这一施事行为的，"询问"是说话人采用的手段，"请求"才是说话人要达到的真正目的，所以，实际上"Could you do it for me？" = "I request that you do it for me"（我请求你为我做这件事）。塞尔把表达说话人真正目的（意图）的施事行为称为"首要施事行为"（primary illocutionary act），把说话人为了实施首要施事行为所实施的另一种施事行为称为"次要施事行为"（secondary illocutionary act）。次要施事行为和话语的字面语力相吻合，首要施事行为则不是字面上的，其间接语力是由字面语力推导出来的。

2. 间接言语行为的分类

（1）规约性间接言语行为

规约性间接言语行为是指对"字面语力"作一般性推导而得出的间接言语行为。对"字面语力"作一般性推导，就是根据句子的句法形式，按习惯可以立即推导出间接的"施事语力"。

塞尔深入研究了规约地用为实施间接指令（indirect directives）的一些句子。

塞尔为什么这样关注间接指令的研究呢？显然是因为说话人在想让别人为自己做某种事情时，在多数情况下都应该也必须讲礼貌。在言语交际中，当说话人请求别人为自己办事时，讲礼貌才能达到最佳交际效果：听话人乐意为说话人效劳，从而办成说话人想要办的事。如果说话人直截了当地使用祈使句形式或者带有显性施为动词的句式，那么听话人就可能不买说话人的账。正因为如此，塞尔才在五大类施事行为中特别关注以间接的方式使用指令类行为。塞尔归纳出间接指令的 6 种类型（Searle，1979：36-39），并列出了具有普遍性的形式（例句中用黑体字表示）：

第一类，涉及听话人实施 A（Act）的能力的句子。

Can you reach the salt？

Can you pass salt？

Could you be a little more quiet?

You could be a little more quiet.

You can go now.（这也可以是一种许可 =You may go now.)

Are you able to reach the book on the top shelf?

Have you got change for a dollar?

第二类，涉及说话人希望听话人实施 A 的句子。

I would like you to go now.

I want you to do this for me, Henry.

I would/should appreciate it if you would/could do it for me.

I would/should be most grateful if you would/could help us out.

I'd rather you didn't do that any more.

I'd be very much obliged if you would pay me the money back soon.

I hope you'll do it.

I wish you wouldn't do tliat.

第三类，涉及听话人实施 A 的句子。

Officers will henceforth wear ties at dinner.

Will you quit making that awful racket?

Would you kindly get off my foot?

Won't you stop making that noise soon?

Aren't you going to eat your cereal?

第四类，涉及听话人实施 A 的意愿的句子。

Would you be willing to write a letter of recommendation for me?

Do you want to hand me that hammer over there on the table?

Would you mind not making so much noise?

Would it be convenient for you to come on Wednesday?

Would it be too much (trouble)for you to pay me the money next Wednesday?

第五类，涉及实施 A 的理由的句子。

You ought to be more polite to your mother.

You should leave immediately.

Must you continue hammering that way?

Ought you to eat quite so much spaghetti?

Should you be wearing John's tie?

You had better go now.

Hadn't you better go now?

Why not stop here?

Why don't you try it just once?

Why don't you be quiet?

It would be better for you (for us all) if you would leave the room.

It wouldn't hurt if you left now.

It might help if you shut up.

It would be better if you gave me the money now.

It would be a good idea if you left town.

We'd all be better off if you'd just pipe down a bit.

第六类，把上述形式中的一种嵌入另一种中的句子，以及在上述的一种形式中嵌入一个显性指令性施事动词的句子。

Would you mind awfully if I asked you if you could write me a letter of recommendation?

Would it be too much it I suggested that you could possibly make a little less noise?

Might I ask you to take off your hat?

I hope you won't mind if I ask you if you could leave us alone.

I would appreciate it if you could make less noise.

上面列出的间接指令的6种类型的句子，都属于规约性间接言语行为，说英语的人遇到这些句子，会依据句子的句法形式由句子的"字面语力"习惯性地推导出它的"间接语力"。例如，"Can you pass me the salt?"其中的"Can you+V"这个形式就是一种规约的礼貌形式（之所以说"Can you+V"这个形式是礼貌的，是因为：第一，说话人没有假定了解听话人的能力，从而发出一个祈使句；第二，听话人有选择接受或拒绝的自由，因为这是个yes-no问句，允许回答no），它在目语交际中具有双功能性（bifunctionality）："提问"和"请求"。听话人会依据"Can you+V"这种形式，由句子的"字面语力"——"提问"而习惯性地推导出其"间接语力"——"请求"。

（2）非规约性间接言语行为

非规约性间接言语行为较为复杂，且不稳定。因为非规约性间接言语行为要依靠语境和说话双方的共知语言信息来推导，塞尔举出的一个例子如下（Searle，1979：33-35）。

Student X: Let's go to the movies to night.

Student Y: I have to study for an exam.

塞尔认为，Y的间接言语行为"拒绝"是通过下述10个步骤推导出来的：

步骤（1）：X向Y提出"建议"，Y做出"陈述"，必须准备考试（关于会话的事实）。

步骤（2）：X设想Y在会话中是合作的，并且他说的话是"相关的"（会话合作原则）。

步骤（3）：Y的相关回答必须是或"接受"，或"拒绝"，或"另行建议"，或"进一步考虑"等（言语行为理论）。

步骤（4）：Y回答的话从字面意义上看并未表达上述任何一种言语行为，因而设想Y的回答是不相关的 [由步骤（1）和（3）可推导出来]。

步骤（5）：因此 Y 也许是表达比字面意义更深一层的意思。现在设想 Y 仍是遵守"相关"准则的，所以他的回答必定具有不同于字面意义的"施事语力"[由步骤（2）和（4）可推导出来]。

这是关键性的一步。听话人如果不掌握发现和字面意义不同的施事语力的推导策略（inferential strategy），就无法理解间接施事行为。

步骤（6）：X 知道准备考试要花费一个夜晚的大量时间，他也知道去看电影也要花费一个夜晚的大量时间（事实背景信息）。

步骤（7）：因此，在同一个夜晚不能既去看电影又准备考试 [由步骤（6）推导出来]。

步骤（8）：接受"建议"或其他"承诺"的预定条件是在命题内容条件下有能力实施预期的行为（言语行为理论）。

步骤（9）：因此，X 知道 Y 说了一些表明自己无法接受 X 的建议的话 [由步骤（1）、（7）、（8）可推导出来]。

步骤（10）：因此，Y 的非字面的"施事语力"大概是"拒绝"X 的建议 [由步骤（5）和（9）可推导出来]。

请注意：上述各个步骤只表示理解间接言语行为的逻辑推导过程，并不是人的理性思维的真实步骤。

塞尔认为，间接言语行为理论要解决的问题就是：说话人如何通过话语的"字面语力"表达话语间接的"施事语力"，或者听话人如何由话语的"字面语力"推导出话语的"施事语力"，即当听话人听到特定的话语时他如何能理解特定的间接言语行为是指别的某种东西。塞尔认为，他于 1969 年提出的答案（指合适条件）尚不完备，应该进一步完善。他指出，说话人和听话人表达或理解间接言语行为的依据可归纳为以下 4 条：共同具有的背景信息（包括语言的和非语言的）；听话人的理解和推断能力；言语行为理论；会话合作的一般原则。

以上述 4 条为依据，能完满地解释非规约性间接言语行为，更能完满地解释规约性间接言语行为。例如，在餐桌上 X 对 Y 说："Can you pass the Salt?" Y 从这句询问话语中推导出"请求"的施事语力大致需要如下步骤（Searle，1979：45-47）。

步骤（1）：X 向 Y 提出一个问题：Y 是否有递盐的能力（关于会话的事实）。

步骤（2）：Y 假定 X 在会话中是合作的，因此，他的话有某种目的（会话合作原则）。

步骤（3）：会话环境的推理兴趣不是指明 Y 的递盐能力（事实背景信息）。

步骤（4）：X 也许知道问题的答案是 yes（事实背景信息）。[这一步促使达到步骤（5），但不是关键。]

步骤（5）：因此，X 的话也许不仅仅是一个询问，也许有某种隐秘的施事行为目的 [由步骤（1）、（2）、（3）和（4）推导出来]，那么它是什么呢？

步骤（6）：任何指令性施事行为的预定条件是听话人实施在命题内容条件下所表述的行为的能力（言语行为理论）。

步骤（7）：因此，X 向 Y 提出一个问题，其肯定回答必须满足请求 Y 递盐的预定条件 [从步骤（1）和（6）推导出来]。

步骤（8）：现在是在进餐，进餐时人们通常是用盐的，人们前后彼此递盐（背景信息）。

步骤（9）：因此，X 暗指满足一种请求的预定条件，他很可能希望 Y 也照此来做 [从步骤（7）和（8）推导出来]。

步骤（10）：在缺乏任何别的可能的施事行为目的的情况下，X 很可能是请求 Y 把盐递给他 [从步骤（5）和（9）推导出来]。

从上面的分析可以看到：以交际双方共同具有的信息背景、听话人的理解和推断能力、言语行为理论，以及会话合作原则为依据，有步骤地进行推导，既能完满地判断、解释规约性间接言语行为，又能完满地判断、解释非规约性间接言语行为。看来，推导理论比以句子形式为依据按习惯去判断、解释话语的"施事语力"的方法（这种方法受到句子形式和功能相关联的约束）具有更强的解释力。

（3）在交际中，间接用法广泛使用

在言语交际中，话语的多数用法是间接的。在英语中，提出请求是很少使用命令式的，人们倾向于使用间接请求的句子。例如，间接请求（或要求）听话人关门，就能列出一个很长的清单。

a. I want you to close the door.

I'd be much obliged if you'd close the door.

b. Call you close the door?

Are you able by any chance to close the door?

c. Would you close the door?

Won't you close the door?

d. Would you mind closing the door?

Would you be willing to close the door?

e. You ought to close the door.

It might help to close the door.

Hadn't you better close the door?

f. May I ask you to close the door?

  Would you mind awfully if I was to ask you to close the door?

  I am sorry to have to tell you to please close the door.

g. Did you forget the door?

  Do us a favour with the door, love.

  Do US a favour with the door, love.

  How about a bit less breeze?

  Now Johnny, what do big people do when they come in?

  Okay, Johnny, what am I going to say next?

上面介绍塞尔的间接言语行为理论。

我们在前面说过，提出间接言语行为理论是塞尔对发展完善言语行为理论做出的一个重要贡献。我们之所以这样说，是因为塞尔提出的间接言语行为理论使由奥斯汀开创的言语行为理论进一步完善，它把言语行为理论跟格赖斯的会话含义学说结合起来，把间接言语行为跟言语交际的得体原则，特别是礼貌准则紧紧地挂上了钩。这一点意义重大，因为成功的交际是说话人和听话人共同促成的，说话人使用间接方式，表达恰切，话语得体、礼貌，听话人心领神会，乐意合作，才能以言行事，以言成事，达到最佳交际效果。

前面简要而系统地介绍了奥斯汀的言语行为理论，之后又简要、系统地介绍了塞尔的言语行为理论。现在，笔者作个简要的总结：20世纪50年代，哲学家奥斯汀创建了言语行为理论，他的功绩是开创了一条从行为角度研究语言使用的新道路。作为奥斯汀言语行为理论的杰出后继人，语言哲学家塞尔在六七十年代修正了奥斯汀理论中的失误，并且有创见性地提出了言语交际应遵守的构成规则和在言语交际中起重要作用的间接言语行为理论，使言语行为理论趋于完善化、系统化，成为解释人类言语交际的一种重要的、有效的理论。

第二节　言语行为教学

一、言语行为教学需关注的内容

首先，在对某一特定的言语行为进行教学时，要尽可能全面地介绍可以用来实施它的语用—语言形式。我们需向学生强调句子结构和句子的施为用意之间并不是简单的对应关系。一定的施为用意可通过多个不同的话语实施。例如，请求对方关窗这一行为，视交际对方而定，我们就可以通过例（1）中5种不同的说法完成。

  a. You should close the window.
  b. Why not close the window?
  c. How about closing the window?
  d. Could you please close the window?
  e. It's cold in here.

  在此基础上，再启发学生比较不同语用—语言形式之间礼貌程度等方面的差异。既然句子结构和句子施为用意之间并不是一一对应的关系，那么交际过程也就并非是简单的编码—解码过程。由此可见，无论是理解还是产出话语，语境都起了不可或缺的作用。我们在教学中应不断向学生强调语境的重要性，在讲解言语行为，给出不同语用—语言形式的示范时，最好都带上相应的语境信息，强调不同语用—语言形式要使用相对应的语境信息，如权势、亲疏关系以及事件强加程度等。帮助学生在语境中比较不同语用—语言形式间的语用差异，让学生不管在理解还是实施言语行为时都养成关注语境信息的习惯，进而帮助他们在实施言语行为时根据不同的语境选择恰当的语言形式。

  与上一点密切相关的是，我们应该帮助学生识别间接言语行为。上面我们已经提到同一种言语行为可通过不同的语用—语言形式实现，不同的形式之间存在直接和间接之分。对于直接言语行为，由于施为动词的存在，英语学习者较易识别，但间接言语行为由于缺乏明确标志，学生辨别起来就存在一定的困难。尤其是在与英语本族语者交流的时候，若缺乏识别间接言语行为的能力，不能正确辨别言语行为，就可能出现交际失误。因此，培养学生识别间接言语行为的能力就显得非常必要。

  与之类似，在教学中，首先我们要帮助学生识别和使用规约性的言语行为。在介绍间接言语行为理论时，我们已经提到间接言语行为有规约性和非规约性之分。规约性的言语行为指的是在特定的社会和文化背景下在形式上已经固化的，可通过特定的程式化语言特征进行识别的某些言语行为。例如，在进行请求时，英语本族语者就常使用"Could you please...?"那么，在教学中就可以重点介绍这样的程式化语言形式，帮助学生建立这些语言程式与特定言语行为之间的联系。这样一来，就可以帮助学生在与英语本族语者交流时根据相应的情景正确识别对方的施为用意，更加恰当地表达自己的施为用意，使他们交流起来更加自然。

  其次，我们还应向学生强调相同的语言形式可以实施不同的言语行为。前面我们已经提到句子结构和施为用意之间不存在一一对应的关系，既然一定的施为用意可通过不同的语用—语言形式表达，那么同一种语言形式也可以用来实施不同的施为行为。试看下例。

It's cold.

该句可以被简单地理解为对事实的陈述，但若结合不同的语境，则可被理解为完成了不同的言语行为。例如，如果交际双方同在一个窗户大开的房间，则很有可能说话人是希望听话人关上窗户，实施了"请求"这一间接言语行为；如果说话人是看到听话人在大冷天只穿一件薄外套准备出门，则很有可能是"建议"他再多穿一点；如果交际双方是在候车室等车的陌生人，那么该句则很有可能是"寒暄"，为对话的开启作铺垫。

接着，我们还应该帮助学生了解不同文化中言语行为实施时的语用差异。一系列的研究比较了英汉言语行为的实施方式或者言语行为的文化属性（如 Chen, 1993；Lee-Wong, 1994；Liao, 1994；Liao & Bresnahan, 1996；Mao, 1992；Rue & Zhang, 2008；Skewis, 2003；Spencer-Oatey & Ng, 2001；Sun, 2004；Yeung, 1997；Zhu, Li & Qian, 2000；陈融, 2005），发现不少言语行为在英汉语中具有不同的文化属性、由不同的方式实施。例如，针对请求的研究发现，汉语中直接请求并无不妥（Lee-Wong, 1994：511）；Skewis（2003）对《红楼梦》的研究也发现，尽管出现了礼貌标记语、程度降低语等礼貌策略，《红楼梦》中90%的请求都是通过直接祈使句完成的。同样，Li（2007）通过对20名中国在校本科生的调查也发现在权势关系相当或社会距离较近时，汉语倾向于使用直接请求。相反，英语中的请求却倾向于通过间接、缓和的方式实施（Blum-Kulka & Olshtain, 1984；Brown & Levinson, 1987）。与之类似，关于建议（如 Hinkel, 1994, 1997）、称赞回复（如 Chen, 2010）、邀请（如 Tseng, 1996）等众多言语行为的研究都显示英汉语中很多言语行为都具有不同文化属性、通过不同方式实施。这样的文化差异很有可能会导致语用失误，产生误解（戴炜栋、张红玲, 2000；何兆熊, 2000；何自然, 1997）。在提到结合外语教学避免语用失误时，洪岗（1991）指出，要特别注意教授汉英语实现言语行为和理解言语行为的差异。因此文化差异也是我们言语行为教学的重点之一。

最后，我们还要培养学生识别扩展的言语行为的能力。言语行为不一定以孤立的形式出现，还可以以序列形式出现（序列中的言语行为分为主导性言语行为和从属性言语行为）。在真实生活中，言语行为经常还伴有前序列（pre-sequence）及后序列（post-sequence）言语行为。我们在教学中最好避免总是介绍孤立的言语行为。在介绍某种言语行为时不要只是给出单独的一句话，最好以会话的方式展示给学生，帮助他们发现完成某种特定交际意图的言语行为序列。例如，通过会话分析的方法描述和分析真实会话的组织特征，以便进一步揭示话语理解和语言交际背后的逻辑，帮助学生在实际应用中更自然、合适地达到自己的交际目的。这样，就可以帮助学生识别对话中完整的言语行为序列，帮助他们判断从哪里到哪里完成的是同一个言语行为，这个言语行为主要的施为用意是什么，以及哪些是从属行为，这些行为是怎么辅助主导言语行为实施的。

有关言语行为习得和教学的研究十分丰富，涉及的言语行为也比较全面，如请求（如 Blum-Kulka, House & Kasper, 1989; Codina-Espurz, 2008; Fukuya & Zhang, 2002; Li, 2007, 2012; Martinez-Flor, 2008; Soler, 2005; Taguchi, 2006, 2011a; Takimoto, 2008, 2009）、致谢（如 Eisenstein & Bodman, 1986; Ghobadi & Fahim, 2009; Ohashi, 2008）、恭维及其回应（如 Billmyer, 1990; Chen, 1993; Golato, 2003; Rose & Ng, 2001）、拒绝（如 DaSilvia, 2003; Kondo, 2008）、建议（如 Banerjee & Carrell, 1988; Hinkel, 1994, 1997; Jiang, 2006; Li, 2010; Matsumura, 2001）、道歉（如 Bataineh & Betaineh, 2006; Blum-Kulka, House & Kasper, 1989; Cohen & Olshtain, 1981; Cohen & Shively, 2007; Trosborg, 1987）等，这些研究提供了不少值得我们借鉴的成果。

二、提高学生言语行为的文化属性认知

如何在教学中帮助学生认识言语行为在英汉语中不同的文化属性以及实施方式呢？Martinez-Flor 和 Uso-Juan（2010）在对一系列有关语用指示的研究进行回顾后指出，这些研究的一个共同点便是强调通过让学生收集、分析言语行为语料的方法，激励他们主动参与活动。这里可以借鉴 Martinez-Flor 和 Uso-Juan（2006）以及 Cohen（2010）的模型。可以采用以下方式建议言语行为。

让学生在现实生活、小说、电影、电视剧中收集汉语中出现建议的对话，并对语境进行记录。

通过话语分析的方法带领学生分析汉语建议的社会语用以及语用—语言因素。

通过音频、视频等方式向学生展示英语中建议言语行为的实施方式。

通过话语分析的方法帮助学生分析英语建议的社会语用及语用—语言因素。

让学生结合语料，比较和中的英汉语建议各因素，总结建议在英汉语中实施的异同。

通过以上方式，我们可以让学生意识到某种言语行为在英汉语中具有不同的文化属性，可以通过不同的方式实施。然而只意识到不同是不够的。那么，如何帮助学生进一步习得该言语行为在英语中恰当的实施方式呢？在后面几节中我们将针对该问题展开讨论。

三、形式—功能—语境链接的建立

迄今为止，对语用习得干预研究影响最深的二语习得理论是 Schmidt（1993，2001）提出的注意假设（Taguchi，2011a）。根据该假设，二语学习者必须首先在输入中注意到目的语的某些特征，然后才能习得这些特征。据此，Taguchi（2011b）总结指出，结合语用习得，学习者首先注意到相关的语言形式、功能含义和相关语境特征便成了将语用输入转化为吸收的必要条件。因此，一系列研究通过不同指示方法来促进形式—功能—语境链接的形成。这些指示方法包括了显性的元语用信息指示、输入增强法、意识培养法，以及语用—语言形式的重复等。Soler（2007）的研究就以请求言语行为为例，比较显性和隐性教学干预对二语语用习得的影响。研究发现，虽然显性指示和隐性指示相较于无指示控制组而言都有更好的效果，但在3周后的延迟实验中，只有显性指示实验组保持了习得效果。同样，显性的语用指示的优越性也在其他实验中得到证实（如 House，1996; Kakegawa，2009; Kondo，2008; Rose & Ng，2001; Soler，2005; Tateyama，2009）。

为了进一步对显性和隐性指示效果做出比较，Takahashi（2010b）对1980年以后在二语语用习得领域公开发表的49篇干预研究论文进行了回顾，得出了很多对我们二语语用习得与教学十分有启发的结论。首先，Takahashi（2010b）进一步证实了 Jeon 和 Kaya（2006）的结论，指明了显性指示的优越性，重申了元语用指示对语用发展的重要性。其次，如 Soler（2007）实验发现的显性元语用指示的强耐久性很有可能是因为二语习得者在这样的显性指示中投入了更多的认知努力（Takahashi，2010b）。

基于以上研究结果，我们在言语行为的教学中就可通过凸显元语用指示的方法帮助学生建立英语中特定言语行为的形式—功能—语境链接。所谓的形式—功能—语境链接，是指某种言语行为在特定的语境下通过特定的语言形式完成。根据 Brown 和 Levinson（1987）的礼貌框架，语境可进一步分解为权势关系（power status）、社会距离（social distance）以及强加程度（degree of imposing）。由于言语行为与语言形式间并无一一对应关系，为了帮助学生更加恰当地实施某种言语行为，我们必须同时介绍该种言语行为的语言形式所适用的语境信息，从而建立起形式—功能—语境链接。例如，进行请求言语行为教学时，首先可以简要介绍请求的功能，即通过该言语行为让听话人做某事，和建议相比，其强加程度更强，会对听话人的面子构成威胁，因此选择请求策略或形式时应根据不同语境注意礼貌问题。例如，在介绍主言语行为时，我们可以向学生介绍以下形式—功能—语境链接。

当交际双方社会权势相当，熟悉对方（例如双方为好朋友），且请求事件强加程度弱（例如递一下书）时，可以使用由情态动词引导的间接请求策略，如：

I can you pass me the book?

当说话人比听话人社会权势低（例如学生对老师），且请求事件强加程度较强（如推迟考试时间）时，最好使用更加委婉的规约性间接请求问句，如：

I was wondering whether I can take the exam later.

这里需要注意的是，除了考虑介绍形式—功能—语境链接合适性之外，还需要在一个语境下尽可能多地介绍合适的语言形式，帮助学生建立对应的语用—语言链接。不少研究者（如 Schauer, 2004; Taguchi, 2011a; Warga & Schoelmberger, 2007）发现语用—语言形式的习得往往比社会语用合适性的习得更加缓慢。很多时候，学习者倾向于在一种语境下依赖于很少几种甚至一种语言形式来实现特定言语行为。因此，对语用—语言形式的介绍就显得十分必要。

当然，既然诸如请求这样的指令性言语行为会对听话人的面子构成威胁，那么说话人就应根据语境尽量采用合适的礼貌策略来缓和语气。除以上提到的采用间接言语行为之外，还可以向学生介绍其他礼貌策略，例如使用情态动词（如 can、may、will）、程度减弱语（如 perhaps、maybe）、礼貌标记语（如 please）和虚拟语气等。

此外，言语行为不一定以孤立形式出现，还可以以序列形式出现（序列中的言语行为分为主导性言语行为和从属性言语行为）。事实上，形式—功能—语境链接和礼貌策略主要是针对主导行为的。所谓主导行为，是指除其他成分以外，可独立体现施为用意的最小言语行为单位（Blum-Kulka, House & Kasper, 1989）。因此，在考虑礼貌策略时，还可以向学生介绍由从属性言语行为构成的辅助语步（supportive moves）。例如，上例中，为了更加礼貌，可以加上从属性言语行为（如解释原因），见下句。

I was wondering whether I can take the exam later. My sister is in hospital.

在此基础上，若学生能力允许，可以运用元语用指示结合话语分析的方法帮助其进一步习得言语行为序列。就请求而言，教师可以强调，在真实生活中，除主言语行为（即请求）之外，还经常伴有前序列及后序列，并给出最简单的请求行为序列指示。

A: Pre-sequence（optional）

B: Pre-sequence（optional）

A: Request

B: Grant the request

A: Post-sequence（optional）

B: Post-sequence（optional）

在使用话语分析方法分析言语行为序列的同时，还可以帮助学生分析上一步提到的礼貌策略等内容。当然，根据学生水平，言语行为序列的教学不一定要与主要言语行为在同一个课时内完成。可以根据后面会提到的练习考察学生的掌握情况，灵活调整教学安排。

四、形式—功能—语境链接的巩固

除输入假设以外，近年来不少研究者也将输入加工理论（input-processing theory）和现在二语习得研究中备受瞩目的议题重复、练习和频率的关系引入中介语语用习得研究中。

根据 Van Patten（2004）的输入加工模型（input processing model），加工指示起始于介绍目的形式—意义链接，而后是一系列的输入性练习。Takimoto（2008）将其运用到英语作为二语请求的习得中，发现这种基于理解的指示对语用理解和产出都有积极效果。为了进一步测试输入加工练习的效果，Takimoto（2009）考察了重复输入加工练习对英语请求习得的影响。他运用可接受性判断测试和语篇补全测试比较了不参加任何练习、重复同样练习和重复类似练习的3组受试。结果显示，参加输入练习的两组习得效果比不参加任何练习的小组好；尽管参加输入练习的两组在理解层面，即可接受性判断测试中未表现出显著差异，但进行产出，即语篇补全测试时，重复同样练习组表现明显优于重复类似练习组。Takimoto（2009）认为，这样的结果很有可能是因为重复同样的练习让学习者参与了更深层次的认知加工；当面对同样的练习内容时，他们有更多精力用于记忆和注意需要习得的形式。

Li（2012）同样采用了VanPatten（2004）的输入加工模型，研究汉语作为二语的请求言语行为实施情况。实验中，受试首先接受了同样的元语用指示，构建形式—功能—语境链接，然后进行口头语篇补全测试和语用听力适切性判断的前测。随后，受试被随机分为对照组、普通练习组以及双倍练习组。在接下来的两天中，普通练习组和双倍练习组分别进行数量不同的输入加工练习，然后与参照组一起进行后测。结果显示，在语用听力适切性判断测试中，3组没有明显差异。Li（2012）认为，这很有可能意味着对于判断请求言语行为的合适性而言，元语用指示已经足够了。对于请求产出而言，在口头语篇补全测试中，相较于对照组，普通练习组和双倍练习组均取得明显进步，且双倍练习组优于普通练习组。Li（2012）将这种进步归功于元语用指示之后的输入加工练习。同时，该实验也进一步证实了重复或者增加练习量对语用产出的积极作用。

上述研究中，受试接受的练习均分为两类：一类为参考练习（referential activity），一类为感知练习（affective activity）（Li, 2012；Takimoto, 2008, 2009；Wong, 2004）。在参考练习中，学生先接受语境描述，然后对交际双方的权势关系、社会关系和事件强加程度等语境因素进行判断，最后选出合适的请求形式。在感知练习中，学生先接受语境描述，然后听或读相应对话，再对其合适性进行评分。

基于以上研究，在进行言语行为教学时，可以在元语用指示之后，为学生安排相应的输入加工练习，以此巩固目的形式—功能—语境链接。例如，我们通过元语用指示向学生介绍了平等权势、强加程度弱语境下的请求形式，以及下级对上级、强加程度强语境下的请求形式，那么，紧接着就可以让学生进行这两种语境下的参考类和感知类输入加工练习。

例如，进行参考输入性练习时，我们先给出一个语境描述。

Lily and Christina are good friends studying in the same university. Lily was ill and missed one class. So she wants to borrow Christina's notes.

接着让学生对语境因素进行判断，例如，强加程度如何（选择 relatively easy 或者 relatively difficult）。当学生做出正确选择之后，我们再次展示语境信息，并给出一段对话，在请求部分让学生在 a、b 选项中做出选择，例如：

Lily：Hi, Christina.

Christina：Hey, Lily. You come to class today. Much better?

Lily：Ya, much better. Thanks. I missed the last class, (a) Could you please lend me your notes? (b) Lend me your notes.

Christina：OK. Here.

进行感知输入性练习时，同样先给出语境信息。

April and Meredith are good friends and roommates. April is in the shower but forgot to bring the towel. She wants Meredith, who is washing clothes outside the bath, to hand her the towel.

接着给出对话。

April：Hey, Mere. Are you there?

Meredith：Ya. Sup（What's up）?

April：

(a) Would you please hand me my towel? I forgot to bring it in.

(b) I ask you to give me my towel.

Meredith：Which one?

April: The red one, just beside yours.
Meredith: Open the door.Here you are.

让学生为 a、b 两个请求的合适性进行评分：

（a）least appropriate 1—2—3—4—5—6 most appropriate

（b）least appropriate 1—2—3—4—5—6 most appropriate

值得注意的是，目前而言，多少练习数量为最佳尚未有定论。因此，在教学中可以根据学生的语言水平、语用水平等灵活调整练习数量及重复次数。为了提高学生的学习兴趣，在选择练习材料时，可以从学生感兴趣的电视剧或电影中截取视频、音频片段，或者根据他们感兴趣的话题选取阅读材料。

五、学生言语行为习得效果的检验与夯实

Bardovi-Hardig 和 Mahan-Taylor（2003）指出，语用教学的主要目标是培养学习者的语用意识，而这样做是为了帮助他们熟悉不同的语用特征，并且在目的语中将所学内容加以实践。Olshtain 和 Cohen（1991）也提到，进行言语行为教学时，首先要展示所教言语行为最典型的实现方式，再对其所涉及的因素加以解释，最后应为学习者提供练习所学言语行为的机会。培养学生文化意识，要通过元语用指示和输入练习的方法逐步学习言语行为在英语中的实施。基于以上研究关于输出练习重要性的讨论，接下来就可以进一步为学生安排输出练习，检验、夯实习得效果，同时也可以帮助学生更加熟练地运用所学知识。

这里，我们可以借鉴 Martinez-Flor 和 Uso-Juan（2006）提供的模型。在他们看来，输出练习可分为两种类型，即有控制的（controlled）和无控制的（free）。有控制的练习又可进一步分为口头练习和笔头练习。口头练习时可以考虑提供不同的语境信息（包括权势关系、社会距离和强加程度），让学生两两一组进行角色扮演（role-play），或者借用电子资源完成口头语篇补全测试（ODCT）。笔头练习时则可以考虑让学生完成传统的语篇补全测试（DCT），或者让学生根据不同事件（强加程度不同）互写电子邮件。若学生已能较好地完成有控制的输出练习，便可考虑让他们参与无控制的练习，例如采访英语本族语者，或者向老师发送电子邮件，实施不同的言语行为（例如请假、询问课程设置、咨询试题等）。

在完成练习之后，可以根据练习方式的不同给出反馈。例如，如果是学生两两完成的角色扮演，那么可以让学生互相给出反馈意见；如果是笔头练习，那么可以直接进行详细批注，如在回复学生邮件时对学生言语行为策略选择的合适性、语言选择、话语组织和礼貌等加以评价、修改，并给出修改的依据，以便学生进一步理解和调整。不管是同学之间的还是老师的反馈都有利于学习者的习得（Belz &

Kinginger，2003；Taguchi，2011a）。

"说话就是做事"（Austin，1962）。言语行为是我们日常生活的重要组成部分，而言语行为能力也被认为是二语语用能力的重要评判标准之一。

基于众多有关言语行为教学与习得的研究，总结来讲，笔者认为，首先可以通过意识培养活动来帮助学生认识言语行为在英汉语中的不同文化属性和不同实施方式。接着，用显性的元语用指示介绍主体言语行为，针对主要言语行为和辅助性言语行为礼貌策略的使用来帮助学生建立合适的形式—功能—语境链接，在学生水平允许的情况下，再利用元语用指示结合话语分析的方法介绍言语行为序列。随后，再通过输入练习的方式帮助学生巩固特定言语行为的形式—功能—语境链接。最后，通过输出练习加上反馈进一步帮助学生检验和夯实言语行为的习得效果。

当然，这里提供的教学方法不是完美的，也不是唯一的，只是为大家提供一个参考。在实际教学中，还可以随时根据学生的水平、习得效果等众多因素对教学材料、步骤、练习难度、数量等灵活调整。

第七章 会话教学

第一节 会话结构分析

语用学为什么要研究会话结构（conversational structure）？列文森明确指出："语用结构的各个方面都是以运用中的会话为中心组织起来的。"（Levinson，1983：284）话语不限于会话，但会话是人类最原始的语言使用形式，会话是话语最基本、最重要的形式。通过会话结构分析，可以揭示会话构成的规律，解释自然会话的连贯性，有益于准确理解。话语意义

应该说明，会话分析（conversation analysis）是由一群社会学家如萨克斯（Sacks）、谢格罗夫（Schegloff）、杰弗逊（Jefferson），即通常所说的"民族方法论者"（ethnomethodologists）在20世纪60年代末到70年代初开创的。"民族方法论"（ethnomethodology）研究"民族"（ethnic）即社会成员自身产生和理解社会交互作用的各种方法。在研究中，他们从大量的自然会话语料出发，把研究重点放在材料（包括录音和自然会话的记录）和材料中反复出现的模式上。分析方法甚为严谨。会话分析的标记法列举如下（Levinson，1983：369-370）。

　　//　　　　表示从这一点开始接下去说的话跟下一行记录的话交迭
　　*　　　　表示说话交迭终止的一点
　　:　　　　表示音节拖长
　　斜体表示在音强、音高、音长上重读的音节
　　大写表示语音较强的部分
　　(( ))　　　表示记录者不想深入考虑的现象或某些非言语行为等
　　?　　　　表示记录中不能肯定的部分表示语调上升
　　.　　　　表示语调下降

,	表示语调保持不变
(0.0)	表示大致相当几百毫秒时长的停顿或间隙
==	表示前后说的话紧紧相连，无间隙
→	注意跟讨论直接有关的现象的定位
hh	表示可以听到的出气声；.hh 表示吸气声

列文森对"民族方法论者"的研究工作给予肯定的评价，并对会话结构分析进行了系统的总结，使之进一步完善。

列文森认为，"研究会话结构的正确方法是经验的方法"（Levinson，1983：285）。列文森指出：尽管语用学产生的背景主要是哲学传统，但这种哲学传统今后将让位于对语音使用更加以经验为依据的研究，利用内省材料进行的概念分析将让位于以观察为依据的细致的归纳工作。这就是说，语用学研究应该采用以经验为基础的归纳法，从大量的会话素材中找出反复出现的模式，归纳出规律，提炼出理论来。因为语用学在本质上属于经验科学。

还应该指出：会话涉及许多因素（包括语言之外的因素），因此，不能期望会话分析像句子结构分析那样严谨。

下面介绍会话结构必须研究的几个问题。

一、轮流说话

眼明心细的人不难发现：会话过程中很少出现两个人或几个人同时说话的情况。如何科学地解释这种现象呢？研究者指出，会话的特点是轮流说话（turn-taking）：一次会话至少得由两轮话组成，A 先说，停下来后，B 再接着说，两人对话的分布是 A-B-A-B-A-B。萨克斯、谢格罗夫、杰弗逊（Sacks, Schegloff & Jefferson, 1974）提出，支持轮流说话的机制是一套依次选用的规则，这套规则只对会话中的轮流交替起作用，因此称为"局部支配系统"。受支配的最小单位是会话中的一个话轮（a turn），即说话人的话从开始到结束。一个说话人最初只被分派给这样的一个单位（话轮）。这个单位的终止就是可以变换说话人的位置，称为"转换关联位置"（transition relevance place, TRP）。在"转换关联位置"，支配轮流说话的规则开始起作用。这种轮流单位必须具有这样的特征：能预测它的终止位置；能在单位以内具体表明终止时邀请哪一个人接着说话。选择下一个说话人的具体方法中比较直接的有：提问（提议或要求等）加上称呼语；肯定尾句加上称呼语；各种证实听觉和理解的话 [如："Who?"（谁？）、"You did what?"（你干了什么？）、"Pardon?"（对不起，你说什么？）等]，这些话选择原先的说话人继续为下一个说话的人。

轮流说话的规则是（C指当时的说话人，N指下一个说话人，TRP指一个轮流结构单位的可识别的终止位置）(Levinson, 1983：298)。

规则1：应用于第一个TRP（不论从哪个话轮开始）。

（a）如果C在当时一个话轮中选择N，那么C必须停止说话，N必须接着说话，转换出现在选择N后的第一个TRP。

（b）如果C没有选择N，那么任何其他的参与者都可以自我选择，谁先说话谁就获得说下一轮话的权利。

（c）如果C没有选择N，也没有其他的参与者按（b）自我选择，那么C可以（不是必须）继续说话（即要求获得继续说下一轮话的权利）。

规则2：应用于以后的每一个TRP。

在C已经应用规则1（c）后，规则1（a）—（c）适用于下一个TRP，并反复适用于下下一个TRP，直到实现说话人的转换为止。

以上规则能解释轮流说话的一些特点。首先，在一次会话中的一个时间里一般只有一个人说话。如果发生两个人说话的交迭，至少在大多数情况下，交迭的位置可以预测：或发生在竞相开口说话的场合，这是规则1（b）所允许的。例如：

（1）J：Twelve pounds I think, wasn't it?==

（是12磅，我想，不是吗？）

D：=//Can you bel*ieve* it ?

（这你能相信吗？）

L：Twelve pounds on the Weight Watchers' scale.

（体重观察者的体重秤上是12磅。）

或发生在对TRP做出错误判断的场合，有尾加短语或称呼语的情形。例如：

（2）A：Uh *you* been down here before//havenche.

（嗯，你过去下来过，不是吗？）

B：Yeah.

（是的。）

以上规则还可以区分非故意的交迭 [如（1）和（2）] 和粗鲁的介入。例如：

（3）C：We：// I wrote what I thought was a a-a

rea：s'n//ble expla*na-tio*：n

（哎，我写了————一种我认为是合理的解释）

→ F：I think it was a *very* rude le：*tter*

（我认为这是一封很粗鲁的信）

言语交际中可能出现沉默。根据以上规则可以把沉默（没有人说话）区分为间隙（gap）、间隔（lapse）和有原因的沉默（significant or attributable silence）。

进一步的研究表明：当说话发生交迭时，有一个解决交迭的系统起作用。首先，交迭一旦发生，一般是有一个说话人立即停止说话；其次，在一个说话人停止说话后，继续说话的人一般要重复由于交迭而未被听话人听清楚的那些话；最后，如果没有人立即停止说话，则会有人通过增加音强、减慢速度、延长元音等方式竞获发言权。

二、相邻对

相邻对（adjacencypair）这一概念对揭示会话结构有重要作用。

最典型的相邻对是问/答、问候/问候、提议/认可或拒绝、道歉/抚慰等。谢格罗夫和萨克斯提出相邻对有以下特征（见 Levinson，1983：303－304）。

相邻对是一前一后两轮话，这两轮话是：邻接的；是由两个说话人分别说出的；分为始发语和应答语；有一定的类型，即始发语要有特定的应答语相匹配，例如，问候/问候、提议/认可或拒绝。

有一条规则支配相邻对：在说出相邻对的始发语后，该说话人必须停止说话，下一个说话人此时必须说出这个相邻对的应答语。例如：

问/答相邻对：

孟小樵：你都到过哪儿呀？

破风筝：武汉、重庆、成都、昆明、桂林，倒真开了眼！

——老舍《方珍珠》

问候/问候相邻对：

王二婶：齐大妈，您早！

齐母：您早，二婶！

——老舍《女店员》

提议/认可或提议/拒绝相邻对：

提议/认可：

张山：星期天咱们一起去香山赏红叶好吗？

李云：好主意！

提议/拒绝：

齐凌云：妈，跟我去吧！

齐母：我不去！

——老舍《女店员》

道歉/抚慰相邻对：

孙小姐道："赵先生，我真抱歉——。"辛楣道："哪里的话！今天我是虚邀，等你身体恢复了，过天好好的请你。"

——钱钟书《围城》

由此看来，相邻对是会话结构的一种基本单位。但是，前面列出的相邻对的几条特征却不是无可挑剔的。首先，"邻接"这个条件过严，因为经常出现"插入序列"（insertion sequence）的情形，例如，在一问一答之间插入另一个一问一答（Q^1 表示第一问，A^1 表示第一答，依此类推）。

A: May I have a bottle of Mich?（（Q^1））

（我可以来一瓶米基酒吗？）

B: Are you twenty one?（（Q^2））

（你到 21 岁了吗？）

A: No.（（A^2））

（不到）

B: No.（（A^1））

（不行）

B 对于 A 提出的买一瓶米基酒的要求（用 Q^1 表示）没有立刻认可或拒绝，而是向 A 提了个问题（用 Q^2 表示）；待 A 回答了这个问题之后，B 才对 A 的要求作答。

又如，在一问一答之间插入一个"缓答/认可"的相邻对。

（10） B: U: hm（.）what's the price now eh with V.A.T. Do you know eh?

（呃，现在 V.A.T 涂料，呃，价格是（（Q^1））多少，你知道吗？）

A: Er I'll just work that out for you=

（（缓答））（哦，我就为你算一算）

B: =Thanks.

（（认可））（谢谢）

A: Three pounds nineteen a tube sir.

（（A^1））（每管 3 镑 19 便士，先生）

"邻接"这个条件很严，所以有必要用一个新的概念——"有条件的关联"（conditional relevance）来取代，就是说，相邻对必须满足的条件是：应答语跟始发语之间有直接的联系，而且应答语在期待之中。如果应答语没有紧接着出现，出现的是另一轮始发语，那么它可以被当作应答语出现以前的预备性相邻对的一部分。这个概念清楚地说明：把相邻对的始发语和应答语联系在一起的并不是那种规定有一问必有一答的组成规则，而是始发语所引起的一些特定的期待。

此外，还需要研究可以和始发语匹配成对的应答语的范围问题。事实上，和问话相配的除了回答之外，还可以有许多其他应答语。例如：声称不知道，转移提问对象（如"这个问题你去问张三"），拒绝回答等。为了解决这些问题，有人提出了"优选结构"（preference organization）的思想，其中心意思是：相邻对中所有可能跟始发语配对的应答语并不具有同等地位，有一组优选结构在起作用，即各种可能的应答语中至少有一类是"合意的"（preferred，即听话人的应答能满足说话人发话的期待），有一类是"不合意的"（dispreferred，即听话人的应答不是说话人所期待的）。这里所说的"合意性"是一个结构上的概念，相当于语言学中的"标记性"（markedness）概念。实质上，合意的应答语是无标记的——在结构上以较简单的一轮话出现。例如：

① Child: Could you, could you put on the light for my room?
（您能——您能为我把房间的灯开亮吗？）
Father: Yep.
（行。）

② A: Her performance last night was fantastic, wasn't it?
（昨晚她的表演棒极了，是吧？）
B: Absolutely.
（的确如此。）

请注意：例①中，父亲对孩子的请求没有较长的迟延就表示同意，用的是最简单的应答形式：Yep。例②中，B 的应答完全赞同 A 对某女士表演的评价。而不合意的应答语是有标记的——在结构上有各种复杂的形式。在说出不合意的应答语之前，一般总是：有较长的迟延；有标记不合意性的前导语，通常是 Well；对不能说出合意的应答语做出解释。例如：

① A: English is easier to learn than Russian.
（英语比俄语容易学。）
B: Well, On the whole, but the spelling is troublesome.
（嗯，总的来说是这样，但英语的拼法很麻烦。）

② C: Um I wondered if there's any chance of seeing you tomorrow sometime (0.5) morning or before the seminar.
（嗯，不知有无机会在明天早晨或讨论会之前有点时间跟您见面。）
(1.0)
→ R: Ahum (.) I doubt it.
（啊，嗯，可能不行。）
C: Uhmhuh?

（嗯，啊？）

R：The reason is I'm seeing Elizabeth.

（因为我得见伊丽莎白。）

请注意：例①中，听话人使用了不合意的前导语 Well，并做出与听话人 A 不同的估价。例②中，接电话人对打电话人提出的约会请求表示拒绝是在一秒钟迟延之后，还加上另外几个迟延成分（ahum，瞬时停顿）；拒绝的形式也不是最简单的（不用 No，而用了 I doubt it）；接着还说明了拒绝约会的原因。所以这样说：对于提出的"请求"，表示同意是"合意的"应答语，表示拒绝是"不合意的"应答语。

三、修正机制

人们会话是口头交际，思考不周或口误在所难免，因此需要及时补充、修正。

修正机制（repair apparatus）具有以下特征。首先，它在一个至少由 3 个话轮组成的序列中有规律地提供几个空档（机会），可以在这些空档里进行修正或促使对方修正（T_1 表示第一话轮，T_2 表示第二话轮，T_3 表示第三话轮）：

T_1（包括可修正的话）= 第一次机会：主动自我修正

T_1 和 T_2 的过渡间隔 = 第二次机会：主动自我修正

T_2 = 第三次机会：对方主动修正或促使对方在 T_3 作自我修正

T_3 = 第四次机会：在 T_2 对方的促使下作自我修正各次机会修正举例（英语例子见 Levinson，1983：340）。

在第一次机会作主动自我修正：

N：She was givin' me a：// the people that were eo：ne

→ this yea：r I mean this quarter y'//know

（她要把那些人全给我，他们都走了，我是说这个季度，你知道。）

J：Yeah.

（我知道。）

"可是，战败者常常得到旁人更大的同情——"唐小姐觉得这话会引起误会，红着脸——"我的意思是说，表姐也许是赞助弱小民族的。"

——钱钟书《围城》

在第二次机会作主动自我修正：

L：An'en but all of the doors'n things were taped up =

= I mean y'know they put up y'know that kmda paper'r stuff，the brown paper.

（但是所有的门和东西都贴了封条，你知道我是说他们贴上了你知道那种褐色的纸一样的东西。）

"我只顾交代我降生的月、日、时,可忘了说是哪一年!那是有名的戊戌年啊!戊戌政变。"

——老舍《正红旗下》

在第三次机会对方主动进行修正:

① A: Lissen, a *pigeon*.

(听,鸽子。)

→ B: Quail, I think.

(是鹌鹑,我觉得。)

② 白花蛇:明天晚上的文艺座谈会,应该谁去参加?请反感意见。

方珍珠:"反映",不是反感!二叔!

——老舍《方珍珠》

或者,在第三次机会促使对方做出自我修正:

① A: Have you ever tried a clinic?

(诊疗所你试过没有?)

B: *What*?

(什么?)

② A: Have you ever tried a hospital?

(医院你试过没有?)

老张:老李你最近去过证券(zhèngjuàn)交易所吗?

老李:什么?

老张:证券(zhèngjuàn)交易所。

在第四次机会在对方促使下作自我修正:

B: .Well I'm working through the Amfat Corporation.(嗯,我正在清查阿木法特公司。)

→ A: The *who*?

(清查谁?)

→ B: Amfat corporation. This's a ho'lding company.

(阿木法特公司,这是一家控股公司。)

其次,修正机制也是优选结构(preference organization)。优选的等级次序如下。

①在第一次机会作主动自我修正。

②在第二次机会(转换位置)作主动自我修正。

③在第三次机会促使对方在下一轮话作自我修正。

④在第四次机会在对方促使下作自我修正。

这个优选等级次序体现了从最常用的修正手段逐步降至最不常用的修正手段。即人们倾向于主动自我修正（在第一、二次机会进行），如果发现说话人未利用前两次机会对出现的问题作自我修正，在多数情况下，宁肯发出一个信号来促使对方在下一轮话自我修正，也不愿代对方做出修正。偶尔不得已而代对方修正时，一般后面总要带上一个调节语，如 I think（我想、我觉得），或者前面加上一个 y'mean（你是说）等。总之，修正机制强烈地倾向于主动修正和自我修正，因为交际应该遵守礼貌准则，给说话人留面子。

四、预示序列

预示序列（pre-sequence）是说话人在以言行事之前用以探听虚实的一类话语。说话人使用这类话语的主要动机是考察有无向听话人实施某一言语行为的可能性，即说话人实施某一言语行为能否从听话人那里得到"期待的"反应。预示序列是为表达"邀请""请求""宣告"等语力的最典型的会话结构格式。

预示序列主要分为以下几类。

1. 邀请预示序列（pre-invitation）

① A: Whatcha doin'?

（你在干什么？）

B: Nothin'.

（没干什么。）

A: Wanna a drink?

（想喝一杯吗？）

② 鸿渐道："苏小姐，明天晚上你有空么？我想请你吃晚饭，就在峨嵋春，……"

——钱钟书《围城》

这类例子表明，说话人的发话是探听有无向听话人发出邀请的可能性。听话人理解说话人发的话是个邀请预示序列，因此听话人的回答必定尽量跟说话人接着可能发出的邀请相协调。

2. 请求预示序列（pre-request）

C: Do you have the blackberry jam?

（有黑莓酱吗？）

S: Yes.

（有。）

C: Okay. Can I have a pint then?

（好，我来一品脱，行吗？）

S: Sure.（当然。）

请求预示序列的结构一般分为4个级位。例如：

级位1，A: Hi. Do you have uh size C flashlight batteries?

（嗨，有C号电筒电池吗？）＜请求预示序列＞

级位2，B: Yes Sir.

（有，先生。）＜有什么要求，请说＞

级位3，A: I'll have four please.

（请给我4节。）＜提出要求＞

级位4，B:((turns to get))

（转身去取）＜反应＞

在这样的情况下，使用预示序列的一个主要原因是说话人想凭借它来探听即将发出的请求能否得到"合意的"反应（不被听话人拒绝）。

假定你在商店买东西，"合意的"反应就是售货员主动提出可以供应。例如：

C: Do you have pecan Danish today？（今天有丹麦山核桃吗？）

→ S: Yes we do. Would you like one of those?（有。你想要一袋吗？）

C: Yes, please.（请来一袋。）

S: Okay.（好。）

3. 宣告预示序列（pre-announcement）

D: I forgot to tell you the two best things that happen' to me today.

（我忘了告诉你我今天的两件好事儿。）

R: Oh super=What were they?

（哦，想是——两件什么事儿？）

D: I got a A+ on my math test... and I got an athletic award.

（数学测验我得了A+，还得了体育运动奖。）

宣告预示序列由两轮互相交迭的相邻对组成，第一轮相邻对的应答语跟第二轮相邻对的始发语重合为一轮话（R说的话）。第一轮话一般至少具有以下几种特征中的一种。

①说明宣告的内容是什么种类（例如：消息类）。

②对宣告的内容做出评价（例如：好消息或坏消息）。

③往往说明信息的日期。

一般要有一个未知项。这很重要，因为要宣告的内容正是有关这个未知项的。

第一轮话的设计是关键，例如上例，其中的"the two best things that happen' to me today"是经过精心设计的，它预示即将宣布的内容是"两件事儿，好事儿，今天发生的事儿"。使用这种预示序列的主要动机是：说话人总是希望不要把听话人已知的事情再告诉听话人。因此，第一轮话的结构是这样设计的：提供一个已知信息的框架和一个未知项，对这个未知项所要做出的说明是新信息。

第二节　会话组织教学策略

在中国的英语教学中，时常发现即便是高水平的中国英语学习者，其在英语会话中能做到语法、语音和词汇完全正确，但是在面对英语为本族语的会话者时，仍会出现许多语用问题。如不能准确判断话轮转换关联位置（贾砚萍，1995），不知如何转换、保持话轮（Jin，何安平，1998b；贾砚萍，1995；杨连瑞，2002），常常被迫处于令人尴尬的沉默之中（贾砚萍，1995；杨连瑞，2002）等。这是因为中国传统的英语会话教学材料只是通过编写对话来呈现语法规则，而不是再现真实生活中的会话，很少关注话轮分配、话题转换、社交寒暄等语用技巧。本节提出了一些教学策略，旨在引导外语会话组织教学，帮助学习者在实际交际中灵活、恰当地运用会话组织顺利地、得体地实现交际目的。

一、聚焦会话组织方式

Schmidt（1990）根据其学习葡萄牙语的经历提出了"注意假设理论"（Noticing Hypothesis），认为"注意是一个将输入转化为吸收（intake）的必要但不充分条件，没有注意的学习是不可能发生的"，旨在通过教师的有效课堂干预，充分唤起学习者的注意力，对目标内容进行信息加工处理，增大由短时记忆输入长时记忆中的信息量，最终有效提高学习效率。教师可以在教学实践中明示、讲解、传授会话组织的结构和相关规则，让学习者掌握，以为后续的操练打下基础。另外，教师在平时教学中应有意识地提升学生话语组织的意识和能力，让他们熟悉各种会话类型，掌握获取话轮、保持话轮和让出话轮的技巧。

Shively（2010）指出学习者要接触真实的目的语输入。教师可以结合真实的语言实例（如英文电影或短剧等）帮助学习者了解和熟悉会话组织成分和运行机制等，让学习者充分注意到特定语境下会话的形式和交际意图的匹配。脱离了实例，单纯的、抽象的、没有实例支撑的讲解不可能引起学习者的兴趣，也不会取得令人满意的效果。除了课堂以外，学习者还可以利用其他学习场所有意识地学习、操练会话组织。在实践中，学习者可以接触真实的交际，对相关知识的体会更真切，学习的效果也会更好。

总之，话语组织的教和学应该将功夫放在平时，既要实施专门的会话组织教学，又要在教授其他内容的过程中融入会话组织教学。从某种程度上说，后者更为重要。原因在于，受学时的限制，教师不可能花太多专门的时间进行会话组织教学。另外，将会话组织的精髓和实践与其他教学内容相结合，可以给学习者提供较为真实的交际环境，让他们在其中学习、提高。

二、给出会话任务

我们认为，教学最终是为了让学习者能够在实际交际中高效、合适地进行交际，因此，会话组织教学应该以操练任务为主，可采用任务型教学法施教。在任务型课堂中，学习者能够参与到具体的任务中，发挥自己的积极性和主动性，能够投入其中，在活动中提升自己的会话组织意识和能力。在课堂教学中，教师可以引导学生参与大量的会话实践活动，如师生互动对话、学生一对一练习、小组练习、角色扮演等。在课余时间，师生共同寻找机会创设情景训练会话技巧，如参加英语角、设法多与英语本族语者交流互动，努力在自然的语言环境中领悟和运用会话技巧。

三、比较中英会话组织差异

由于文化价值体系不同，中英会话存在一定程度的差异。唐德根、常圆（2004）指出，在跨文化交际中，不同的文化观念、民族特性和语言思维决定了英美会话属于高介入会话方式（high involvement style），而汉语会话则是高体贴会话方式（high considerateness style）。高介入会话方式是指在参与会话时所采取的一种语速和频率较快、话轮之间几乎没有停顿、对话双方或几方话语互相重合的会话方式。高体贴会话方式指的是在参与会话时所采取的语速和频率较慢、话轮之间停顿时间较长、避免重合、不打断、不强加的会话方式（Yule，2000：76）。比如，在英语会话中，无论会话双方是上级和下属还是长辈和晚辈的关系，经常可以见到打断的现象。因此，中国英语学习者在进行英语会话时，有必要更加全面地掌握话轮转换的方式以及英语会话组织机制。可见，在会话组织教学中，教师应帮助学生增强对中英会话方式的比较意识，并对两者的异同进行详细的讨论，从而让学生准确地了解英语会话组织的特点，成功地在跨文化交际中进行英语会话。

综上所述，在外语教学中培养学生的英语会话能力是提高其跨文化交际能力的一个重要方面。教师应当注重学生会话技能的培养，教给学生会话组织的知识和策略，并创造良好的课堂交际环境，使学生在自然、得体的会话交际中掌握会话结构和组织规则，从而更加得体地进行跨文化交际。

第八章　模因论语用教学

第一节　语言模因论概述

一、模因与模因论

模因论是基于达尔文的进化论来解释文化进化规律的一种新理论。英国牛津大学著名动物学家和行为生态学家，同时也是新达尔文主义的倡导者 Richard Dawkins 在其 1976 年的著作《自私的基因》（*The Selfish Gene*）中首次提到了 meme 这一概念。meme 一词源自希腊单词 mimeme，意思是"被模仿的东西"。我国著名语用学家何自然教授将 meme 这一术语翻译成"模因"，旨在让人们联想到它是一种与基因相似的模仿现象。"基因是通过遗传而繁衍的，但模因却通过模仿而传播，是文化的基本单位"（何自然，2005：54）。

前期的模因论将模因看成文化模仿单位，或者说文化复制因子，其核心是模仿。它可以表现为"曲调旋律、想法思潮、时髦用语、时尚服饰、搭屋建房、器具制造等的模式"（Dawkins，1976：206，2006：192），也可以是"科学理论、宗教信仰、决策程序、惩罚模式、客套常规"（谢朝群、何自然，2007：30）等。在后期的模因论里，模因被看作大脑中的一个信息单位，是存在于大脑中的一个复制因子。模因就像病毒一样，不断从一个宿主过渡到另一个宿主，感染其他人的大脑，进而影响被感染者的思维和行为模式。新达尔文主义者 Blackmore 在其《模因机器》（*The Meme Machine*）一文中指出："当某种思想或某种信息模式出现时，在它引致别人去复制它或别人对它重复传播之前，它还不算是模因。只有当这种思想或信息模式得以被传播、仿制时才具有模因性。"（1999：66）因此，"任何一个信息，只要它能够通过广义上称为'模仿'的过程被'复制'，就可以称为模因了"（Blackmore，1999：66）。

二、语言模因论

从模因论的角度看，任何东西，包括音乐、建筑风格、政治理念、语言词汇等，只要被人不断地模仿、复制和传播，就可以称为一种模因。依此，对于语言而言，那些被大量模仿、复制和传播的语言单位也就成为一种模因，即语言模因。任何字、词、短语、句子、段落、篇章，甚至其所传达的文化意义，都有可能被广泛模仿、复制和传播，从而成为语言模因。比如"非典"一词，就因为在某个特定时段被成千上万的人所使用而得到广泛模仿、复制和传播，进而成为一个具有强大生命力的模因。再如，现在网络语言中到处充斥着"X客"一说，如"闪客"（经常使用Flash的人）、"拼客"（集中在一起共同完成一件事的人）、"威客"（凭借自己的创造能力在互联网上帮助别人，并获取报酬的人）等。"X客"一词最早源于"黑客"（英文hacker的音译），后来，随着网络的发展，越来越多的网民在"黑客"一词的基础上，创造出许多结构类似但意思不同的词语，"X客"这一表达方式逐渐盛行于网络世界（其中"客"表示做某件事或具有某种特征的人），成为一个具有时尚活力的语言模因。

（一）语言模因的形成

从模因论角度看，语言是模因的载体之一，语言模因的形成揭示了话语流传和语言传播的规律。自然语言中的模因主要体现在以下3个方面：教育和知识的传授、语言本身的运用，以及信息的交际和交流（何自然，2005：55）。

首先，教育和知识的传授使语言模因得以复制和传播。在语言模因的广泛复制和传播中，教育和知识的传授起着不容忽视的作用。一个模因要想得到广泛传播，首先必须进入人们的大脑。同样，语言模因要想得以复制和传播，首先必须像空气一样"弥漫"人们的大脑。在这个"感染"过程中，来自学校和社会的信息输入发挥着巨大作用。我们从学校和社会学来的字、词、句段和篇章，经过个人的模仿和复制，不断地从一个个体传播到另一个个体。如果没有学校和社会的"输入"，语言模因就不会在人们的头脑中扎根，更不会经过不断重复而得到广泛传播。比如，"新时代中国特色社会主义"等说法，通过报纸、电视、广播等媒体输入人们的大脑，并通过人们的不断重复使用得以复制和广泛传播，从而成了语言模因。再如，人们从家庭、学校和社会接收到的一些语言信息，如"拜托""谢谢合作""欢迎光临"等礼貌用语，在教育与传授过程中被不断重复，进而得到广泛传播。因此，语言模因的复制和传播是以教育和知识传授为条件的。

其次，语言本身的运用促成语言模因的复制和传播。一个语言模因在通过教育和知识传授进入人们大脑后，只有经过人们对其不断地使用才能得以复制和传播。语言模因的使用可以表现为直接引用、模仿和创新。"和谐社会"这一说法因被人们不断引用而深入人心，人们又模仿其结构创造出了"和谐校园""和谐小区"等说法，这些说法也成了流传极其广泛的语言模因。"今年过年不收礼，收礼还收脑白金"这一广告语在通过媒体不断输入人们大脑后，又被人们模仿、创新而形成一系列新的语言模因集合体，如"今年过年不收礼，收礼只收短消息"等。由此可见，语言模因要想得以广泛复制和传播，离不开人们对语言本身的运用，只有在不断使用的过程中，语言模因才能凸显其强大的生命力，而得以不断流传。因此，语言的运用是模因复制和传播的重要途径。

最后，文化交流也会催生语言模因。这类语言模因指的是根据语境即兴而发，随后得到广泛复制和流传的信息，多在跨语言和跨文化的交流中出现。许多语言信息是在文化交际和交流过程中，为了达到特定的交际目的、根据不同语境而形成并流传的。因此，文化交流可以看作语言模因复制和传播的催化剂。

（二）语言模因的传播方式

语言模因通过复制进行传播，但这"不是说词语的原件与复制件从内容到形式都完全一致"（何自然，2005：58）。语言模因在传播的过程中往往与不同的语境相结合而组成新的模因复合体。从模因论角度观察，语言模因的传播有两种方式，分别为"内容相同形式各异"的基因型和"形式相同内容各异"的表现型（何自然，2005）。

基因型传播方式指的是，相同信息的语言模因在复制和传播过程中表现形式可以不同，但内容却是相同的。这类传播方式又可细分为相同的信息直接传递和相同的信息异形传递两种方式。前者包括各种引文、口号、转述，以及日常交谈引用的名言、警句，或者重复别人的话语等；后者指的是信息在复制过程中出现模因的移植，但这些变化并不影响原始信息，复制出来的仍是复制前的内容。

表现型传播方式指的是，模因的复制和传播采用同一表现形式，但分别按需要表达不同的内容。这类传播方式又可细分为同音异义横向嫁接、同形联想嫁接、同构异义横向嫁接3种方式。其中同构异义横向嫁接的传播方式被应用得最为广泛，在日常生活语言中能找到非常多的例子，小到字词、大到篇章，都能通过同构异义横向嫁接的方式得到复制和传播。比如，"非常"一词就是一个很活跃的语言模因，现在广泛使用于生活的各个领域：我们有电视节目叫《非常周末》和《非常6+1》；我们有饮料叫"非常可乐"；我们有话剧叫《非常球事》，等等。除了单个的字词，整个篇章结构的复制也非常常见，尤其是在网络语言中。比如，凡客公司推出的明星代言系列广告语篇就被网友大量复制，进而形成了网络流行语中的"凡客体"。由韩寒代言的原版凡客广告词如下：

爱网络，爱自由。

爱赛车，爱晚起，爱夜间大排档，

也爱 59 块帆布鞋。我不是什么旗手，

我不是谁的代言。我是韩寒，

我只代表我自己。

我和你一样，我是凡客。

这则以"爱……，也爱……，不是……，我是……"为基本叙述方式的广告在网上掀起模仿热潮，不论是名人 Steve Jobs 还是动画人物灰太狼，都成为"被凡客"的对象。灰太狼版的凡客体如下：

爱发明，爱创造。

爱抓羊，也爱被羊们耍，

爱老婆，更爱老婆坚贞无比的平底锅。不是饿狼，不是恶狼，

不是色狼，我是灰太狼。

找男人的都别找了，有男人的也别要了，我和他们不一样，因为你要相信，

嫁人要嫁灰太狼。

通过"形式相同内容各异"的表现型模因传播方式，原版凡客广告词被广泛复制和传播，形成了网络上流行的"凡客体"。实际上，当今网络上充斥着各种"体"，除了凡客体，还有甄嬛体、微博体等等。这些"体"实际上就是具有相同形式的语言模因，通过填充不同内容得到复制而传播开来。

（三）语言中的强势模因

人们使用语言的过程其实就是各种语言模因在复制与传播中互相竞争的过程。在这一竞争过程中，有些复制因子生命力比较强大，能够将其他复制因子毁灭。Blackmore（1999：38）指出："我们在生活中经常能碰到的模因，都是一些成功的模因，即能在自我复制的竞争中获胜的模因。"这些成功的模因就是强势模因。

Dawkins（1989）提出模因具有以下 3 个特征：复制忠实性（copying-fidelity）、复制数量（fecundity）和复制周期（longevity）。一个模因被复制得越忠实，就越容易保留；复制得越快，复制者数量就越多；复制模式存在的时间越长，复制者数量就越大。由此可见，一个模因究竟能否成为强势模因，要受到复制忠实性、多产性和长久性这 3 个要素的影响。

Heylighten（1998）提出，模因要成功复制，即成为强势模因，必须经过4个阶段，并提出了成功模因的选择标准。这4个阶段是：同化（assimilation），即寻找新宿主的过程；记忆（retention），即在宿主的记忆里保留的时间；表达（expression），即从记忆模式转换为能被人所感知的物质形式；传播（transmission），即借助一些稳定的物质载体或媒介进行广泛流传。一个模因要想成功通过以上4个阶段而成为强势模因，必须具备一些特点，如同化阶段的可注意性、可理解性和可接受性，记忆阶段的不变性和排斥异己性，表达阶段的劝诱传播性，以及传播阶段的公众注目性。

我国学者陈琳霞、何自然（2006）认为，一种语言模因要想被普遍模仿而成为成功的模因，必须具备以下特性中的一种或几种：实用性、合理性、时尚性以及权威性。就实用性而言，"豆腐渣工程"虽然是一个偶发语言信息，但由于这个比喻形象、贴切，具有很强的实用性，于是马上传播开来，成为强势语言模因。就合理性而言，一些外来词语因借用合理而被人们接受，从而得到广泛复制和传播。比如音译外来词"贴士"，来源于英文单词tip的复数形式tips，有一个义项为"指点、忠告"，现在得到较为广泛的应用和传播，出现了各种各样的贴士，如"健康贴士""求职贴士"等，运用于日常生活的方方面面。就时尚性而言，如果语言时髦，人们就会不自觉地模仿起来，从而让其广泛传播，形成强势语言模因。最后，就权威性而言，权威人士对语言的运用会在很大程度上影响普通社会成员，使他们对权威人士的语言进行模仿和传播。比如邓小平同志提出的"发展才是硬道理"，经过广大人民群众的模仿和传播，现已成为强势语言模因，在我们的生活中处处可见"XX才是硬道理"的话语。

第二节　语言模因论与外语教学

从语言模因论角度看，语言本身就是一种基因，是一个文化信息单位，可以通过模仿而得到传递，这一特性在字、词、短语、句子、段落甚至篇章层面都能得到体现。语言模因的复制和传播特征使我们有理由相信，语言的教学过程就是语言模因复制传播的过程。在这一过程中，教师以其权威者的身份"帮助学生将要求掌握的语言模因进行同化、记忆、表达和传播，促使它们向长久性、多产性和复制忠实性的方向发展"（李捷、何自然，2010：22）。国内许多学者纷纷利用语言模因论作为一种新的思路，在语言教学领域，尤其是外语教学领域作了许多研究，主要探讨语言模因论对外语教学的启示，并提出了优化外语教学框架（陈琳霞，2008；王洪英、林俐，2008，张辛欣、娄瑞娟，2010；郑华，2010等）的想法。何自然（2005）认为，在语言模因论的指导下，过去一些被丢弃了的、被认为不合理或不可取的传统教学模式和教学主张，如背诵和模仿，也许要重新对其做出评价，甚至要恢复和再次提倡。下面介绍这两种基于语言模因论的外语教学法。

一、背诵教学法

在当今国内外语教学课堂中，越来越多的老师过分热衷于分析型、启发型、任务型的外语教学方法，而不屑于使用背诵这一传统的语言教学方式。殊不知，背诵并不等于死记硬背，它与思辨能力和创新意识的培养并不对立。就语言模因论来看，语言是在不断地复制和传播中得以生存的，从语言模因复制和传播的4个阶段不难看到，背诵在这个过程中起着不可忽视的作用。因此，完全摒弃背诵这一传统教学手段将是外语教学的一大损失。

任何一种语言能力的形成都离不开语言材料的大量输入和积累，而背诵的过程就是语言输入和积累的过程。我国自古就有许多有关熟读、背诵的至理名言，如"熟读唐诗三百首，不会作诗也会吟""读书破万卷，下笔如有神""书读而记，记而解，解而通，通而作"等。Krashen（1982）提出了二语习得理论的5个假设，其中输入假设最为重要。语言习得是通过语言输入完成的，教师的主要任务应放在为学习者提供最佳的语言输入上。最佳语言输入应该是那些可理解的、密切相关的、不以语法为纲的、大量的语言输入。可理解输入（comprehensive input）是语言习得至关重要的因素和必不可少的条件，也是背诵输入的实质。背诵的语言材料往往是经过精心挑选的，不仅有利于学习者理解，更有利于他们语言的输出。在熟记的基础上，学习者的语言输出才能谈得上创新。

背诵可以发生在语言的任何层面上，从单词到短语，从句子到段落，甚至到整个篇章结构。学习者通过背诵，可以习得、模仿、传播，甚至创造许多语言模因，如语音模因、词语模因、句子模因、篇章模因、思维模因等。

需要强调的是，语言模因论指导下的背诵绝不是不动脑筋、毫无创新的死记硬背。与人们一般理解的普通背诵法相比，模因背诵法具有以下两个特点。

第一，普通背诵法对背诵内容的选取没有特别针对性的要求，而模因背诵法则强调选取合适的背诵内容。首先，不是所有的输入都是可理解的最佳输入，不是所有的语言材料都需要背诵。如前所述，语言模因可分为基因型和表现型两种。至理名言、美文佳句、名言警句等基因型语言模因，由于其内涵丰富、朗朗上口等特点而往往成为背诵的最佳选择；有些句式、篇章结构，甚至是思维模式等表现型语言模因，由于其使用频繁、容易理解等特点也应成为学习者背诵的好材料。另外，在选取背诵材料的时候，还应特别关注那些具有较强实用性、合理性、时尚性或权威性的强势语言模因。

第二，与普通背诵法相比，模因背诵法更强调理解的过程。语言要成为模因，首先得被人们理解，才能进入人们的大脑；理解得越深越容易记忆。因此，模因论指导下的背诵是在理解的基础上进行的，而不是不求甚解的死记硬背。背诵时不仅需要了解相关语言模因的表达形式，还要弄清其传达的意思和用法。在语言模因形成的4个阶段，即同化、记忆、表达和传播中，同化是基础和前提，只有被深入理解了，语言模因才能进入记忆阶段。因此，在语言模因论看来，理解是背诵的基础，基于理解的背诵才是行之有效的学习方法。

尽管背诵在很大程度上是学习者的个人行为，但是在教学过程中，教师仍然起着不容忽视的作用，教师应该采取一些教学方法和策略来帮助学习者更好地进行背诵。首先，教师要让学习者认识到背诵语言模因所能带来的种种好处，充分发挥学习者的主观能动性，调动他们的积极性，鼓励、引导他们以端正健康的态度来看待背诵，发扬锲而不舍的精神。其次，教师要帮助学习者选取合适的背诵材料，凸显其中的语言模因，提高学生对语言模因的意识程度，还应根据学习者的不同语言水平推荐不同的背诵材料，切忌"一刀切"。最后，教师应尽可能地讲解所需的背诵材料，使学生充分理解，让学生在不同的语境中感受不同的名言、佳句、美文，从而提高背诵的效率。

二、模仿教学法

模仿是人类的天性，我们从婴幼儿时期就具有这种本能了。模仿一方面能够使我们对所学到的东西加深印象，另一方面又能让我们在此基础上有所创新和突破。语言模因论使我们认识到，语言学习本身就是语言模因复制和传播的过程，因此模仿对语言学习有着积极的作用。

语言模因论指导下的模仿学习与行为主义的基本理论之一"模仿学习原理"有一些相似点和不同点。

第一，两者对模仿学习的作用持基本一致的观点。行为主义模仿学习原理认为，学习的产生是通过模仿过程而获得的，即一个人通过观察另一个人的行为反应而学习某种特殊的反应方式。语言模因论指导下的模仿学习也持相似的观点，即语言学习可以通过模仿他人的语言行为而进行。

第二，两者对模仿学习的发生过程持基本相同的认识。行为主义学家将模仿学习分为4个过程。注意过程，即人们要向某个模型学习，就必须集中注意力，准确地感知对方的行为，这是后面几个过程的基础。保持过程，即人们为了有效地模仿学习，必须能记得所要模仿的行为，保持记忆的目的是能够重新提取出来并付诸行动。要使示范行为在记忆中保持，需要把示范行为以符号的形式表象化。通过符号这一媒介，短暂的榜样示范就能够被保持在长时记忆中。运动的再现过程，即通过自己的动作组合再现被模仿的行为。动机建立过程，即学习和操作性行为的一个重要区别是在从事他们所学来的行为时，是否具有明显的动机。这是是否能实际实行一项模仿的制约因素，这一过程会影响前面3种过程。如前所述，语言模因论将模因的传播过程分为4个阶段：同化、记忆、表达和传播。可以看到，前3个过程与行为主义模仿学习论非常相似，只有最后一个过程不同，在这一点上，语言模因论更强调语言模因被模仿后的大范围传播。

第三，两者对强化作用的看法不尽相同。行为主义的模仿学习理论不把强化看作学习的充分必要条件，换句话说，有强化，会促进模仿学习；没有强化，学习也能发生。相比之下，语言模因论指导下的模仿学习更强调强化在语言模因传播阶段的作用，一个语言模因只有得到反复的同化、记忆和表达，才能最终成为强势语言模因。

第四，与行为主义模仿学习理论不同的是，语言模因论指导下的模仿学习更强调"创造性"模仿。通过背诵而熟记于心的各种语言模因，要靠复制来与别人交流，从而达到传播的目的。模仿、复制并不只是简单的"克隆"，而是灵活多变的模因重组，它允许我们以相同的形式套用不同的内容，或在不同的语境中使用同一结构表示不同的语用意义。前面我们提到"表现型"和"基因型"两种模因复制传播方式。在模仿的过程中，有些语言模因保留了形式，内容被替换，形成"表现型"模因；而有些语言模因则保留了内容，但以不同形式出现，从而形成"基因型"模因。例如，在教授"Where there is a will, there is a way"这一习语时，教师可以让学生模仿这一习语的结构，替换不同内容，从而生产出更多有着相同结构的表现型模因，如"Where there is determination, there is success"等。

与背诵相同，模仿也可以发生在语言的任一层面。语音语调、语法结构、语义内容、文化内涵、思维方式等，都可以成为学习者模仿的对象。通过模仿正确、地道的英语语音语调，学生可以纠正和训练自己的语音语调，掌握英语口语的种种技巧，如连读、同化、重读、弱读等，从而迅速提高口语表达能力。经常模仿某些常用句型和经典段落，甚至篇章组织结构，能使学习者迅速掌握这些句型和结构的用法，在输出时不必过多考虑语法的合理性，从而保证输出的准确性和效率。例如，英语中的Long time no see，尽管看似"文法不通"，但由于被广泛使用而成了一种固定说法，学习者只要熟记并模仿这个语言模因，就可以在输出时快速而准确地运用它，而不必过多考虑其语法特征。除此之外，英语本族语者的思维方式也是值得学习者模仿的对象。比如，在进行演讲时，英语本族语者喜用幽默的语言以烘托会场气氛，拉近与听众的距离，那么学习者就可以模仿他们的这种演讲习惯和风格，进而说出更为地道的英语。

学习者是模仿学习的主体，但是在教学中，教师在学生进行模仿的过程中仍然扮演着指导者的角色。首先，教师要端正学生的态度，让他们充分认识到模仿的重要性。其次，教师要选取合适的语言材料来让学生进行模仿，要对材料进行去伪存真、去粗取精。最后，教师要鼓励学生进行创造性的模仿，而不是一味地"生搬硬套"。要诱导学生对模因进行重组，在模仿的基础上创造出新的模因和模因复合体，这样才会对语言水平的提高有所帮助。

三、语言模因论与英语写作教学

尽管语言模因论是一门新兴理论，但它对语言教学尤其是外语教学有着不容忽视的启示作用。国内许多学者和教师都已认识到这一点，并将语言模因论应用到实际教学中，在外语教学的各个领域作了不少论证和实证研究。研究者发现，语言模因论对英语听说教学（陈柯，2010；王雪瑜，2010）、阅读教学（邓大飞，2011；吕宗慧，2010）、翻译教学（陈圣白，2011，马萧，2005）、写作教学（陈琳霞，2008，王磊，2007）等领域都有非常重要的启示。其中，语言模因论在英语写作教学中的指导作用最为明显，因此本节重点介绍语言模因论指导下的英语写作教学模式。

（一）英语写作教学现状

作为交际手段之一的写作，在英语教学中占据着重要的地位。写作教学是整体教学的一部分。掌握语言知识和发展语言能力是相互促进、相辅相成的。学生可以通过写作训练巩固语言知识，促使语言能力向交际能力转化。但是，我国学习者现有的英语写作水平却并不令人满意。学习者虽然记住了大量英语单词和短语，能够阅读文章，理解大意，但一旦动笔就力不从心，词语搭配不恰当和遣词造句不符合英语习惯的现象比比皆是。黄源深（2006：13）对当前英语教学的现状作了形象又深入的分析："在当前的英语教学中，写作的重要性是最被低估了的，写作课是效果最不理想的课程，'写'是学生英语技能中最薄弱的环节。虽然各校都设有写作课，但无论是教师还是学生，对这门课都敬而远之：教学负担重，教师怕教，文章难写，学生怕写。而教学大纲规定要设写作课，所以又不得不苦苦撑着。写作课半死不活，这也许就是当前英语写作教学的常态。"

我国英语写作教学主要涉及3种方法：成果教学法、过程教学法及内容体裁教学法。成果教学法主要关注语言知识和形式，强调学生作文中句式的正确性，而往往忽略文章的可读性和文体风格；过程教学法注重语言和写作技能的培养，强调写作中起草、校对、修改的过程，却往往忽视了学生的语言能力；内容体裁教学法强调写作必须考虑具体的社会语境，把写作活动看作体现一定目的性的社会交际活动。以上研究方法都是单纯把写作活动看作一个语言输出的过程，而忽略了语言的输入和积累，在一定程度上忽视了学生在学习中的主体性、能动性和创造性，不利于英语写作教学的发展。

语言模因论让我们看到语言模因输入在外语教学中的作用，作为整体被储存的语言模因是学习者创造性使用语言的基础，为他们英语写作能力的提高提供了宝贵的输入资源，从而能有效帮助学生进行能动性写作和创造性写作，改善英语写作教学的困境。因此，用语言模因论来指导英语写作教学无疑将会给我们带来许多益处。

下面就探讨一下语言模因论视角下的英语写作教学模式。

（二）语言模因论指导下的英语写作教学模式

模因的生命周期有4个阶段：同化、记忆、表达和传播。这4个阶段周而复始，形成一个复制环路，在每个阶段都有一些模因在选择过程中被淘汰，也有一些模因由于强大的生命力被保留下来成为强势模因。根据模因生命周期4个阶段的特征，郭亚玲、蒋宝成（2009：43）提出了模因写作教学策略，即"帮助优秀的语言模因经过完整的同化→记忆→表达→传播的成长过程，使这些语言模因或复制或更新，成为英语写作模因，最终推动写作能力的提高"。教师在写作教学中的作用就是帮助那些优秀的语言模因成为强势写作模因，帮助学生习得并熟练运用这些强势写作模因，最终提高其二语写作水平。

1. 语言模因同化阶段的英语写作教学

在语言模因的同化阶段，教师要精选语言模因的载体，从中挑选出优秀语言模因让学生进行背诵，促进语言的内化，加快语言模因的复制。为达到成功输入的目的，要选择符合学习者语言发展阶段、易于理解且能引起学习者注意的语言因子。任一语言层面上的语言因子都有可能成为强势语言模因。

下面以英语习语为例探讨优秀的习语是如何成为强势写作模因并服务于学习者的二语写作的。

从语言模因论角度来看，英语中的习语是一种文化复制因子，是存在于人们大脑中的一个语言信息单位，能够通过复制和传播从一个个体过渡到另一个个体，因此英语习语也是一种语言模因。在英语习语的大家庭中，有些习语能够被广泛流传而传承下来，成为强势模因，而有些习语则被时代所淘汰，成为弱势模因。但是，这种现象并不是在所有国家、所有地区都相同。由于受文化背景、使用环境、主体条件等因素的影响，有些英语习语对英语本族语者来说是强势模因，而对于非英语本族语者来说则是弱势模因。例如，英语中的 to hit someone between the eyes 意思为"使人忽然了解，使人猛然明白"。要表达这个意思的时候，绝大部分本族语者能够选择这一习语，因为它已经被广泛复制和传播，成了一个强势的语言模因。然而，对广大的中国英语学习者来说，要表达同样的意思时，这一习语并非是第一选择，很多人的第一反应可能会是 to let someone know something suddenly 等一些并不地道的表达。可见，to hit someone between the eyes 这一习语在非本族语者中还没有得到广泛复制和传播，是一个弱势模因。

对非英语本族语者来说，学习英语习语是各个习语模因互相竞争的过程，也是弱势模因转换为强势模因的过程。结合国内外学者的研究成果，我们认为，一个习语要想在非本族语者中广为流传，成为成功的语言模因，除了具备其他语言模因共有的特征外，还必须具备以下几个特点中的一种或几种：新颖有趣性、经典永恒性、流行时尚性和文化认同性。这些优秀的习语模因经过教师的精心选择顺利进入学习者的大脑，完成语言模因的同化过程，为以后几个阶段打下了基础。

2. 语言模因记忆阶段的英语写作教学

在记忆阶段，教师要指导学习者使用捆绑策略（郭亚玲、蒋宝成，2009）。捆绑策略指新模因依附在成功的旧有模因上以增强感染力。当新模因与记忆中已有的模因相关联或一致时，该新模因易于获取原有模因的支持，借助其权威性为自身的传播和复制服务，并且借其影响力增强自身的可理解性和可接受性。它甚至可以与这些原有的语言模因结合成为复合模因，使模因的复制从量的积累达到质的飞跃。

我们还是以习语为例，教师在教育和传授习语知识的时候，应尽量使学生对其产生兴趣，并帮助他们牢牢记忆。教育和知识的传授是模因得以复制和传播的基础，要想使学生学会并熟练掌握英语习语，就必须首先使其能够顺利进入学生的大脑并深深扎根。为此，教师应详细讲解习语的结构、寓意及文化内涵，突出强调其新颖有趣的特点，以使学生产生浓厚的兴趣。此外，教师还可以通过电视、电影、网络等多媒体手段使学生接触到一些前沿的流行习语，用时尚的魅力调动学生的学习兴趣，并使他们深刻记忆这些习语。在这一过程中，背诵起着至关重要的作用，因此教师应鼓励学生多看、多听、多背诵一些经典的或时尚的俚语、俗语、谚语、名言、典故等。正如前文所述，背诵并不是"死记硬背"，而是有策略的捆绑式记忆。比如，我们可以把有关 time 的习语捆绑起来，作为一个语言模因集合来让学生记忆。那么，学生在记忆 Time is money 的时候，就会联想起其他相关习语，如 A stitch in time saves nine、All time is no time when it is past、Time and tide wait for no man 等。

3. 语言模因表达和传播阶段的英语写作教学

在表达和传播阶段，学习者的主要任务是将已被同化和记忆的语言模因用自己的方式表达出来，进而向更广泛的范围进行传播。在这一过程中，教师的作用不容小觑。教师应鼓励学生以各种方式产出语言模因，可以用相同的形式表达不同的内容，也可以用不同的形式表述相同的内容。此外，教师还应指导学生利用所学知识创造出新的语言模因和模因复合体。

以习语教学为例，教师应在课堂上创造条件帮助学生积极运用所学到的习语。如果学生只是理解和记住了某些英语习语，还不能说他们已经熟练掌握了这些习语的使用方法，更谈不上流利、地道地使用这些习语。语言本身的运用是促成模因复制和传播的强大动力，只有在不断的使用过程中，学生才能真正掌握英语习语。在这一过程中，教师不仅应指导学生直接引用所学到的习语，还应鼓励他们进行有效模仿并积极创新，在所学模因的基础上创造出新的模因和模因复合体。教师可以通过设置角色扮演、场景模拟、小品表演等活动，创设不同语境，让学生在使用习语的时候有身临其境的感觉，以此加深印象。除课堂教学外，教师还应鼓励学生走出课堂，在实际交流和交际中运用课堂上所学到的习语。交际和交流是语言模因得以复制和传播的催化剂。通过真实的交际和交流，学生能够真正体会到英语习语的意义和内涵，并能根据不同语境做出相应正确的反应。为此，教师应鼓励学生多与英语本族语者交流，以使其接触到更多有趣、时尚、经典的习语，也更容易学会并地道、流利地使用这些习语。

如前所述，模因有基因型和表现型两种复制传播方式，这两种类型的语言模因也可以对我们的英语写作教学有所帮助。

首先，内容相同形式各异的基因型语言模因，其传播特征是直接套用，或相同的信息以异形传递。了解了这一点，我们在英语写作教学中就可以使用"直接套用"和"同义异词"这两种策略。

"直接套用"是指通过引用的方式将信息内容直接用于大学英语写作中。比如，学生在熟记了 Time is money 这句习语后，就可以在作文中直接套用，用以论证时间的宝贵。

"同义异词"是指使用同义词来表达相同的信息，或运用不同的句型来传递相同的内容。在大学英语写作过程中，同义词的使用可以避免行文的单调、重复和枯燥。比如，学生在表达"认为"这一动作时，用得最多的动词就是 think，有些作文里甚至通篇都是 think，显得枯燥乏味，且未必准确。如果教师能够指导学生根据具体情况使用不同的动词来替换 think，如 hold、maintain、consider、insist、regard、deem、take for 等，就会使文章显得语义更为精确和富于变化。

其次，表现型模因是指相同的语言的形式嵌入不同信息内容而予以复制传播的模因。它们的特征是不同的信息同型传递，属于形式相同内容各异的模因。基于此，我们在英语写作教学中可以实施"同形联想"和"同构异义"两种策略。

"同形联想"策略是指语言模因以相同的形式出现在不同的场合，让人们产生不同的意义联想。语言模因的意义除直接的、表面的概念意义外，还有丰富的内涵意义或联想意义。比如 old cat 这一习语模因的意义已经发生了变异，并不指其字面意义"老猫"，而是指"脾气坏的老女人"。当这一习语模因出现在不同的场合时，学生自然会产生不同的意义联想，从而较有效地熟记并复制、传播它。

"同构异义"策略是指旧模因在传播过程中通过模仿相同结构而复制出一种具有新内容的新模因。最早充当模因母体的语言结构可以是经典名句、名段或名篇。例如，Shakespeare 巨著《哈姆雷特》中的经典台词"To be or not to be, that is the question"已被现代人广泛传播，不仅直接引用，还模仿其结构创造出许多新的短语，如"To go or not to go, that is the question""To buy or not to buy, that is the question"等。"To+$v.$ or not to+$v.$, that is the question"这一模因由于其经典的特性而在广大中国英语学习者中广为流传，甚至有些对英语知之甚少的人也会时不时说上一句。

教师在英语写作教学中应鼓励学生在模仿经典的基础上有所创新，使其不仅要学会直接套用经典名言，更要在此基础上模仿其内在精华，通过填充适合不同语境的不同信息内容而复制出新的模因。模仿是模因得以传递的关键，正是模仿决定了模因是一种复制因子，并赋之以复制能力。模因论"模仿第一性"的原则决定了写作中仿写的重要性。所谓仿写，即在写作过程中模仿其他个体的写作行为或既成的规范语句或文章进行学习性写作的训练方式。大学英语写作教学中，教师应鼓励、引导学生模仿优秀的单词、短语、句型、段落、篇章结构、行文风格、思维方式等，并在此基础上有所创新。

4. 语言模因论指导下的英语写作教学实例分析

上文主要以英语习语模因为例，探讨了发生在语言模因不同传播阶段的英语写作教学模式。下面我们将以英语作文 My Idea of a University Arts Festival 为例，分析语言模因在英语写作教学中的功能和作用。

让我们先来看一下某学生在接受语言模因教学之前的习作。

第一稿：

The arts festival of university should be more particular and colorful. As the arts festival is held for all students, so we should plan it to let everyone join it. In the beginning of the program, we can invite 20 people to stand at the stage to pose a very beautiful model. Then six of them can sing a sentence of a song one by one, the others will sing together after them. Then, I think that we should collect programs from all students. There are always the same persons to play the programs every year. It is very boring, so I suggest that. Because in our school, there are many versatile persons, they have many special ideas. If we can adopt their ideas or programs, I think our arts festival will be more interesting. Then, before the end of the program, we can play some games, and let the arts festival ended with laughing.

该篇文章基本切题，思想表达还算比较清楚，意义勉强连贯，但结构单一、层次不清，而且语言错误较多，其中有少量严重错误。总体来说，这篇习作的质量不算高。

在语言模因写作教学理念的指导下，该学生经过教师的指导和不断地练习，修正后的习作质量明显提高了。

第二稿：

It is known to us that an arts festival will be held by the students' union next semester. From my point of view, this festival should include a variety of shows which can reflect the university students' capabilities and intelligence. Such shows as dancing, singing, fashion shows and so on should be taken for granted.

In the first place, we should have some students to exhibit different kinds of dances. Since we have dancing classes, in which we can learn modern and classical dances alike, and some are Mongolians and good at Mongolian dance, we have much advantage on it. In the next place, if s better to sing different kinds of songs so as to meet everyone's taste. It is not hard to ask the foreign language college's students to give us a wonderful show. What is more, some students who are good at playing the piano, handwriting or painting must be willing to grasp this chance and let us enjoy ourselves.The last thing I want to point out is that a few games which can interact with students should also be held to draw the students' attention and interest.

In summary, that is just my own opinion and I really hope that I'm of help for the festival. I wish this festival could be held successfully and everyone had a good time.

　　该篇文章切题，思想表达清楚，文章结构条理清晰，行文连贯，符合逻辑，基本无语言错误，属于质量较高。

　　下面具体分析语言模因教学观在这个实例中的体现。

　　首先是篇章模因的学习和运用。英语考试作文一般为三段式的议论文，有其特定的写作框架，如开头段提出观点、中间段论证观点、结尾段总结观点。该生在第一稿中通篇只使用了一个段落，因此文章显得层次不清。经过教师对英语考试中议论文篇章结构的讲解，该学生理解并掌握了这种篇章模因，且在第二稿中很好地加以了运用。

　　其次是长句型模因。英语专业四级考试作文中经常出现一些固定搭配和常用句式，它们形成了写作中的句型模因，比如用来描述现象的 It is known to us that 用来表示观点的 From my point of view...，用来罗列分论点的 In the first place、What is more、The last thing 等，用来总结观点的 In summary，用来提出希望的 I really hope that... 和 I wish...。这些句型模因在第二稿中都有所体现，说明该生已经掌握了这些句型模因。

　　最后是词汇模因。我们以动词为例，该生在第一稿中使用的动词比较单调、缺乏特色；而在第二稿中却能使用一些比较生动形象的动词，如 reflect、exhibit、grasp、interact 等，给整篇文章增色不少。

　　语言模因是一种文化信息单位，在人类语言的发展过程中起着重要作用。语言模因的复制和传播为丰富人类语言宝库提供了一条快捷有效的途径。语言模因论给我们的外语教学提供了一个崭新的视角，以往一些传统的、被摒弃了的教学方式和价值观念都要重新被提及。语言模因复制和传播的特点让我们不得不重新审视背诵和模仿在外语教学中的作用。背诵强调记忆大量的语言材料，这样可以减轻语言加工处理过程的负担，迅速完成语言交际，对学习者正确迅速运用语言起到积极的作用。

　　模仿是社会发展和存在的基本原则，是社会进步的根源；模仿是创新的基础，没有模仿和继承，就谈不上创造与创新；模仿能加速语言从被理解到被运用的过渡，缩短学习者探索语言直接经验的时间，提高语言学习和运用的效率。

　　语言模因论对当前的大学英语写作教学也有相当重要的启示。当前大学英语写作教学"费时低效"，无论是教师还是学生都对此缺乏兴趣、怨声载道。语言模因论的引入可以适当改变这一令人不满的现状。根据模因复制和传播的4个阶段（即同化、记忆、表达和传播）以及模因复制传播的方式（即基因型和表现型），我们认为，在大学英语写作教学中，教师和学生都应遵循一些原则和策略，如背诵与模仿，以提高学生的二语写作水平，改善英语写作教学的困境。

（三）模因论视角下英语专业学生在写作中的语言迁移

英语专业学生尽管大部分学英语长达十年之久，可由于上大学之前没有专门的英语写作课，缺乏系统的训练，学生写英语作文时就像写语文作文一样，往往会用汉语的思维方式去组织句子，唯一不同的是用英语词汇表达出来。在这个过程当中，母语模因的表达方式、思维习惯和民俗文化直接被模仿运用到外语学习中，可以说语言迁移出现的原因正是因为母语模因的存在。人们不断去模仿，因而其语言功能能够保持很长一段时间而不会退化。从模因论角度看，语言是文化的重要组成部分，而文化又与模因紧密相连，所以语言本身就是一种模因。同时，语言也是模因的载体之一。Distin（2005）指出模因论从一个新的角度解释了语言和语言使用的起源，有助于进一步理解文化、思维和语言的进化。语言之间的迁移和模因的复制为研究语言迁移提供了新的视角。因此，这里尝试运用模因论来分析英语写作中的语言迁移现象。

1. 研究问题及研究对象

基于语言迁移在二语习得中的重要性和模因论这一新的理论的兴起，这部分将拟结合这两种理论，从模因论视角，分析忻州师范学院英语专业大一学生在英语写作的语言迁移。研究问题如下。

英语专业学生在英语写作中的语言迁移表现在哪些方面？

怎样从模因论角度解释这些语言迁移现象？

2. 数据收集

此部分研究首先随机抽取了英语专业大一学生在第一学期期末"英语写作"课程的 90 份试卷，其中，有 6 份试卷中的作文是不完整的。因此，最后的数据分析是基于 84 位学生的 84 份英语写作试卷。试题包括两部分：主题写作和段落写作。然后给这 84 位学生发放了问卷，问卷包括两部分：背景信息（向学生说明此问卷的目的是了解其在英语学习中受母语的影响程度）和翻译（25 个汉译英句子，要求学生不要借助任何翻译工具，凭直觉翻译句子）。试卷分析参考 Corder 的错误分析理论。数据分析采用定性分析法，定量法来分析错误发生的频率。

3. 数据分析

数据分析方法往往取决于研究问题和研究者的数据收集方法。为了获取学生在英语写作中有关语言迁移方面更详细的信息，笔者从正迁移和负迁移两方面，采用定性和定量分析法分析了 84 份英语写作试卷。对于有些不确定的错误，会寻求同事的帮助。最后总结出学生的错误主要体现在句法和词法方面。此外，定量法统计出错误数量，并从模因论角度分析造成这些错误的原因。

（1）正迁移

84 份试卷中存在着一些正迁移现象，主要体现在和汉语相似的语序上。英语和汉语大体上都属于"主—谓—宾"结构。所以，学生很容易用相似的语序来组织句子，表达他们的观点。

（2）负迁移

在 84 份试卷中，负迁移现象主要表现为语内错误和语际错误。语内错误是目的语项目内部之间互相干扰或者目的语项目学习不完整而导致的，是已被学习者内化的目的语部分规则系统，但由于理解不准确或者不完整而导致不能全面运用目的语的内部干扰错误；语际错误是由学习者的本族语导致的错误，也就是母语的习惯、模式、规则等在"母语转换"的过程中对目的语学习的干扰性错误（胡壮麟，2002）。用定量分析法得出的错误总数为 663，其中语际错误 453，语内错误 210. 具体见表 8-1。

表8-1 学生英语写作试卷中的错误分类

错误分类	频率
be 的使用	68
人称代词	62
时态	32
单复数	60
大小写	30
语序	72
介词的搭配和选择	52
V-ing 的使用	58
冠词的省略	8
助动词的用法	11
总共	453
语内错误	210

从表 8-1 可以看出，尽管有些错误不是由于母语的干扰引起的，但是语际错误高达 68%。也就是说，大部分错误可以用母语的干扰来解释。所有错误类型中，语序的错误频率最高，尽管汉语和英语的相似语序促进了正迁移的发生，但相似并不等于相同。大多数情况下，学生习惯用汉语思维直接表达他们的观点，在用英语组织句子时，逐字逐句翻译汉语的表层结构，因而导致语序错误的发生；第二种学生易犯的错误是 be 的使用。系动词 be 在英语中的三种形式主要取决于主语。相比而言，汉语只有一种形式，在使用时没有限制。所以在"主—系—表"结构中，学生往往受汉语思维的影响忽略 be；表 8-1 中显示，学生犯错误最少的是冠词的省略。汉语语法范畴中没有冠词，因而，学生在学习英语冠词的使用时，没有受到母语的影响。总之，对于英语专业大一学生来说，母语所造成的负迁移成为他们英语写作的巨大障碍。

4. 问卷结果分析

从模因论角度看，语言迁移的产生就是语言学习者在外语习得过程中，已有的母语语言模因接受或者拒绝目标语的语言模因。如果母语模因和目标语模因相差甚远，学习者就会采取避免态度，因而，母语模因不能够被复制，也就不会影响到外语习得。这样，母语迁移也就不会发生。只有当母语和目标语在某些方面相似时，母语模因才会影响到目标语模因，才会造成语言迁移的产生。

问卷中涉及的 25 个汉译英句子分为 5 类，分析如下：

句子 1-5（1. 我有一个问题。2. 我认为英语是很重要的。3. 你应该帮助奶奶打扫房间。4. 这是一只可爱的小猫。5. 每个人都有自己的选择。）主要考察语序，学生除了一些拼写错误以外，都能够正确的翻译，因为这 5 个句子的语序和汉语类似。从模因论角度看，母语的语言模因在二语习得过程当中无疑占有优势地位，如果二语语言模因与学习者原有的知识模因兼容，母语语言模因就会帮助学习者更快更好地理解和掌握目标语中相似的模因，即语言正迁移的发生。这 5 个句子的基本句式都是学生所熟悉的"主—谓—宾"，因此很容易翻译。学生所掌握的语序方面的语言知识成为强势模因，并迅速感染新的宿主（二语习得者），在这个过程当中，母语的一些语言特征被复制、传播，进入二语系统，并成为其一部分。这样的强势模因使学习者取得了事半功倍的效果。在第 4 和第 5 个句子中，汉语和英语中名词（小猫、选择）的修饰语通常都位于名词之前，这一语言模因进入学习者的大脑，学习者接受其后成为这一模因的"宿主"，宿主在随后使用二语时，会通过各种媒介将这一模因从记忆中提取出来加以运用。

句子 6-10（6. 我喜欢你的靴子。7. 那只钢笔是我的。8. 她是我的好朋友。9. 我们是好兄弟。10. 他有许多兴趣爱好。）属于词形变化，主要是人称代词（句子6、7、8）和单复数（句子9、10）的变化。英语的人称代词比汉语复杂，句子的不同位置有不同的人称代词，即主格、宾格、名词性物主代词和形容词性物主代词；第一人称、第二人称和第三人称都有单复数；第三人称还有女性、男性和中性形式。相比而言，汉语要简单得多，只有三个人称和一个复数，而且在句子的不同位置不会改变。这一组中，有3个句子是关于名词性物主代词（句子7）和形容词性物主代词（句子6、8）的变化。

句子6-10错误统计如表8-2所示。

表8-2　句子6-10错误统计

统计类型	句子6	句子7	句子8	句子9	句子10
错误数量	12	20	8	11	6
百分比	21%	35%	14%	19%	11%

基于以上结果，学生犯错误最多的是句子"那只钢笔是我的"（That pen is mine）。学生已有的汉语人称代词的使用已经储存在大脑中，当翻译句子时，语言的选择和使用的过程就是两种语言模因相互竞争和兼容的过程。新的语言模因由于不具备长寿性（强势模因的特点之一），因而导致原有的母语语言模因仍然占主导地位。此外，学生在单词复数变化上犯错误也较多，体现在句子9和10上，共有17位学生在翻译句子时没有对单词进行复数变化或变化错误。第一种情况和以上分析一样，新的语言模因没有被成功复制；第二种复数变化错误，从模因论角度看，是由于新的语言模因暂时储存在中介语系统中，与目标语不同，因此学生不能够正确的使用。

句子11-15（11. 我和妹妹都喜欢跑步。12. 我和弟弟去踢足球。13. 哥哥的爱好是游泳。14. 锻炼身体使我们保持健康。15. 谢谢你帮助我。）关于词语搭配。英语中，动词有 -ing 形式，即 V-ing，这在汉语中是没有的。问卷中的这5个句子涉及 V-ing 的用法有："11. like + V-ing"" 13. be + V-ing"" 14. V-ing as the subject"和" 15. preposition + V-ing"。

句子11-15错误统计如表8-3所示。

表8-3　句子11-15错误统计

统计类型	句子 11	句子 12	句子 13	句子 14	句子 15
错误数量	30	22	26	27	13
百分比	25%	19%	22%	23%	11%

第 11 个句子学生翻译成 "I and my sister like run."，而在英语中 I 应该位于第二或第三人称之后以表谦虚。共有 53 位学生在翻译句子 13 和 14 时犯错，即没有掌握 V-ing 作表语和主语的用法。原因在于母语是无标记性的，而目标语是有标记性的，在模因传播的同化阶段，模因没有进入宿主的记忆或没有引起其注意。第 12 个句子的错误在于学生没有把英语不定式 to 翻译出来，因为这一模因在宿主的记忆中保留时间不长。根据何自然（2007）的观点，模因在记忆中停留的时间越长，其通过感染宿主被传播的概率越大。学生之所以忽视英语不定式的用法，是因为缺乏反复的练习，而反复练习正是模因可以在宿主记忆中停留时间长的保证。

句子 16-20（16. 玛丽非常漂亮。17. 他有二十岁。18. 她们对音乐很感兴趣。19. 我很喜欢唱歌。20. 他帮助我完成这项任务。）是关于系动词 be 和第三人称单数的使用。汉语中没有单词词缀的变化，而在英语中，谓语动词必须与主语一致。

句子 16-20 错误统计如表 8-4 所示。

表8-4　句子16-20错误统计

统计类型	句子 16	句子 17	句子 18	句子 19	句子 20
错误数量	11	2	5	10	13
百分比	27%	5%	12%	24%	32%

第 16 个句子有学生翻译为 "Mary very beautiful."，丢掉了系动词 be，第 20 个句子，第三人称做主语时，谓语动词与主语不一致。在新旧模因兼容过程中，由于中西文化的巨大差异，英语和汉语的内涵和外延不能够相匹配，因而会形成一种新旧模因结合的模因突变体，影响了学习者的二语习得，从而造成语言石化现象的产生。学生在翻译第 16、17 个句子时，就是根据这样的一种具有汉语内涵的模因突变体。此外，目标语中新的模因也会相互竞争，系动词 is 作为成功的模因，被学生运用到任何主语后面。

句子 21-25（21. 您是我们的英语老师吗？ 22. 晚上我在家看书。23. 他非常喜欢听音乐。24. 昨天我去看电影了。25. 请你不要再迟到了。）是关于和汉语不同的语序。汉语属于左分之结构，被修饰语通常跟在修饰语之后，而英语中的状语却位于动词之后。汉语疑问句只需要在原有的陈述句之后加情态小品词"吗"就可以了（句子 21），在表示请求的祈使句中，汉语把"请"放在句首（句子 25），而英语习惯于放在句尾。在翻译这两种句式时，学生按照汉语语序把状语放在了动词之前。在二语习得过程中，母语的语言模因已经在宿主的大脑中储存很长时间，而关于英语语序方面的新的语言模因只有需要时才会被宿主接受。因而在使用时，强大的母语语言模因必定会成为第一选择。所以在学生的作文中，我们经常会看到这样的一些句子："He very like listen to music." "Please you don't be late." 等。

这里，笔者从模因论角度分析了英语专业学生在英语写作中的语言迁移现象。运用定性和定量研究方法，对学生写作试卷中的段落写作和问卷进行分析，从中发现学生在英语写作中的负迁移主要表现在词形变化、词语搭配、系动词的使用以及和汉语不同的语序方面。从模因论角度分析，造成这些负迁移的原因在于英语语言模因在传播过程中没有被宿主很好地接受和理解或是在相互竞争中某些弱势模因被淘汰。因而在二语习得过程中，要加强目标语模因的练习，延长其记忆存储时间，使弱势模因变为强势模因。模因论在国内还是一个比较新的理论，其研究范围还应该被扩大到更多的领域，特别是二语习得和英语教学。

四、语言变异的模因探究

随着社会经济、科学技术、人类生活的发展和进步，出现了许多有关语言维度的有趣现象。作为文化的传播者，语言能够反映文化和社会发展的方方面面。与此同时，网络流行语的出现，也反映了经济和语言的变化和发展。作为语言系统的重要组成部分，网络流行语吸引了许多学者的关注，并且被运用到了社会生活的各个方面。比如，用来表达某种思想、情感或达到某种交际效果。鉴于网络流行语在日常生活中的广泛性和重要性，国内外许多学者对其表现出了极大的兴趣，从社会语言学、词汇学、修辞等方面分析了这种特殊的语言现象。此处尝试从模因论的角度分析网络流行语的变异现象。

（一）网络流行语与模因

作为一种新的语言变体，网络流行语在语言进化中发挥越来越重要的作用。模因论在社会进化和语言交际方面的作用值得关注。探讨模因论视角下的网络流行语变异现象，有必要先了解语言和模因之间的关系。从模因论视角，语言和模因是相互交织、相互影响的。一方面，语言是模因传播的重要载体；另一方面，模因促进了语言的进化。可以说，语言本身就是一种模因。

网络流行语是一种强势语言模因。首先，网络确保了其复制保真度的特点。一方面，作为流行语的传播平台，网络提供了更加宽广的交流空间；另一方面，作为语言的一种变体，网络流行语用最有效的表达方式高度概括了社会生活的方方面面。对于一种语言模因来说，最重要的就是其能够超越个体的记忆范畴，否则将会被淘汰。网络流行语的简洁性确保了其复制的保真度。其次，现代社会网络成为人们生活的主要媒介。各种各样的信息通过网络以惊人的速度传播，以网络为载体的流行语理所当然具有快捷性的特点。只要某一社会事件一发生，基于此事件的网络流行语便随之产生并很快吸引公众的眼球，迅速传播。正如前面所述，复制速度越快，传播速度就越快。网络流行语的快速传播确保了其多产性的特点。最后，网络流行语通常只局限于某一特定的范围和时间。一个单词或其他语言单位只有在某一段相对比较长的时期内在网络上被大量复制才能成为网络流行语。没有时间上的保证，出现于网上的某一表达方式不可能成为流行语。从其开始出现，就必须能够吸引人们的关注，反映现实生活中人们的各种观点和立场，随着不断地使用和传播，受到越来越多的关注和认可，这体现了模因长久性的特点。综上所述，只有符合强势模因的3个特点的网络语言才可以称为网络流行语。

（二）模因论视角下网络流行语的变异

语言变异是指"语言内部的发音、语法或词语选择的不同或改变。语言的变异可能与宗教、社会等级和教育背景或语言与其使用场合的匹配度有关"[1]。从模因论角度看，语言变异是语言模因变异的结果。新的流行语的产生，旧的流行语的消失，都可以用模因论来得到很好的解释，本部分将从模因论视角下探讨网络流行语的变异。

1. 变异机制

模因论是用来解释文化进化的新理论。模因的复制和传播确保了文化的传承性，而模因的变异促使其演变和发展。像基因一样，模因在复制时并不是一对一的完全复制，这自然导致了模因变异的产生。正如我们所知，基因的变异是随机

---

[1] Richards, J. C. and Schmidt, R.. Longman Dictionary of Language Teaching & Applied Linguistics[M]. 3rd ed. Edinburgh: Pearson Education, 2002.

的，新的变体是否能够存活下来取决于自然选择。大多数情况下，基因的变异是不受人所控制的，除非是为了某种科学目的而人为的进行变异。那么，模因的变异是否和基因相似呢？Speel认为，模因不仅是复制者，而且还是参与者，影响和改变其复制的环境[①]。基于这种观点，模因在不同的环境下会发生变异。然而，"宿主"的作用不容忽视，它是模因变异的触发器。不难发现，语言变异不是偶然便是人为的，但多数情况下，语言模因变异的偶然性很低，而且不会影响正常的交际，比如口误或笔误，很快便得以纠正，以这种方式产生的新的模因或模因变体很少有机会传播给其他宿主。因此，本文所关注的是另外一种语言变异。不难发现，多数语言模因变异是语言使用者为了达到特定的目的而有意识进行的。如果新的变体满足一个或多个选择标准，那么便会被广泛复制，在模因库中存活下来，否则，便会从人们的大脑中消失。网络流行语就是使用者为了达到特定的目的而有意识的对语言模因进行变异。

2. 变异方式

（1）语音变异

众所周知，现代社会生活节奏加快，这使得一些带有音乐韵律的语言模因广泛流传。本部分将从两方面分析语音变异：同音异形词和谐音。

同音异形词。同音异形异义词，是指发音相同、形式和意义不同的词汇。比如"果酱"，是传统表达"过奖"的变异。不仅有相同的发音，而且因其使人产生"甜"的味觉而吸引人们的眼球，因而被用来表达面对别人恭维时的一种谦逊的回应；"水饺"变异于"睡觉"，使人联想到带着饺子可口的味道进入甜美的梦乡。此外，还有"大虾（大侠）""白白（拜拜）""斑竹（版主）""杯具（悲剧）""幽香（邮箱）""驴友（旅游）""泥（你）""竹叶（主页）""围脖（微博）""鸭梨（压力）"等。这些流行语模因在年轻网民中广泛流行，因其具有相同的发音而取代了传统的表达，是网民们为了寻求一种新奇性而对传统词汇的变异。

谐音。这类流行语的变异，是指发音相似、形式和意义不同的表达方式。其中数字谐音就是很普遍的一种。9494与汉语"就是就是"发音相似，因其简洁、方便书写而取代之；还有88、165、818、246、687、729等，分别表示"再见""原谅我""八卦一下""饿死了""对不起""去喝酒"。数字谐音是人们表达情感的一种有效的方式，不仅简洁，而且可以给人留下深刻的印象，在年轻人当

[①] Hull, D. L.. Individuality and Selection[J]. Annual Review of Ecology and Systematics, 1980, 11: 311-332.

中广泛流行；此外，英语字母谐音，比如 CU（see you）、IC（I see)"等，赋予简单的字母以丰富的含义。

（2）词汇变异

语言是一个开放的体系，特别是词汇系统。互联网的出现在很大程度上丰富了我们的语言，促进了流行语模因的传播。下面从以下两方面探讨词汇层面的变异。

词缀法。词缀法是指通过给原有词汇添加派生词缀，从而丰富语法和词汇信息。为网络流行语的变异发挥重要的作用。分为前缀法和后缀法，比如"出国热""戏霸""影迷""啃老族""卡奴"，以及分别带有"热—""霸—""迷—""族—"等后缀。

外来词。在网络流行语模因中，有些模因是通过借用外来词汇以达到时尚和个性的目的。一般来说，学英语的人更容易使用这种方式。比如，"创客"译自英文单词 maker，源于美国麻省理工学院微观装配实验室的实验课题。"创客"与"大众创业，万众创新"联系在一起，特指具有创新理念、自主创业的人。"伊妹儿""酷""秀""粉丝""博客""黑客""摩登""马拉松"都是借用其相对应的英语模因 e-mail、cool、show、fans、blog、hacker、modern、marathon 的；还有一些流行语模因是借用日语而变异的。比如，"宅女""宅男"。"宅男、宅女"在日本是指为了避免激烈的社会竞争压力而呆在家里的日本年轻男孩或女孩，而借用过来之后指单身、不愿意出去和别人交往的年轻男女。

（3）句法变异

句法是指语言中，探究词与词是怎样组成句子的规则[1][2]。句法变异主要体现在以下两方面。

相同句式的模仿。这类型的语言模因在校园里更为流行。中国在 20 世纪后半期经历了快速的发展。大学生，尤其是 90 后，带有这个时代的特征，他们的观念和信仰可以从一些网络流行语的使用中反映出来。在考试、父母及社会的压力之下，大学生用这样的一种语言模因来释放学习、生活和就业压力；又如"很……很……"等等。

英汉语码混用。许多流行语模因是由汉语和英语单词、字母混用而变异来的。英语在中国的普及为这种流行语的使用奠定了基础，而且其方便、容易交流，又能达到幽默的效果。比如，"你 out 啦"，是由汉语"你""啦"和英语 out 组合在

---

[1] 胡壮麟. 语言学教程 [M]. 北京：北京出版社，2011.
[2] 惠彩霞. 大学校园流行语的语言变异研究 [J]. 鸡西大学学报，2014 (10): 147-149.

一起来表达"过时""不时尚"的意思，相似的还有"你知道今年什么最 in 吗"。以上两个例子中，英语是混用在句子中间的；但有时也可以出现在句子开头或结尾，比如考试结束后，学生们会用"Happy 一下吧"和"这次考试只是一个'小 case'"来表达放松的心情，等诸如此类都表现出年轻一代的创新性。

  作为一种用来解释文化进化的新理论，模因论为研究语言这一文化的重要组成部分提供了一种新的方法。从模因论这一新的视角分析了网络流行语的变异。在庞大的模因库中，只有那些复制速度快、传播范围广、保存时间长的模因才会成为强势模因，网络流行语正是作为一种强势模因而在日常生活当中为人们所使用并流传开来。网络流行语模因的复制、传播过程即是其变异的过程，通过对语言的各个层面，即语言、词汇和句法模因变异的分析，我们可以了解这类特殊语言的内在机制以及语言使用者的心理状态，甚至整个社会的客观呈现。

第九章 关联—顺应模式与语用教学研究

第一节 关联—顺应模式解析

语言使用是与认知、社会、文化等因素密切联系的一种互动性社交行为。也就是说,"语言不存在真空,语言是供人们使用的"(吕叔湘,1983:8)。据此,语言研究应该着眼其使用过程的动态性与顺应性,语用学研究的本质问题就是使用中的语言及其语境功能。交际过程是一个据意而择言,就言而得意的过程(刘焕辉,2002:52-53)。为此,言语交际是一个言与意(即形式与意义)相互制约与顺应的过程,该过程可简单图示如图9-1所示。说话人(根据)交际意图(确定)话语内容(选择)话语形式。

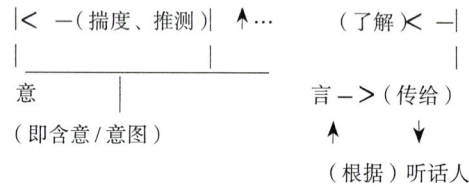

图 9-1　言语交际模式

根据该图9-1,言语交际过程是一个说话人从"意"到"言"和听话人从"言"到"意"的相互转化与适应过程。其间,说话人需要根据图9-1,首先决定说什么,即决定话语内容,然后寻找最合适的话语组合形式,把信息意图传递给听话人;听话人根据听到或看到的话语形式(言),了解话语内容,再结合语境揣度、推测说话人的交际意图,然后根据自己参与交际的相关意图做出反应。可见,言语交际过程是一个话语形式和交际意图相互交织的互动过程。

一、话语产生机制——关联假设

人类总是从所处的外部世界不断获取信息，从认知的角度出发，人们不仅能够直接从相关环境中获得信息，还有能力对所要处理的信息进行想象、推理和猜测。即人类有对外部世界的事物进行认知表征的能力。关联理论基于一个简单的理论假设：由于长期生物进化的结果，人类的认知只倾向于处理最关联的输入认知资源（无论是来自内部还是来自外部），Sperber 和 Wilson 称之为"关联的第一原则"（the First Principle of Relevance）。

Sperber 等做了4个心理实验，证明了关联原则的可靠性。由于所处的物理、社会和文化世界不同，个体的认知能力是不相同的。因此，人们不可能"共享"认知语境，而只能"互明"（mutual manifest）某些认知资源。所谓"互明"，即能够通过感知或推理得到语境资源。"互明"比"互知"对说话人和听话人的要求低得多。一件事实可以不用"互知"就能"互明"。所以，在话语交际中，交际者只要能从认知语境中推导出合适的语境事实，交际的成功就有了保证和基础。这些事实可以包括双方的各种期待、设想、信念、记忆等。

另外，Sperber 和 Wilson 认为，交际是一个明示推理（ostensive-inferential）的过程：说话人必须首先对听话人的认知资源做出合适的估计，然后再选用恰当的话语方式（用此方式明示），让听话人从中通过推理，找到正确的语境并推导出说话人意义。交际的过程是"非对称性的"（asymmetrical）。交际是否成功主要在于说话人是否能对交际语码和听话人的认知语境做出恰当的假设。交际双方所"互明"的认知语境内容复杂庞大，说话人是遵循什么样的原则来对听话人的认知能力和资源做出正确估计呢？关联理论认为这完全由认知关联原则决定。所谓关联原则，即每一个明示刺激（ostensive stimulus）都传达出最佳关联假设：

明示刺激具有足够的关联性，值得听话人付出努力进行加工处理。

明示刺激与说话人的能力和偏好（preference）相一致。

说话人在对听话人的认知语境做出估计时，只选择那些他（她）认为与最佳关联原则相一致的、符合听话人认知能力和资源的语境假设。关联假设是支配话语方式选择的标准。关联理论从认知的角度解释了话语方式选择的机制。它的理论解释性较强，被广泛运用于语言学各个领域的研究。根据 Yus 的调查，关联理论在以下几个方面被广泛运用：语义、会话含义、语法（包括连接词、时态、语态、否定、情态动词、名词词组、副词等）、文学文体学、文本分析、隐喻、反语、幽默、翻译、语调、礼貌、跨文化交际等。

关联理论偏重于理论的解释，但在描述话语使用的具体规律方面，其描述的充分性十分不足。的确,说话人的关联假设决定话语方式的选择。但说话人的关联假设具体是什么?它和具体的语境是什么样的关系?鉴于此,Mey & Talbot 曾经说,关联理论中的说话人只是一个孤立的个体,而不是一个处于社会规约和文化中的社会主体。O'Neil 也指出,关联理论无法对不以交流新信息,而是以为了维护或加强社会关系,为了行使权利等为出发点的会话做出说明。另外,说话人根据关联假设所选择的话语方式千姿百态,它和语境假设的关系是什么?话语方式应该从哪个层次进行描述?关联理论对上述问题都无法做出具体的说明。

二、语言的顺应理论

(一)顺应理论简释

语言顺应论 (Adaptation Theory) 是 Verschueren 提出的一种语用综观论,从宏观的、全新的角度观察和理解语言研究的各个层面。

顺应论认为使用语言的过程就是不断进行语言选择的过程。对语言的使用可从四个方面进行解释和描述:语境关系的顺应(contextual correlates of adaptability)、语言结构的顺应(structural objects of adaptability)、顺应的动态性(dynamics of adaptability)和顺应过程的意识程度(salience of the adaptation processes)。

1. 语境关系的顺应

Verschueren 把语境关系分为交际语境(包括物理世界、社交世界和心理世界)和语言语境(又称语言信息通道)。他认为,语境不是静态的,而是在使用过程中由说话人和听话人动态创造和调控的,如:

[The editors make an introduction to Bakhtin in 1986.]

He (Bakhtin) is a figure very much still in the process of becoming who he will be.

从时间上讲,巴赫金已于 1975 年去世,但编辑仍用现在时和将来时对他进行描述,因此,只有结合时间、心理和社会情景等多个视角,设置动态的语境,才能准确理解话语的意思:巴赫金是在人们心目中生命仍在延续的学术人物。

2. 语言结构的顺应

人们使用语言进行交际时需要根据交际的进展对语言的各个层面做出选择,包括语言、语码、语体、话语的构建成分、话语和语段以及话语的构建原则，如：

a. Jack's behavior is not acceptable.

b. Jack's behavior is atrocious.

两个句子都是依据同样的规范对杰克的行为做出评价，从语义上讲，atrocious 和 not acceptable 属于近义词，然而，在实际的应用中，如果说话人选用 atrocious，表示他认为 Jack 的行为不仅仅是令人无法接受，而且相当恶劣，其表达的对 Jack 行为的贬义程度远远大于 not acceptable 表达的程度。

3. 顺应的动态性

Verschueren 认为，语言使用的顺应过程的中心问题就是意义的动态生成过程，这一过程的动态性从三个方面得以体现：时间维度、不同语境对语言选择的制约和语言线性结构的灵活变化。首先，无论从微观的角度，如交际者记忆信息、安排交际内容，还是从宏观的角度，如语言的变迁等，语言的使用都与时间有着密切的关系，是语言随着时间变迁而做出的动态顺应。其次，由于交际是在人与人之间发生的，因此，交际者对话题的兴趣、选择说话的内容、说话的方式等都影响着顺应的动态性。再者，既然语言使用是在时间中发生的，那么语言具有一个和时间相关的特征：线性。语言的线性特征对交际中的许多现象，如句子的词序安排、话轮转换、语码转换等都有制约作用。但是线性并非完全决定语言的使用形式，因为交际者可以在不同的语境中灵活地使用语言的各种形式，动态地生成意义。下面的例子能说明顺应在交际中的动态性：

[Situation: coffee shop in Berkeley, California, in 1981]

Customer (just coming in) to waitress: Is this non-smoking?

Waitress: You can use it as non-smoking.

Customer (sitting down): Thanks.

如果不从宏观的层面考虑历史时间、地点以及交际者之间关系的动态性，这一对话是无法理解的。只有根据交际的历史时间（1981年）和地点（加利福尼亚的一家咖啡店），以及当时的社会语境（加利福尼亚地区大多数咖啡店和餐馆都创设了非吸烟区），我们才可以推断出顾客的问话"Is this non-smoking?"表明了自己是非吸烟人士，同时也表达了不想受吸烟者干扰的期望。服务员的回答正是表示她理解顾客的话不仅仅是问话，而且是一个请求。从这一简短的对话中我们可以看出交际的动态过程：顾客的问话被服务员理解为一个请求，服务员的回答使顾客的请求得到了满足，因此顾客表示感谢。

4. 顺应过程的意识程度

意识程度指的是交际者在选择和使用语言作出顺应的过程中涉及的认知心理因素。Verschueren 认为，在言语交际中，社会和心理因素结合而成社会心理，可以对交际者如何使用语言做出解释。一方面，和语言有联系的社会因素都必须经过认知处理才会对语言行为产生影响；反过来，没有受社会因素影响的抽象认知是不存在的。

在社会心理因素的共同影响下，交际者选择语言作出顺应的意识程度会有所不同。有些语言的选择是语言使用者自动的、无意识的行为，而另一些则带有强烈的动机，受到使用者的主观意识、交际目的等因素的制约。如例上例中顾客和服务员的对话体现了他们各自选择语言时的意识程度。首先，顾客是在有意识地寻找需要的信息，即自己想找个非吸烟区喝咖啡，他应该也意识到自己的问话中隐含的这个意图。而服务员是有意识地满足顾客的需求，但由于急于迎合顾客，她的回答可能下意识地违反了语言交际的规范，也就是说她的回答是跳跃性的，没有回答这个地方是否是非吸烟区，而是直接满足了顾客的请求。不过，在整个交际结束时，我们就完全理解了她的回答的隐含意义。

在言语交际中，交际者在选择语言作出顺应时表现出来的自我意识反应是一种元语用意识。元语用意识有助于交际者在语言顺应过程中调整自己的话语，协商话语意义。

综上所述，顺应论认为用语言表达意义是一个动态的语言选择的过程，交际者的语言选择反映出他的语言顺应意识程度。意识程度的不同会导致语境和语言结构之间关系的变化，从而影响意义的理解和表达。顺应论展现了语用学研究的社会和认知视角的结合，从跨学科的角度为语言意义的研究提供了新思路。

（二）顺应论中的变异性、协商性和顺应性

根据 Verschueren 的理论，使用语言的过程就是选择语言的过程。无论是有意识的还是无意识的，选择发生在语言的每一个层面上。人们之所以能够在语言使用过程中不断做出选择，是因为语言具有变异性（variability）、协商性（negotiability）和顺应性（adaptability）。

变异性指语言具有一系列可供选择的可能性。为达到交际目的，人们使用语言要讲究策略，而语言的变异性正体现了这种策略。变异性限制了语言的选择范围，让交际者从可供选择的多种表达方式中选择合适的一种来表达他们的意图。语言的变异涉及交际的全部范围，如交际的时间、地域、社会等方面。例如：

a. He hasn't got any.

b. He ain't got none.

尽管两个句子表达的是同一种意思，但与不同社会阶层的或来自不同地域的人交谈，说话人需要选择不同的语言变体来表达同一种意思。与受过教育的人交谈时，说话人往往会选用标准英语：He hasn't got any. 但与受教育不多的人交谈，说话人会选用非标准英语：He ain't got none.

Verschueren 认为，可供选择的范围不是静态的，而总是在变动的。在交际过程的任何时刻，交际者都会不断协商和探讨选择效果，以顺应交际的发展。

协商性指语言的选择不是机械地或按照严格的规则或固化的形式—功能关系做出的，而是根据高度灵活的原则和策略做出的。通俗地讲，协商性就是说话人面对多种可供选择的语言方式和策略，不断琢磨，挑选合适的语言表达方式，以顺应交际意图。如面对以下可供选择的语言形式，说话人要经过琢磨以选择一种自己认为合适的方式：

a. May I draw your attention, please?

b. Be quiet, please.

c. Stop talking.

d. Shut up.

协商的过程是灵活的，具有不确定性。首先，说话人一方存在不确定性。说话人需考虑交际中存在或可能出现的种种因素，如当时场合的正式程度、与听话人的关系或社会距离、当时在场的其他人、自己相对于听话人的权利或地位、自己当时的心理状态，甚至是想让自己的话语产生的效果等众多因素，最终选择其中的一种语言形式。其次，听话人一方也存在选择的不确定性。一旦说话人说出了话语，听话人可以以不同的方式来理解话语。第三，说话人做出选择后，说话人和听话人双方可以对所做的选择进行再协商。交际目的、场合、交际者的认知等众多因素都会导致协商过程的不确定性。因此，语言的使用是不断协商进行语言选择的过程。在协商性具有不确定性这一特征的支配下，语言能成功地满足各种交际目的取决于语言的另一个属性——顺应性。

顺应性指语言使用者从可供选择的语言形式和策略中最终做出选择，满足交际目的。顺应性是对协商性提出的要求，即要求协商的结果能使交际者最终从不确定的可能性中选择与交际环境相适应的语言形式和策略，从而尽量满足交际的需要。Verschueren 认为，顺应性具有双向性和动态性的特点。一方面，语言选择是在已存在的环境中进行的，语言的选择应顺应环境。另一方面，环境也会被所做的选择改变，即环境也会顺应于所做的选择。如汉文化中人们用"您"称呼地位高的人以表示尊敬，说明语言的选择顺应双方关系。然而，有时候尽管双方地位相近，但说话人还是选用"您"称呼对方，此时，双方的关系由称呼语"您"得以重新界定。因此，可以说双方关系顺应了所做出的语言选择。这也说明顺应的动态性，因为交际本身就是一个动态的过程，语境会随着交际的进展而变化，语言的选择也须随着语境的变化而做出相应的调整。

变异性、协商性和顺应性三个特征相辅相成，互为基础。如果没有变异性和协商性，顺应性就失去了内容。同样，没有顺应性，变异性和协商性也就没有了目的。

（三）顺应论视角下的英汉语码混用

1. 语境顺应

"语境"，前面已经进行过详细阐释，这里就不再赘述了。下面从社交语境和语言语境两方面来分析语码混用怎样通过顺应不同的语境因素来达到交际的目的。

（1）顺应经济发展趋势

随着社会的发展，科技的进步，国际交流越来越频繁。英语作为国际通用语言，必定会出现在经济领域和科技领域。这就会出现许多英语词汇和缩略词与汉语混杂在一起的现象。

在经济领域，我们所熟悉的 GDP（国内生产总值），反映一个国家的国力和财富，是衡量一个国家或地区经济发展状况的主要指标。随着中国与国际化的接轨，为了顺应国际发展趋势，GDP 这个英语缩略词，逐渐混杂在汉语中，被人们所熟知、接受。

在科技领域，一些源于外国的理论名称和人名，为了保证语言的准确性，也以原语形式直接出现混杂在汉语中。比如，在介绍语用学中的模因论时，在许多国内文献中，都会有这样的语码混用句子："Meme 一词是由牛津大学著名动物学家和行为生态学家 Richard Dawkins 提出的。"（英语教学中的模因论，2010 年第 9 期）。

另外，在时尚领域，随着经济的发展，越来越多的国际商品品牌、流行歌曲涌入国内，比如 LV、Dior、iPhone、Fancl、Only、iPad 等服装品牌或电子产品品牌，说话人无须翻译成汉语，直接使用不仅确保其准确性，而且赋予语言一种时尚感。

（2）顺应交际双方的身份

在不同的语境中，交际双方在交际过程中往往具有不同的身份或扮演不同的角色。为了顺应对方的身份，我们往往采用不同的语言表达。例如下面一组对话：

　　A: Hello! How are you? 我来介绍一下。John, this is Mary. Mary，这是 John.

　　B: 你好，我是 Mary.

　　C: 你好，我是 John.

　　以上这个例子中，A 和 C 是在中国留学的外国学生，因此，A 和 C 在对话时使用英语"John, this is Mary."。而 B 是中国学生，A 用"Mary，这是 John."这样的英汉语混用句子和 B 进行交流以顺应对方的身份。同样，B 和 C 在互相介绍自己时也进行了英汉混用。

　　还有一些语码混用更具有时尚性和创意性，一般交际双方为具有平等地位、关系亲密的年轻人。他们追求时尚，被称为"新新人类"。因此，会使用所谓的中式英语。比如，学生和学生之间会说"从今天开始我该 good good study 了。"朋友之间"我们 long time no see 了。"幽默的语言顺应了交际双方的身份。在一些娱乐节目中，主持人也会夹杂一些英语词汇，如"ready? Go! Come on!"来顺应观众的心理，达到娱乐目的。

2. 语言顺应

　　语言顺应是指语言使用者为了顺应不同的话语建构方式而采取两种或两种以上语言。具体表现为以下两种情况。

　　（1）顺应语用策略

　　日常生活中，当和对方进行交际时，往往会顾及对方的面子，即所谓的面子策略。例如，拒绝别人的请求时，不会直接用"不"来拒绝，而会找各种理由进行委婉的拒绝，或者夹杂英语 No 来避免伤害对方的面子。英语"I love you！"在中国的使用频率就很高，因为在中国这样一个传统国家里，人们往往不喜欢很直白地表达自己的情感而说出"我爱你"。相反，"I love you!"好像更容易说出口。因此，为了顺应不同的语用策略，出现了汉英语码混用的现象。

　　（2）填补词汇空缺

　　众所周知，汉语和英语属于两种不同的语言体系，所以常常会出现这样的词汇空缺，即英语的某一概念在汉语中无法找到相对应的词汇。因此，便会直接把这一概念借用过来以弥补这一空缺。比如，出现在报刊中的一些专有名词和缩略词，DNA、3D、CT 等，这些词尽管也有人翻译成汉语，但是鉴于翻译的准确性，会出现理解上的偏差。而且，翻译成汉语后显得非常烦琐，违反了语言的经济原则。因此，为了顺应词义空缺的语言语境，直接使用英语要比翻译成汉语更能够让人接受。

三、关联—顺应模式

我们前面对 Sperbe 和 Wilson 的关联理论与 Verschueren 的顺应理论的主要内容做了介绍,同时对两个理论各自的优势和不足做了评述。笔者在综合上述理论优点的基础上,从说话人的角度,提出关联—顺应模式。

按照关联—顺应模式,语言使用的过程是一个顺应关联的过程。即语言的选择和运用是说话人寻求关联顺应关联语境的过程。它包含以下几方面的内容。

话语交际目的在于寻求最佳关联。

说话人的关联假设决定话语方式的选择。

关联假设是说话人对符合关联原则的语境顺应的结果。

关联顺应是一个语境成分(物质世界、社会世界和心理世界)和语言结构(音位、重音语调;词汇结构和内容;句式的长短;命题结构和内容;篇章结构和内容)相互顺应的动态过程。

关联顺应是策略选择的过程。

上述几方面相互联系并相互影响,其具体内容如图 9-2 所示。

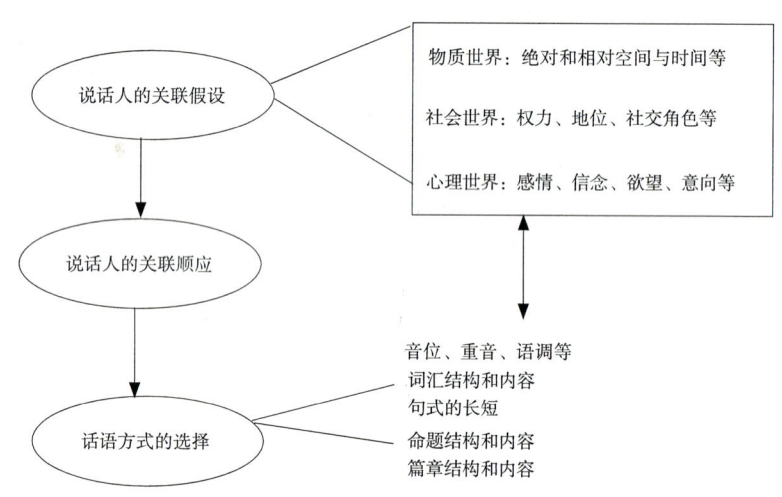

图 9-2 话语使用的关联—顺应模式

从图 9-2 可以看出,话语产生的机制是认知关联。一方面,说话人所发出的话语(明示行为)必须能够取得足够关联,值得听话人的处理努力。另一方面,所发出的话语还必须和交际者的认知能力和喜好相一致,保证取得最佳的认知效果。为了取得最佳关联,说话人要对听话人的认知资源和推理认知能力进行假设和估计。

关联假设是对外部世界进行的表征，表征的对象主要来自于说话人对听话人所处的具体语境进行顺应的结果。这个顺应的过程也是寻求关联的过程。面对具体语境（物质世界、社会世界和心理世界）中纷繁复杂的因素（绝对和相对空间与时间；权利、地位、社交角色等，以及感情、信念、欲望、意向等），说话人只能顺应那些符合关联的成分。顺应语境，寻求关联的过程是一个动态的过程，语境永远是个变量。

说话人找到符合关联原则的语境因素，形成关联假设。正是这一假设决定了话语方式的选择。在形成关联假设的同时，也是说话人形成交际策略的过程，决定说多还是说少，以及交际的目的和所达到的效果。选择的结果可以在语言结构的各个层次上表现出来：从语音、音位到词汇内容，句式结构，句子长短，命题内容以及篇章结构等等方面。

关联—顺应模式克服了 Sperber 和 Wilson 的关联理论描述性不充分的缺点。在说话人的关联假设和具体的语境因素及其成分之间找到了结合点。使关联假设的抽象性得到了具体化。在强调认知的同时，还兼顾了物理和社会以及文化因素对话语选择的影响。另外，关联假设的结果——话语方式的选择也在语言结构的各个层次上得到了细致的描写和说明。关联—顺应模式也克服了 Verschueren 顺应理论解释不充分的缺点，从认知关联的高度解释了顺应的机制。此机制有坚实的认知心理以及生物进化论的基础，其解释的普遍性远比 Verschueren 顺应理论中所谓的"意识"要深刻和广泛。

四、顺应—关联论中话语意义生成的动态性探讨

顺应—关联论采取语用综观论的视角，认为意义不是与语言形式相对应的稳定的一部分，而是在语言实际使用过程中动态生成的。意义的动态生成过程是语言使用的顺应过程的中心问题。

意义的动态生成是语言表意功能的发挥过程，与语境有着密切的联系，但语言意义不只限于语境中的意义。从综观论的角度来看，意义在语境中生成，因此，意义具有相对的稳定性和规约性，但同时语言形式意义又具有变异性和动态性。换句话说，意义是语言使用者在相对稳定的语言活动类型中，根据语境和语言结构因素的相互作用，从可供选择的表达方式中选择合适的一种来表达意图这样一个动态过程中生成的。我们以《红楼梦》中黛玉初进贾府的一段内容为例：

（7）贾母因问黛玉念何书。黛玉道："刚念了'四书'。"黛玉又问姊妹们读何书，贾母道："读什么书，不过认几个字罢了。"

宝玉便走向黛玉身边坐下，又细细打量一番，因问："妹妹可曾读书？"黛玉

道:"不曾读书,只上了一年学,些须认得几个字。"

一开始贾母问黛玉念了什么书,黛玉如实回答。而后来宝玉问她读了什么书时,黛玉已经发现刚才的如实回答并没有得到贾母的赞许,也敏感地觉察到贾母"女子无才即是德"的观念。根据这样的情境,黛玉没有再讲实话,而是自我贬低表示谦虚,以迎合贾母的心态。从这个例子可以看出,说话人在交际过程中总是根据语境的方方面面和事态的发展随时调整自己的话语,选择自认为合适的方芦来传达意图。

除了语言结构和语境因素外,语言使用者的语用策略对意义的生成也起到了作用。可以说,意义的生成过程是语言使用者运用策略的过程。在各类言语交际中,交际者都会有意识或无意识地因人、因时、因地而异地选择策略,表达出符合当时语境的意义,策略的选择涉及句子、超句以及语篇层面。交际过程中产生的会话含义、幽默、讽刺等修辞效果都是意义生成动态性的表现。话语意义就是在这种从一个认知语境向另一个认知语境传递的过程中产生的。

意义的生成是话语与语境因素的互动过程,在交际中,不同的语境、语用策略、语言形式等多种因素相互作用,促使了意义的动态生成。语境以及语境假设是一个变量,而不是恒量。语境不是交际发生之前就给定的,而是随着交际的推进而不断发展、变化的。信息处理时语言语境的延伸或扩大可能影响听话人对最佳关联的寻找。

言语交际就是不断调节或重新构建认知语境假设的动态顺应过程。交际就是这样推进的,否则便很快结束或出现话题转移。从人类认知的特点看,人们处理信息的目标是以尽量少的"心理投入"获取尽量大的"语境效果",而不是(或不仅仅是)判断新信息的关联性。也就是说,判定关联性不是理解过程的目标,而只是达到目标的手段。因此话语的理解过程不是先确定语境然后判定关联性,而是先设定有待处理的新信息是关联的,然后选择适当的语境来证实这种认知语境假设。既然人们要对语境加以选择,那么关联的定义也要做相应的改变,关联是指新信息和语言使用者的关系,而不是和语境的关系。

第二节 关联—顺应模式在英语教学中的应用

一、对语言现实的关联顺应

对语言现实关联顺应的教师语码转换是指完全基于语言内部原因引发的语码转换现象。例如:

T1: When talking about the weather, we may mention the "solar terms", "节气", ... which also can confuse the foreigners.　Such as, "惊蛰" "雨水".

上例中在谈及文化中的"节气"等词汇时，由于英文中没有对应词汇，教师的语码转换选择是对学生语境资源评估后形成的关联假设决定的，即教师认为 solar terms 会造成学生理解障碍，而通过语码转换这一明示行为能达到既方便又省力的最佳语境效果。

二、对教师角色的关联顺应

教师角色通常有宏观社会角色和微观课堂角色两部分。就社会角色而言，教师形象是受人们尊重的，其言谈举止应符合特定社会文化、习俗规约的要求。教师对一些禁忌和不雅的词汇会采取回避态度。例如：

T2: Oscar Wilder was an Anglo - Irish playwright, novelist, poet, short story writer... And, ... he suffered a dramatic downfalland was imprisoned after being convicted in a famous trail for homosexual acts.

我们知道，在有些国家对 homosexual 这个问题是颇有争议的。

上例中，教师先用英语介绍了王尔德后又转换到汉语，在谈及 homosexual（同性恋）一词时，却又转用了英语。这里教师语码转换的选择过程即是对其宏观角色这一关联语境的顺应过程，也是在教师认为语码转化可作为一种明示行为达到其避开这类尴尬话题的假设基础上进行的一种策略选择。另外，教师在课堂中还常扮演不同角色以体现教师不同的言语意图。例如：

T3: Now, task2. I'll play the second time for you, please listen carefully and try to tick the right ones.(noticing two students in the back row are whispering)

后面的同学注意听，别说话了，有问题吗？

Ss: (silence)

上例中，教师在用英语发出指令时发现有学生说话，未注意听其指令，便转而用汉语对学生进行提醒。这种情形下，教师语码转换的选择则是对其作为管理者这一最佳关联语境顺应的结果。教师认为选择语码转换这一语言形式能以付出最小努力，却让学生明白其言语意图（提醒他们参与到课堂活动中）。而学生的沉默也说明学生也能利用相关联的语境信息进行推理，推断教师使用语码转换这一形式的含义所在。

三、对心理意图的关联顺应

教师的心理意图常不仅决定其说什么，还决定其怎么说，即如何来构建话语以达到其教学或交际目的。在英语课堂上，除了帮助学生理解外，如果为了强调、唤起学生注意力或营造轻松幽默的气氛等目的，教师有时会把语码转换作为一种有效的教学和交际策略。例如：

T1: Look at Paragraph 2, Line 3. "We toured a Civil War battlefield and stood on the little hill that fifteen thousand Confederate soldiers had tried to take on..."注意这一句 46-word sentence. What's the object of "take on"?

T2: Here, "be born to do something." For example, "A Bao" was born to sing. "A Bao" was born to sing, 是不是？他的嗓音比帕瓦罗蒂还高八度，是吧？

Ss: (Laugh)

很明显上例中 T1 的"注意这一句 46-word sentence"，这一语码转换话语的选择是为达到强调的目的而有意选择的一种策略。T2 的语码转换的方式则达到了营造一种轻松的学习氛围的效果。由此可见，教师上述课堂语码转换行为正是在确保教学效果的心理意图下引发的，是对其心理意图这一最关联语境的顺应结果。

关联—顺应模式反映的是说话人的话语产出过程，即由"意"到"言"的过程。恰当的话语产出过程也必然是一个说话者成功选择讲话策略的过程，其间包括语境成分和语言结构的动态循环。这种循环以关联为目的，以顺应为手段，以恰当的话语产出为客观结果。而在课堂这一特定语境中，教师语码转换这一话语形式的选择则是根据其"意"——实现特定教学目的和交际意图，在不同意识水平的基础上做出商讨型的语言选择，是对诸如语言现实、教师角色和心理意图等具体语境因素进行动态关联顺应的结果。

参考文献

[1] Adams M. *Methodology for Examining Second Language Acquisition*[A]. in Hatch (ed.) 1978a. 1978.

[2] Andersen R. (ed.). 1983a. *Pidginization and Creolization as Language Acquisition*[C]. Rowley, Mass.: Newbury House.

[3] Anderson J R, Bower G. 1973. *Human Associative Memory*[M]. W. H. Winston & Sons, Washington, D.C.

[4] Anderson J R. *Language, Memory, and thought*[M]. Hillsdale, N.J.: Lawrence Erlbaum. 1976.

[5] Barlett F C. *Remembering: A Study in Experimental and Social Psychology* [M]. Cambridge and England: Cambridge University Press. 1932.

[6] Berger C R, Bradac J J. *Language and Social knowledge*[M]. London: Edward Aenold. 1982.

[7] Berko J. *The Child's Learning of English Morphology*[J]. Word 14: 150−177. 1958.

[8] Bialystock E. *On the Relationship between Knowing and Using Forms*[J].Applied Linguistics 3: 181−206. 1982.

[9] Blackmore S. *The Meme Machine* [M]. Oxford: Oxford University Press, 1999

[10] Bourne L E, Ekstrand B R, Dominowski R L. *The Psychology of Thinking*[M]. Englewood Cliffs, N. J.: Prentice-Hall. 1971.

[11] Chambers J K. *Dialect Acquisition*[J]. Language, No. 4, 1992.

[12] Chaudron C. *Second Language Classroom: Research on Teaching and Learning*[M]. Cambridge University Press. 1988.

[13] Corder S P. *Error analysis and interlanguage*[M]. Oxford: Oxford University Press,

1981: 149-159.

[14] Dawkins R. *The Selfish Gene*[M]. Oxford: Oxford University Press, 1976.

[15] Distin K. *The selfish meme*[M]. Cambridge: Cambridge University Press, 2005: 120.

[16] Hull D L. *Individuality and selection*[J]. *Annual Review of Ecology and Systematics*, 1980, 11: 311-332.

[17] Richards J C, Schmidt R. *Longman Dictionary of Language Teaching & Applied Linguistics*[M]. 3rd ed. Edinburgh: Pearson Education, 2002.

[18] 陈淑芳. 中国英语的社交语用得体原则[J]. 湘潭大学学报(哲学社会科学版), 2010(01).

[19] 戴讳栋, 张红玲. 外语交际中的文化迁移及其对外语教改的启示[J]. 外语界, 2000（2）.

[20] 邓丽娜. 英文指称理论的语用化演变[J]. 华中师范大学研究生学报, 2008(2).

[21] 何兆熊. 新编语用学概要[M]. 上海：上海外语教育出版社, 2000.

[22] 何自然、陈新仁. 当代语用学[M]. 北京：外语教学与研究出版社, 2004.

[23] 何自然, 何雪林. 模因论与社会语用[J]. 现代外语, 2003, 26(2).

[24] 何自然. 语言中的模因[J]. 语言科学, 2005(6).

[25] 何自然. 语用三论：关联论·顺应论·模因论[M]. 上海：上海教育出版社, 2007.

[26] 何自然. 语用学概论[M]. 长沙：湖南教育出版社, 1988.

[27] 何自然. 语用学与英语学习[M]. 上海：上海外语教育出版社, 1997.

[28] 胡壮麟. 高级语言学教程[M]. 北京：北京大学出版社, 2002: 587-600.

[29] 胡壮麟. 语言学教程[M]. 北京：北京出版社, 2011.

[30] 黄次栋. 语用学与语用错误[J]. 外国语, 1984（1）.

[31] 惠彩霞. 大学校园流行语的语言变异研究[J]. 鸡西大学学报, 2014(10).

[32] 李勤. 语言迁移的模因论视角研究[J]. 西南农业大学学报, 2012(2).

[33] 孙骊. 英语写作[M]. 上海：上海外语教育出版社, 1995.

[34] 魏在江. 概念转喻与语篇衔接——各派分歧、理论背景及实验支持[J]. 外国语(上海外国语大学学报), 2007(02).

[35] 项成东. 认知观照下的含义、显义区分[J]. 四川外语学院学报, 2008(06).

[36] 徐慈华. 科学隐喻语言的双重指称[J]. 自然辩证法研究, 2008(09).

[37] 杨成虎, 赵颖. 认知语义学中语义变化机制研究中概念转喻取向[J]. 天津大学

学报 (社会科学版), 2009(02).

[38] 杨晖 . 跨文化交际中的语用失误 [J]. 海外英语 , 2013（2）.

[39] 周红辉 . 外显义的发展及不可取消性考察 [J]. 西南交通大学学报 (社会科学版), 2012(05).

[40] 冉永平 . 语用学 : 现象与分析 [M]. 北京 : 北京大学出版社 , 2006.

[41] 宋恩敏 . 当今社会不可或缺的语码混用现象 [J]. 重庆三峡学院学报 , 2008(2): 67-69.

[42] 王得杏 . 语码转换述评 [J]. 外语教学与研究 , 1987(2): 31-36.

[43] 于国栋 . 语码转换研究述评 [J]. 现代外语 , 2001(1): 85-95.

[44] 杜辉 . 语码转换与社会规则 [J]. 外语研究 , 2004(1): 37-41.

[45] 李经纬 . 语码转换与称呼语的标记作用 [J]. 解放军外国语学院学报 , 1999(2): 8-10.

[46] Verschueren J. Understanding Pragmatics [M]. London, New York, Sydney and Auckland: Arnold, 1999.

[47] Dawkins, R. The Selfish Gene [M]. New York: Oxford University Press, 1976.

[48] 赵莉 . 语码转换人际意义建构的社会认知模型 [J]. 现代外语 , 2014(5): 618-627.

[49] 张晓丽 . 非英语专业大学生在大学英语学习中的语用失误 [J]. 襄阳职业技术学院学报 , 2009, 8(4): 134-135.

[50] 张晓丽 . 模因论视角下英语专业学生在写作中的语言迁移研究 [J]. 蚌埠学院学报 , 2017, 6(1): 111-114.

[51] 张晓丽 . 英汉语码混用的语用分析 [J]. 昭通学院学报 , 2016(6): 78-81.

[52] 张晓丽 . 网络流行语变异机制的模因研究 [J]. 钦州学院学报 , 2016, 31(6): 57-60.

[53] 张晓丽 . 母语迁移在大学英语教学中的作用 [J]. 华北理工大学学报 (社会科学版), 2011, 11(3): 198-199.

[54] 张晓丽 . 大学生中国式英语现象之浅析 [J]. 语文学刊 , 2011(1): 169-170.

后　记

　　英语是目前使用范围最广的语言，是国际交流的工具，它不再属于一个国家，而是以一种交际媒介的姿态生活在世界之中。全球化导致了英语的本地化或国家化，来自不同国家的人们以其特有的方式在运用英语，带有不同文化烙印的各种英语变体使英语更显多样性，更具可变性和灵活性，从而使"绝对标准英语"的正确性更具相对性。本书以语言共性与认知思维的理论为基础，探讨了英语语用的概况、核心概念以及其在中国的教学实践情况，并在此基础上给出了实践建议。

　　语用学作为一门二十世纪六七十年代兴起的学科，通过由聚焦为数不多的语用—语言现象向纵览语言使用全景的拓展，由关注语言使用的社会文化属性向考察语言使用的心理认知、社会认知、社会构建属性的诸多转变，以及由注重思辨的客观视角向兼顾交际参与者自身体验的主位视角的方法论转向，如今已发展成一块可观的语言学版图。

　　社会生活的任何一个角落都离不开语言的使用，笔者深知此领域对于英语教学的重要性，谨以此著贡献自己的微薄之力。